_____님께 드립니다.

_____년 _____월 _____일

_____

보험금
WHY

약관 읽어주는 남자의
세 번째 보험 이야기

보험금
WHY

윤용찬 지음

끌리는책

약관 읽어주는 남자의 세 번째 보험 이야기

보험금 WHY

초판 1쇄 인쇄 2022년 11월 23일
초판 1쇄 발행 2022년 12월 2일

지은이 윤용찬

펴낸이 김찬희
펴낸곳 끌리는책

출판등록 신고번호 제25100-2011-000073호
주소 서울시 구로구 연동로11길9, 202호
전화 영업부 (02) 335-6936 편집부 (02) 2060-5821
팩스 (02) 335-0550

이메일 happybookpub@gmail.com
페이스북 happybookpub
블로그 blog.naver.com/happybookpub
포스트 post.naver.com/happybookpub
스토어 smartstore.naver.com/happybookpub

ISBN 979-11-87059-81-3 13320
값 25,000원

보험회사에 소송당하지 않는,
그런 세상

소비자와 보험회사 사이에 보험금 때문에 진행된 소송 판결문을 찾다 보면 사건번호 끝에 '채무부존재확인'이라고 씌어 있는 경우가 많습니다. 그런 소송은 소비자에게 지급할 보험금이 없음을 법원에서 확인받기 위해 보험회사가 제기한 것입니다. 소비자가 만약 이 소송에서 지면 보험금만 못 받는 것이 아니라 보험회사 측의 변호사 선임비도 물어내야 합니다. 그래서 '채무부존재확인' 소송은 소비자 입막음용으로 사용되기도 합니다.

그런데 '채무부존재확인'이라는 단어를 곱씹어보면 소비자가 청구하는 보험금은, 그것이 약관에 근거한 정당한 것이라면 보험회사가 갚아야 할 '채무'라는 것을 알 수 있습니다. 즉, 소비자가 보험회사를 상대로 보험금을 청구하는 일은 채권자가 채무자에게 돈을 갚으라고 요구하는 것과 같습니다. 지극히 당연한 일이죠. 하지만 현실에서는 보험회사가 주면 받고 안 주면 못 받는 것이 보험금입니다. 2003년부터 보험인으로 살아오면서 이런 모습을 너무나 많이 봤습니다.

그래서 2013년 가을에 첫 번째 책인 《당신의 보험금을 의심하라》를 출간했습니다. 보험소비자의 정당한 권리를 지키는 데 작은 도움이라도 되고 싶었습니다. 책 출간으로 기대 이상의 많은 관심과 사랑을 받았습니다. 그리고 보험약관의 중요성과 몰라서 못 받는 보험금에 대해 많은 사람에게 알리는 계기가 되었습니다. 그러던 중 '약관교실 WHY'를 만들어 보험회사들이 소속 설계사에게도 가르쳐주지 않는 약관을 전국의 보험인과 함께 공부했습니다.

그 후 소비자에게 보험을 권하는 보험인이 그들의 세일즈 과정에서 약관을 이해하고 활용하면, 성과도 늘어나고 고객의 보험금 청구에도 많은 도움을 줄 수 있겠다는 생각이 들었습니다. 그래서 2017년 겨울 두 번째 책 《약관RP 상황PC》를 썼습니다. 그리고 5년이 지났습니다. 시간이 흐르고 정권이 바뀌어도 금융자본이 지배하는 세상은 아무것도 변하지 않았습니다. 인류는 이제 더 이상 코로나19 이전의 세상으로 돌아갈 수 없다고, 완전히 다른 세상을 살아야 한다고 이야기하지만, 보험금 제대로 받기 어려운 소비자의 고통은 조금도 줄어들지 않았습니다.

모처럼 금융감독원 분쟁조정위원회가 소비자 보호에 큰 도움이 될 만한 조정결정을 내놓아도, 같은 사안으로 금융감독원에 소비자가 민원을 제기하면, 금융회사들의 분담금으로 운영되고 있는 기형적 감독당국인 금융감독원의 대답은 뻔합니다.

"보험회사와 잘 상의하세요."

과거에 비해 진일보한 판결이 각급 법원에서 속속 나오고 있지만, 보험회사는 보험금 심사 기준에 새로운 판례를 적용하지 않으면서 소비자의 보험금 청구에 모르쇠로 일관하고 있습니다. 이렇다 보니 열심히 약관과 판례를 공부하면서 소비자 곁에서 일하고 있는 보험인조차 자주 난처한 상황에 놓이게 됩니다. 아무리 약관을 근거로 제시하고 판결문을 제시해도, 보험회사가 눈 감고 귀 막으면 소비자는 억울하고 답답해도 소송 외에는 답이 없습니다. 그런데 보험회사를 상대로 소송을 제기할 수 있는 소비자는 거의 없습니다. 대한민국에는 금융감독원도 있고, 한국소비자원도 있지만 대부분은 별다른 도움이 되지 못합니다. 그들은 매번 같은 말을 반복합니다.

"인력이 부족해서요…."

이런 어이없는 상황에서 '보험금 분쟁과 청구 방법에 관한 책을 또 출간하는 게 무슨 의미가 있는 것인지 모르겠다'는 생각도 했습니다. 하지만 당장 변하는 것은 없을지 몰라도 더 많은 보험인이 약관의 중요성에 눈 뜨고 소비자의 보험금 청구에 관심을 둔다면,

조금 더 많은 소비자가 자신의 정당한 권리를 적극적으로 요구하지 않으면 보험금을 받을 수 없다는 사실을 깨달으며 언젠가는 변하지 않을까요? 그런 보험인과 그런 소비자가 한 명, 두 명 늘어난다면 언젠가는 큰 물결이 되어 흐름을 바꿀 수도 있지 않을까요? 이런 절박하고 소박한 마음으로 2013년 《당신의 보험금을 의심하라》 출간 후부터 2022년 가을인 지금까지 계속 공부하고 경험한 이야기들을 글로 묶어 두 권의 책으로 세상에 내놓습니다.

《보험금 WHY》는 오래전부터 분쟁의 단골 소재였지만 아직도 명확하게 정리되지 않은 사안들부터 2022년 현재 진행형인 분쟁들까지 제 노력과 능력이 가능한 범위 안에서 해당 분쟁과 관련한 법원의 판결, 분쟁조정위원회의 조정결정, 약관개정 과정을 조사해서 분쟁의 구체적인 맥락을 담았습니다. 보험인과 소비자가 이 사안들을 쉽고 정확하게 이해해서 보험회사와 분쟁이 생겼을 때 근거를 제시하며 맞설 수 있게 돕고 싶었습니다.

이 책에는 4개의 장에 총 35개 꼭지의 글이 실려 있습니다. 몰라서 못 받는 보험금부터 보험이 소비자를 배신했던 모습까지 다양한 이야기들을 담았습니다. 장해진단보험금의 청구사유가 '장해의 진단확정'이 아니라는 이야기부터 재발암 보장조건까지 보험인조차 잘못 알고 있는 보장기준에 대해서도 왜 그런지 그 이유를 제시했습니다. 이 책은 철저히 '왜 그런지'에 대해 이야기합니다. 그래서 '어떻게 하면 되는지'에 관한 내용은 이 책과 함께 출간한《보험금 HOW》에 실었습니다.

보험인은《보험금 WHY》와《보험금 HOW》를 함께 읽어보시기를 추천합니다. 이 두 권의 책을 모두 읽으신 후, 고객들에게《보험금 HOW》를 선물하셔도 좋을 듯합니다. 고객의 정당한 권리를 지켜주기 위해 노력하는 보험인이라는 정체성을 알리는 데 좋은 방법이 될 것입니다. 만약 당신이 보험소비자라면《보험금 HOW》만 읽어봐도 충분합니다. 그런데 도대체 왜 그런 것인지 조금 더 깊이 있게 이해하고 싶다면 그때《보험금 WHY》를 읽어보세요.

하지만 소비자 또는 보험인이 직접 보험회사를 상대하기 버거운 경우도 많습니다. 그래서 이 두 권의 책에는 오랜 시간 동안 저와 교류하며 제게 많은 가르침과 도움을 준 유능한 손해사정사들의 연락처도 함께 소개했습니다. 이분들께 연락하면 깊이 있는 지식과 노련한 경험으로 보험회사와의 분쟁으로 고통받고 있는 소비자분들을 적극적으로 도와줄 것입니다.

《보험금 WHY》와《보험금 HOW》를 출간하는 데 많은 분의 도움을 받았습니다. 그분들께 깊은 고마움을 전합니다. 이 두 권의 책에 담긴 거의 모든 주제는 제가 보험인 신분으로 일하고 있는 '마이금융파트너 WHY지사'의 내부 교육에서 다뤘던 것들입니다.

WHY지사 식구들과 함께 고민하고 공부하는 시간이 쌓이지 않았다면 책 출간은 불가능했을 겁니다.

이 책의 글 대부분은 지난여름 제주 중산간 마을 송당리의 게스트하우스 '소로소로'에 머물던 12일 동안 썼습니다. 육체와 정신은 전쟁 같은 시간 속에 있었지만, 그곳에 오름이 있었고 '소로소로'가 있었기에 흔들리지 않을 수 있었습니다. 마음 써 챙겨준 '소로소로'의 의찬과 수희 씨에게 특별한 감사의 마음을 전합니다. 덕분에 집필에만 전념할 수 있었습니다.

저는 꿈을 꿉니다. 제가 이런 책을 더 이상 출간해야 할 이유가 없어진 나라를 꿈꿉니다. 국민의 세금으로 금융감독원이 운영되고, 그래서 금융감독원이 충분한 인력으로 금융회사들을 강력하게 통제하고 감독하는 모습을 상상합니다. 그래서 소비자들이 더 이상 보험회사로부터 '채무부존재확인' 소송을 당하지 않는 세상을 꿈꿉니다. 그날이 언제 올지 예상할 수는 없지만, 그때까지 계속 공부하고 고민하고 찾아보고 정리하는 작업을 멈추지 않겠습니다. 보험소비자와 보험인에게 알려드리고 싶은 것들이 충분히 쌓이면, 그때 또 글을 모아 내놓겠습니다.

2003년 4월 제가 보험인으로서 첫발을 뗄 때, 어느 선배가 해줬던 말이 생각납니다. 19년이 지났지만 지금도 가슴속에 새겨져 있습니다. 잊지 않고 살아가겠습니다.

"사람을 위하지 않으면, 보험은 모험이 된다."

2022년 가을에 윤용찬

약관 읽어주는 남자가 추천하는 손해사정사 4인

여기 소개하는 네 분의 손해사정사는 제가 2003년부터 보험인으로 살아오면서 지금까지 경험한 많은 보험금 분쟁 건에서 전문적인 지식과 경험으로 결정적인 도움을 주셨던 분들입니다. 동료 보험인과 소비자 여러분에게 꼭 알려드리고 싶어서 네 분께 양해를 구하고 연락처와 업무 영역을 소개합니다.

여경훈 소장

법무법인 에이블 소속 손해사정사. HP: 010-7335-1014

① 교통사고/뺑소니/무보험차 사고 보상 전문.
② 손해보험/생명보험 보상: 사망, 후유장해 평가 및 적정 여부 판단 전문.
③ 배상책임 보상 전문.
④ 학교안전공제 사고 보상 전문.
⑤ 교통사고 보험금 소송업무 전문.

박현수 이사

한길손해사정 소속 손해사정사. HP: 010-3419-8353

① 암·뇌졸중·심근경색 진단보험금 전문.

② 상해사망·후유장해 전문.

③ 교통사고 보험금 전문.

④ 근재보험(산재보험/초과손해보상) 전문.

⑤ 영업, 시설, 생산물(제조물) 배상책임, 사고보상 전문.

이로운 소장

법무법인 호원 소속 손해사정사. HP: 010-2729-1130
전) 종합병원 간호사, 생명손해보험회사 지급심사팀.

① 교통사고, 상해사고 손해배상 전문.

② 태아, 어린이 장해보험금 전문.

③ 여성질환, 암세포 분야 보험금 전문.

④ 의료사고 의료분석 전문.

엄재연 대표

보험금 제대로 받기 공인손해사정(주) 대표 손해사정사. HP: 010-7731-0537

① 생명/손해보험 : 고지/통지/이륜차 전문.

② 암/뇌혈관질환/심혈관질환 진단 전문.

③ 사인미상/재해/상해 사망 전문.

④ 후유(고도)장해, 납입면제 전문.

차례

2
보험인도 오해하기 쉬운 보장기준·면책기준

3

아직도 명확하게 정리되지 않은 보험금 분쟁들

4

보험의 배신

1

보험인도 몰라서 못 받는
보험금

1 내 과실 있는 자동차 사고, 내 실비보험에서도 보상받을 수 있습니다

자동차를 운전하다가 다른 자동차와 충돌하는 사고가 발생했습니다. 큰 사고는 아니었지만, 목과 머리가 아프더군요. 가입한 자동차보험 회사에 사고를 접수하고 병원에 입원해서 이런저런 검사와 치료를 받고 일주일 후에 퇴원했습니다. 보험회사 측은 이번 사고에 제 과실이 40%, 상대방 운전자의 과실이 60%라고 알려줬습니다. 가해자가 가입한 자동차보험 회사에서 지불보증을 해줘서 저는 병원비를 부담하지 않았습니다. 나중에 자동차보험 회사에서 합의금까지 받으며 사고 처리는 일단락되었습니다. 그리고 한 달 정도 지났을 때 보험설계사인 후배를 만나 식사를 하던 중이었습니다. 제가 최근에 겪은 자동차 사고에 대해서 대화를 나누던 중 후배가 이런 말을 하는 겁니다.

"선배님, 실비보험에서도 보험금 받으셨죠?"
"실비보험? 자동차 사고인데 왜 실비보험에서 보험금을 받아?"

"네? 그럼 실비보험 쪽에는 보험금 청구도 안 하신 거예요?"

"응? 자동차 사고도 실비보험에서 보험금을 받을 수 있어?"

"그럼요. 받을 수 있죠."

"어떻게?"

"선배님 과실비율만큼 삭감된 의료비는 선배님이 가입한 실비보험으로 받을 수 있어요."

"언제부터 그렇게 바뀐 거야?"

"원래부터 그랬는데요?"

자동차 사고는 자동차보험에서 보상받으므로 내가 가입한 실손의료비보험(이하 실비보험)에서는 보상받지 못한다고 알고 있는 분이 많습니다. 그렇게 생각하기 쉬운 이유는 위에서 언급한 사례처럼 나는 자동차 사고의 피해자이고 해당 사고로 인해 지출하는 의료비가 없기 때문입니다. 가해자가 가입한 자동차보험에서 의료비에 대해 지불보증을 해주었으므로 나는 의료비를 부담하지 않습니다. 그런데 실비보험은 내가 아프거나 다쳤을 때 치료하는 과정에서 발생한 의료비(내가 부담한) 중 일부를 보험회사가 보상해주는 보험이라서 내가 지출한 의료비가 없다면 보상받을 보험금도 없습니다. 그러니 일반 소비자들은 당연히 자동차 사고와 실비보험과는 아무런 관계가 없다고 생각합니다.

그런데 소비자들이 한 가지 모르고 있는 부분이 있습니다. 자동차 사고를 당했을 때 가해자의 자동차보험에서 지불보증을 해준다

고 하더라도 그 사고에 피해자의 과실이 있다면 그 과실 비율만큼
은 피해자가 의료비를 부담해야 합니다. 바로 이 지점에서 소비자
가 놓치는 부분이 발생하는데요. 가해자가 가입한 자동차보험 회
사는 어차피 피해자가 입원한 병원에 지불보증을 하고 있기 때문
에 피해자가 퇴원할 때까지 발생한 모든 의료비를 일단 자신들이
부담하고, 피해자와 합의를 볼 때 피해자에게 줘야 할 합의금에서
피해자 과실비율만큼 의료비를 공제합니다. 그런데 보험회사가 피
해자와 합의를 볼 때 이런 맥락을 자세히 설명해주면서 합의를 보
는 게 아니라서 소비자들은 자신이 받은 합의금이 본인 과실비율
에 해당하는 의료비를 공제한 나머지 금액이라는 사실을 알지 못
합니다.

　그렇다면 자동차보험 회사가 합의금을 줄 때 내 과실비율만큼
삭감한 의료비를 왜 내가 가입한 실비보험에서 보상해주는 걸까
요? 약관에 준다는 내용이 있기 때문입니다.

2012년 1월에 가입한 실비보험 약관

위 약관을 보면 자동차보험에서 보상받는 의료비는 실비보험에서 보상해주지 않음을 알 수 있습니다. 하지만 다음과 같은 단서 조항이 붙어 있죠. '다만, 본인부담의료비는 제3조(담보종목별 보장내용)에 따라 보상하여 드립니다.' 이 단서 조항이 무엇을 의미하는지는 해당 약관 제3조를 보면 알 수 있습니다.

다음 약관 제3조를 보면 실비보험에 가입한 사람(피보험자)이 다치거나 아파서 병원에 입원해 치료를 받으면 5000만 원 한도에서 발생한 의료비를 보상해준다고 정하고 있습니다. 그런데 만약 피보험자가 '국민건강보험법을 적용받지 못하거나 국민건강보험에서 정한 요양급여 절차를 거치지 아니한 경우'에는, 발생한 입원의료비 중에서 피보험자 본인이 실제로 부담한 의료비의 40%에 해당하는 금액을 실비보험에서 보상해준다고 덧붙이고 있습니다. 이 부분에 대한 해석을 두고 많은 이견이 있어서 보험금을 둘러싼 분

제3조(담보종목별 보장내용) 회사가 이 계약의 보험기간 중 담보종목별로 각각 보상 또는 공제하는 내용은 다음과 같습니다.

[종합입원형 보장내용]

① 회사는 피보험자(보험대상자)가 상해 또는 질병으로 인하여 병원에 입원하여 치료를 받은 경우에는 입원의료비를 다음과 같이 보험가입금액(상해당, 질병당 각각 5,000만원을 최고한도로 계약자가 정하는 금액으로 합니다)을 한도로 보상하여 드립니다.

구 분	보상금액
입원실료, 입원제비용, 입원수술비	'국민건강보험법에서 정한 요양급여 또는 의료급여법에서 정한 의료급여 중 본인부담금'과 '비급여(상급병실료 차액 제외)' 부분의 합계액 중 90% 해당액(다만, 10% 해당액이 계약일 또는 매년 계약해당일로부터 연간 200만원을 초과하는 경우 그 초과금액은 보상합니다)
상급병실료 차액	입원시 실제 사용병실과 기준병실과의 병실료 차액 중 50%를 공제한 후의 금액(다만, 1일 평균금액 10만원을 한도로 하며, 1일 평균금액은 입원기간 동안 상급병실료 차액 전체를 총 입원일수로 나누어 산출합니다)

④ 피보험자(보험대상자)가 국민건강보험법 또는 의료급여법을 적용받지 못하는 경우(국민건강보험법에서 정한 요양급여 또는 의료급여법에서 정한 의료급여 절차를 거치지 아니한 경우도 포함합니다)에는 입원의료비 중 본인이 실제로 부담한 금액의 40% 해당액을 보험가입금액(상해당, 질병당 각각 5,000만원을 최고한도로 계약자가 정하는 금액으로 합니다)을 한도로 보상하여 드립니다.

2012년 1월에 가입한 실손의료비보험 약관

쟁도 많았습니다. 그런데 2020년 9월 금융분쟁조정위원회는 실비보험에 가입한 소비자가 자동차 사고를 당한 후 금융분쟁조정위원회에 조정신청을 한 사건에서 약관을 다음과 같이 해석했습니다.

한편, 40% 보상조항이 적용되기 위해서는 '국민건강보험법 또는 의료급여법을 적용받지 못하는 경우'이거나 '국민건강보험법에서 정한 요양급여 또는 의료급여법에서 정한 의료급여 절차를 거치지 아니한 경우'여야 하는데, '국민건강보험법 또는 의료급여법을 적용받지 못하는 경우'는 국민건강보험법이나 의료급여법에서 규정하는 급여 제한사유나 급여 중지사유 등에 해당하여 해당 법률에서 급여의 적용을 배제한 경우를 의미하는 것으로 판단된다. 이와 달리 국민건강보험법상 요양급여나 의료급여법상 의료급여 적용을 받을 수 있음에도 해당 법률에 의한 절차를 거치지 않은 경우에는 40% 보상조항 중에서 '국민건강보험법에서 정한 요양급여 또는 의료급여법에서 정한 의료급여 절차를 거치지 아니한 경우'로, 이 사건에서 신청인은 여기에 해당하는 것으로 판단된다.

-금융분쟁조정위원회 조정결정 2020. 9. 25. 조정번호 제2020-9호

금융분쟁조정위원회는 약관에서 밝히고 있는 '국민건강보험법

또는 의료급여법을 적용받지 못하는 경우는 국민건강보험법이나 의료급여법에서 규정하는 급여 제한사유나 급여 중지사유 등에 해당하여 해당 법률에서 급여의 적용을 배제한 경우를 의미하는 것'이라고 해석했습니다. 국민건강보험법 제53조와 제54조에서 정하고 있는 급여 제한사유와 급여 중지사유는 범죄 또는 고의로 사고를 일으켰거나, 고의로 국민건강보험공단의 지시에 따르지 않았을 때 등을 말합니다. 여기에 외국에 여행 중인 경우, 외국에서 업무에 종사하고 있는 경우, 군에 입대한 경우, 교도소에 수감된 경우 등이 급여 제한사유와 급여 중지사유에 추가됩니다.

그런데 '국민건강보험법상 요양급여나 의료급여법상 의료급여 적용을 받을 수 있음에도 해당 법률에 의한 절차를 거치지 않은 경우'에는, 자동차 사고를 당했으나 병원에 국민건강보험으로 접수하지 않고 자동차보험으로 접수한 경우도 해당된다고 본 것입니다.

자동차 사고를 당해서 치료를 위해 병원에 갔을 때 자동차보험이 아니라 국민건강보험으로 접수할 수 있다고요? 네. 할 수 있습니다.

이 부분은 뒤에 다시 설명하겠습니다. 어쨌든 자동차 사고를 당한 사람이 국민건강보험으로 병원에 접수를 할 수 있는데도 그러지 않고 자동차보험으로 접수해서 치료를 받는다면, 이런 경우 자동차보험에서는 앞에서 언급한 것처럼 합의금을 지급할 때 피해자 과실비율만큼의 의료비를 합의금에서 삭감한 후 지급합니다. 그

때 삭감된 의료비는 피해자인 내가 부담한 의료비입니다. 그러므로 그 금액의 40%를 내가 가입한 실비보험에서 보상받을 수 있습니다.

그렇다면 이번 자동차 사고에서 내가 부담한(합의금에서 삭감된) 의료비의 40%를 내가 가입한 실비보험에 청구하려면 어떤 서류가 필요할까요? 간단합니다. 자동차보험 회사와 합의 볼 때 받은 '합의금 산출내역서'와 '의료비 영수증'을 제출하면 됩니다. 비록 의료비는 내가 지불하지 않았지만 나를 치료하는 과정에서 발생한 의료비인 만큼 내가 병원에 요구하면 '의료비 영수증'을 재발급받을 수 있습니다.

내 과실이 있는 자동차 사고인 경우, 합의금 산출내역서를 제출해서 내가 가입한 실손의료비보험에서도 보상받으세요.

그런데 같은 자동차 사고라 하더라도 내가 가입한 실비보험에서 내가 부담한 의료비의 40%가 아닌 80% 또는 90%, 100%를 보상받을 수 있는 경우가 있습니다. 물론 보험약관 덕분인데요. 앞에서 살펴봤지만, 실비보험은 자동차 사고를 보상하지 않는 것이 아니라 '자동차보험에서 보상받는 의료비'를 보상하지 않는 것이고, 자동차 사고라서 자동차보험으로 접수했지만 본인 과실만큼 삭감된 비용이 있다면 그건 본인이 부담한 비용이므로 그중 40%를 보상해주는 것입니다. 그러므로 만약 자동차 사고라 하더라도 자동차보험으로 접수하지 않고 국민건강보험으로 접수하면 자동차보험에서 보상받을 수 있는 금액이 아예 없고, 환자인 내가 의료비를 부담해야 합니다. 이 금액은 자동차보험과는 무관하므로 내가 실비보험을 가입한 보험회사는 그 발생비용의 40%만이 아닌 자동차사고와 상관없을 때 보상해주는 기준대로(100% 또는 90%, 80%…계약 시점마다 다릅니다) 보상해줘야 합니다.

그런데 자동차 사고를 당했을 때 자동차보험으로 접수하는 게 유리할지, 아니면 국민건강보험으로 접수하는 게 유리할지는 꼼꼼히 따져봐야 해서 전문가의 도움을 받는 게 좋습니다. 다만 다음과 같은 경우는 자동차보험보다 국민건강보험으로 접수해서 처리하는 게 유리할 때가 많습니다.

우선 자동차를 운전하다가 스스로 가로수에 충돌하는 등의 '단독사고'일 경우 또는 자동차 사고가 발생했는데 내 과실이 100%인 경우에는 자동차보험이 아니라 국민건강보험으로 처리하는 게 유리합니다. 그리고 가해자 차량이 책임보험만 가입된 경우에도 국민건강보험으로 접수하고 내가 가입한 실비보험에 보험금을 청구하는 것을 고려해볼 수 있습니다. 책임보험은 보상해주는 한도가 적으니까요.

그런데 실제로 자동차 사고를 당해서 병원에 가면 국민건강보험으로 접수하는 것을 병원 측에서 거부하는 경우가 있습니다. 병원 직원들이 경험이 없어서 그런 경우가 대부분인데요. 그럴 때는 병원 직원과 싸우지 말고 담당 기관에 '급여 제한 여부 조회서'를 보

■ 의료급여법 시행규칙 [별지 제16호서식] <개정 2014.11.19.>

급여 제한 여부 조회서

보장기관명		보장기관기호	
세대주 성명		주민등록번호	
수급권자 성명		주민등록번호	
주 소			

진료구분	[ ]입원 [ ]외래	진료기간	. . . ~ . . .
상 병 명		상병분류기호	
통보내역 (해당란에"0"표)	1. 자신의 고의 또는 중대한 과실로 인한 범죄행위 2. 고의로 사고를 발생시켜 의료급여를 받고자 함 3. 정당한 이유없이 의료급여법의 규정이나 의료급여기관의 진료에 관한 지시에 따 르지 아니함		
발생원인	사고부상 [ ]근무중사고 [ ]폭행 [ ]자해 [ ]기타( )		
	교통사고 [ ]운전중 [ ]보행중 [ ]기타( )		
발생장소	[ ]가정 [ ]회사내 [ ]공사현장 [ ]학교 [ ]음식점 [ ]도로 [ ]기타( )		
내원일시	년 월 일 시 분(24시간제)		
내원방법	[ ]119 [ ]사설응급차량 [ ]기타( )		
의사진찰의견			
환자·보호자 등 관계인 진술내용			

「의료급여법」 제15조제1항 및 같은 법 시행규칙 제26조제1항에 따라 위와 같이 통보하오니
의료급여 제한여부를 지체 없이 회신하여 주시기 바랍니다.

년   월   일

의료급여기관명   (인)
주 소

(시장·군수·구청장) 귀하

※ 이 조회서는 의료급여기관이 2부를 작성하여 1부는 보관하고, 1부는 시·군·구에 송부하여야 합니다.

210mm×297mm(백상지 80g/㎡(재활용품))

출처: 국민건강보험공단 홈페이지

내서 내가 국민건강보험을 적용받을 수 있는지, 없는지 확인해달라고 요청하세요. 급여 제한 여부 조회 제도는 병원이 잘못 판단해서 국민건강보험 적용을 막는 것을 방지하기 위해 운영하는 제도입니다.

병원이 작성해서 보낸 '급여 제한 여부 조회서'를 받은 담당 기관은 국민건강보험법 제53조와 제54조에서 정하고 있는 급여 제한사유와 급여 중지사유에 해당하는지 확인한 후, 7일 이내에 국민건강보험 적용 여부 결정을 통지합니다. 그리고 통지된 결정에 따라 이미 발생한 의료비에도 국민건강보험의 요양급여가 소급 적용됩니다.

약관 읽어주는 남자의 한마디

자동차 사고는 실비보험에서 보상받지 못한다고 알고 있는 사람이 많습니다. 꼭 기억하세요. 실비보험에서 보상하지 않는 것은 '자동차 사고'가 아니고 '자동차보험에서 보상받은 의료비'입니다. 자동차보험에서 보상받지 못한 의료비는 내가 가입한 실비보험에서 보상받을 수 있습니다.

② 윗집 누수방지 비용도
배상책임보험에서 보상받을 수 있습니다

어느 날 아파트 아랫집 주민이 윗집에 찾아와서 말합니다. 퇴근해서 집에 와보니 안방 천정에서 물이 새고 있다는 겁니다. 아랫집에 가보니 물이 흐르다 못해 고여서 천장 벽지가 축 늘어져 있습니다. 벽지에 구멍을 내니 물이 아래로 주르륵 쏟아집니다. 일단 누수 원인부터 찾아서 공사한 다음, 아랫집에 도배를 새로 해드리겠다고 말한 뒤 설비업자를 수소문해서 부릅니다. 설비업자는 처음에는 가스로 물이 새는 곳을 찾더니 그게 여의치 않자 담수 테스트를 한다며 한참을 왔다 갔다 합니다. 그래도 어디에서 물이 새는지 찾아내지 못하자 이렇게 말합니다.

"흐르지오 아파트(특정 아파트 브랜드와 상관없는 가상의 아파트임을 밝힙니다)가 워낙 오래돼서 물 새는 집이 많습니다. 배관이나 보일러 호스 같은 것도 모두 낡아서 어디서 물이 새는지 찾기가 쉽지 않아요."

　그러더니 잠시 후 청음 탐지기라는 장비를 가지고 와서 이곳저곳에서 소리를 듣습니다. 그리고는 아무래도 안방 화장실 배관에서 물이 새는 것 같다며 망치로 안방 화장실 바닥을 부수고 배관을 노출해 자세히 살펴봅니다. 결국 누수의 원인은 배관이었습니다. 설비업자는 배관이 낡아서 물이 새고 있었고, 그 물이 안방 바닥으로 들어가서 아랫집 안방 천정으로 흘러갔다고 설명합니다. 그리고 물이 새는 낡은 관을 교체한 다음 화장실 세면대 수도 밸브를 열어 조금씩 물을 흘려보냅니다. 몇 시간 뒤 아랫집에 확인해보니 천정에서 물이 새지 않았습니다. 다음 날 설비업자는 안방 화장실 바닥을 시멘트로 다시 바르고 타일을 붙여서 마무리합니다. 며칠 후 아랫집에서 천장 도배 비용 30만 원에 대한 영수증을 받고, 아랫집 주민의 계좌로 30만 원을 입금해줬습니다.

이번 누수사고로 인해 윗집에서 지출한 비용은 다음과 같습니다.

① 윗집 가스 탐지 비용: 10만 원
② 윗집 담수 테스트 비용: 10만 원
③ 윗집 청음 탐지 비용: 30만 원
④ 윗집 관 교체와 화장실 바닥 공사비용: 20만 원
⑤ 아랫집 도배 비용: 30만 원

윗집 주인은 몇 해 전 한 손해보험에 가입하면서 가족일상생활중배상책임보험을 특약으로 포함했던 기억이 났습니다. 그래서 아랫집에 누수사고가 발생했던 모습과 자신의 집(윗집) 누수 탐지작업, 배관 수리 작업을 찍은 사진과 영수증을 보험회사에 보내서 보험금을 청구했습니다. 며칠 후 보험회사에서 보낸 조사자가 방문해서 아랫집과 윗집을 둘러봤습니다. 그러면서 윗집 주인에게 이렇게 말하는 겁니다.

"가족일상생활중배상책임보험은 보험에 가입한 분이 타인에게 손해를 입히고 그 손해에 대한 배상책임을 부담함으로써 입게 된 손해를 보상해주는 책임보험의 일종입니다. 그래서 선생님 댁 누수사고로 피해를 본 아랫집에 배상해줘야 할 부분 즉, 아랫집 도배 비용은 이 보험에서 보상이 되지만 누수의 원인이 된 선생님 댁 누수

원인 탐지와 화장실 배관 수리비 등은 타인에 대한 배상이 아니기 때문에 보상이 되지 않습니다."

아랫집 도배 비용 30만 원은 보상이 되지만 윗집에서 발생한 비용 70만 원은 보상해주지 않는다는 이야기였습니다. 그런데 아랫집 도배 비용 30만 원도 모두 보상해주는 것이 아니라 '자기부담금 20만 원'을 공제하고 10만 원만 보상해준다는 부연 설명도 친절하게 해줬습니다. 이번 누수사고로 100만 원을 지출한 윗집 주인은 자신이 가입한 보험에서 고작 10만 원만 보상될 거라는 이야기를 듣자 황당했지만, 조사자가 하는 말이 너무 어려워서 제대로 물어보지 못했고 이의 제기도 못했습니다. 다음 날 윗집 주인은 얼마 전부터 자신이 가입한 보험을 관리해주고 있는 보험설계사에게 전화를 걸어 어제 조사자가 한 말이 맞는지 물었습니다. 보험설계사는 자신이 판매한 보험도 아니었지만, 친절하게 설명해줬습니다.

"해당 조사자가 잘 몰라서 그렇게 이야기한 것 같습니다. 조사자가 한 이야기와 유사한 판결이 2019년에 두 건 있기는 했지만, 2022년 3월 31일에 나온 대법원판결 덕분에 이제 그 두 건의 판결은 의미가 없어졌습니다. 그리고 이런 누수사고에 대해서 보험회사가 어디까지 보상을 해줘야 하는지에 대해서는 금융분쟁조정위원회가 2020년에 이미 정리했습니다. 제가 관련 조정결정문과 대법원 판결문을 보내드릴 테니까, 만났던 조사자 말고 해당 보험회사의 보험금 심사 담당자에게 그걸 보내고 통화하세요. 그럼 아마도 보험금을 제대로 지급할 겁니다."

윗집 주인은 보험설계사가 카톡으로 보내준 1개의 대법원 판결문과 2개의 금융분쟁조정결정서를 보험금 심사 담당자에게 보냈고, 다음 날 보험회사는 '자기부담금 20만 원'을 공제한 나머지 비용 80만 원을 윗집 주인의 계좌로 입금했습니다.

금융분쟁조정위원회는 2020년 7월 8일 하루에 두 건의 분쟁조정결정(제2020-7호, 제2020-8호)을 발표하며 두 건의 하급심 판결(서울동부지법 2018가합107631 판결, 광주지법 2018가단535165 판결)을 조목조목 비판했습니다. 두 법원은, 윗집에서 아랫집으로 누수사고가 발생했을 때 아랫집의 피해복구에 들어간 비용은 윗집이 가입한 배상책임보험에서 당연히 보상해줘야 하지만, 윗집의 누수원인을 찾고 수리하는 데 들어간 비용은 윗집이 가입한 배상책임보험에서 보상해줄 필요가 없다고 판결했습니다. 윗집의 누수 원인을 수리하는 비용은 윗집 자신의 이익을 위한 비용이지 피해자를 위한 비용도 아니고, 보험회사의 이익을 위한 비용도 아니기에 배상책임보험에서 보상해줄 필요가 없다는 논리입니다. 두 법원의 판결문을 제시하며 보험금 지급을 거부하는 보험회사가 늘어나자 금융분쟁조정위원회는 하루에 두 건의 조정결정을 발표하며 배상책임보험의 보험금 지급 기준을 명확히 했습니다.

배상책임보험 약관에서 밝히고 있는 보장 범위는 다음과 같습니다.

6.1 사고당 보상하는 손해의 범위는 아래와 같습니다.

① 피보험자가 피해자에게 지급할 책임을 지는 법률상의 손해배상금(손해배상금을 지급함으로써 대위 취득할 것이 있을 때에는 그 가액을 뺍니다).

② 계약자 또는 피보험자가 지출한 아래의 비용.

　㉠ 피보험자가 「배상책임 관련 특별약관 일반조항」 제8조(손해방지의무)의 제1항 제1호의 손해의 방지 또는 경감을 위하여 지출한 필요 또는 유익하였던 비용.

　㉡ 피보험자가 「배상책임 관련 특별약관 일반조항」 제8조(손해방지의무)의 제1항 제2호의 제3자로부터 손해의 배상을 받을 수 있는 그 권리를 지키거나 행사하기 위하여 지출한 필요 또는 유익하였던 비용.

　㉢ 피보험자가 지급한 소송비용, 변호사비용, 중재, 화해 또는 조정에 관한 비용.

　㉣ 보험증권상 보상한도액 내의 금액에 대한 공탁보증 보험료. 그러나 회사는 그러한 보증을 제공할 책임은 부담하지 않습니다.

　㉤ 피보험자가 「배상책임 관련 특별약관 일반조항」 제9조(손해배상 청구에 대한 회사의 해결)의 제2항 및 제3항의 회사의 요구에 따르기 위하여 지출한 비용.

　- 일상생활중배상책임보험 약관

약관에서도 알 수 있듯이 배상책임보험의 보상 범위는 피해자가 입은 손해를 복구하는 데 들어간 비용만이 아닙니다. 그 외에도 여러 가지가 있지만, 그중에서도 '피보험자가 손해의 방지 또는 경감을 위하여 지출한 필요 또는 유익하였던 비용'도 배상책임보험의 보상 범위에 포함됩니다. 당연한 일입니다. 만약 배상책임보험에 가입한 사람의 집(윗집)에서 누수사고가 발생해서 아랫집에 피해를 준 경우, 이때 윗집의 누수 원인을 찾아서 빨리 수리하지 않으면 아랫집의 피해가 더 커질 것은 불을 보듯 뻔한 일입니다. 만약 그렇게 되면 보험회사 처지에서도 손해가 더 커집니다. 아랫집의 피해가 커지면 그 피해를 복구하는 데 들어가는 비용도 더 커지기 때문이죠. 그러므로 윗집의 누수 원인을 찾고 수리하는 데 들어간 비용은 윗집만의 이익이 아니라 보험회사의 이익이기도 합니다. 금융분쟁조정위원회는 조정결정서 제2020-7호를 통해 이 점을 분명히 했습니다.

금 융 분 쟁 조 정 위 원 회

조 정 결 정 서

조정일자 : 2020. 7. 8.
조정번호 : 제2020-7호

안 건 명   누수사고시 책임보험계약상 손해방지비용의 범위

신 청 인   X

이 사건에서 신청인이 누수사고가 발생한 후에 누수원인을 탐지하고 누수가 발생한 온수배관 분배기를 수리한 행위는 기 발생한 누수사고로 인하여 손해가 늘어나거나 추가로 발생할 가능성이 있는 상황에서 사고의 원인을 제거하기 위해 취한 조치로, 이는 피보험자가 보험사고로 인한 손해를 방지·경감하기 위해 노력한 경우에 해당하므로 그에 따른 비용인 이 사건 수리비는 이 사건 특약 제3조 제2호 가목에서 정하는 '손해방지 또는 경감을 위하여 지출한 필요 또는 유익하였던 비용'에 해당한다고 판단된다.

그리고 손해방지·경감의무는 보험사고로 인하여 발생한 손해의 확대를 방지하는 행위로 제한된다거나, 피보험자가 소유·사용·관리하는 주택에 기인하는 배상책임을 담보하는 보험계약에서 보험사고 발생 시 사고의 원인인 주택의 하자를 보수하는 행위가 피보험자만의 이익을 위한 것이라는 피신청인의 주장은 상법(제680조)에 저촉되는 것으로 인정될 수 없다고 판단된다.

-금융분쟁조정위원회 조정결정 제2020-7호

게다가 배상책임보험의 특별약관 일반조항을 살펴보면 다음과 같이 보험 가입자에게도 일정한 의무를 요구하고 있습니다.

제8조(손해방지의무)

1. 보험사고가 생긴 때에는 계약자 또는 피보험자는 아래의 사항을 이행하여야 합니다.

   ① 손해의 방지 또는 경감을 위하여 노력하는 일(피해자에 대한 응급처

치, 긴급호송 또는 그 밖의 긴급조치를 포함합니다).

② 제3자로부터 손해의 배상을 받을 수 있는 경우에는 그 권리의 보
   전 또는 행사를 위한 필요한 조치를 취하는 일.

③ 손해배상책임의 전부 또는 일부에 관하여 지급(변제), 승인 또는
   화해를 하거나 소송, 중재 또는 조정을 제기하거나 신청하고자 할
   경우에는 미리 회사의 동의를 받는 일.

2. 계약자 또는 피보험자가 정당한 이유 없이 제1항의 의무를 이행하지
   않았을 때에는 그 손해에서 다음의 금액을 뺍니다.

① 제1항 제1호의 경우에는 그 노력을 하였더라면 손해를 방지 또는
   경감할 수 있었던 금액.

② 제1항 제2호의 경우에는 제3자로부터 손해의 배상을 받을 수 있
   었던 금액.

③ 제1항 제3호의 경우에는 소송비용(중재 또는 조정에 관한 비용 포함)
   및 변호사비용과 회사의 동의를 받지 않은 행위로 증가된 손해.

- 배상책임 관련 특별약관 일반조항 중 일부 발췌

　　이처럼 각종 배상책임보험에 가입한 계약자와 피보험자는 손해
의 방지 또는 경감을 위해 노력해야 합니다. 만약 이 노력을 게을
리해서 손해가 커졌다면 그만큼의 비용은 보험회사가 보상해주지
않는다는 내용이 약관에서 확인됩니다. 그렇다면 구체적으로 어떤
행위들이 '손해의 방지 또는 경감을 위하여 노력하는 일'로 인정받

을 수 있을까요?

이 질문에 금융분쟁조정위원회는 조정결정서 제2020-7호와 제2020-8호를 통해 답하고 있습니다.

금 융 분 쟁 조 정 위 원 회

조 정 결 정 서

조정일자 : 2020. 7. 8.
조정번호 : 제2020-8호

안 건 명   누수사고시 책임보험계약상 손해방지비용의 범위

신 청 인   X

그리고 보험사고가 발생한 후에 보험계약자나 피보험자가 한 여러 행위 중에서 손해의 방지·경감을 목적으로 한 행위에 대해서는 비록 그 행위를 한 후에 손해의 방지·경감이라는 결과가 현실적으로 나타나지 않더라도 손해를 방지·경감하기 위한 노력의무를 이행한 것으로 보아야 하므로 그 행위에 필요하거나 유익하였던 비용은 손해방지비용에 해당한다고 판단된다. 따라서 손해방지비용 해당 여부를 판단할 때는 당해 비용을 지출하여 손해방지·경감이라는 목적을 달성했는지를 기준으로 할 것이 아니라 그 비용 지출의 원인이 된 행위가 손해방지·경감을 목적으로 한 행위에 해당하는지를 기준으로 삼아야 하며, 상법(제680조 제1항)에서도 보험계약자와 피보험자에 대해 '손해의 방지와 경감을 위하여 노

력'하도록 규정하고 있을 뿐 노력한 결과로 목적(손해의 방지·경감)을 이룰 것을 요건으로 하지는 않고 있다.

<중략>

다음으로 이 사건 오탐지 비용이 손해방지비용에 해당하는지 살펴본다. 피신청인은 이 사건 누수사고와 관련해서 누수원인을 탐지하는데 성공한 담수 테스트 비용은 손해방지비용에 해당하지만, 누수원인 탐지에 실패한 청음 탐지와 가스 탐지에 소요된 비용인 이 사건 오탐지 비용(60만원)은 손해방지비용으로 지급할 책임이 없다고 주장하는데 다음과 같은 점에 비추어 볼 때 피신청인의 주장은 수용할 수 없다.

앞에서 살펴본 바와 같이 상법(제680조 제1항)이나 이 사건 특약(제7조 제1항 제1호)은 보험계약자나 피보험자에 대해 '손해의 방지와 경감을 위하여 노력'하도록 규정하고 있을 뿐, 노력한 결과로 목적(손해의 방지·경감)을 이룰 것을 요건으로 하지는 않고 있다. 또한 이 사건 누수사고에서 손해방지·경감행위에 해당하는지 여부는 이 사건 특약의 보상하는 손해인 배상책임손해를 방지·경감하기 위해 피보험자인 신청인이 노력한 것으로 볼 수 있는지에 따라 결정된다. 그런데 이 사건 누수사고와 관련해서 청음 탐지와 가스 탐지를 한 것은 비록 그 결과를 볼 때는 실패한 것이지만, 누수원인을 찾아내서 누수로 인한 손해가 확대되는 것을 방지하기 위해 노력한 것으로 보아야 하므로 청음 탐지와 가스 탐지에 소요된 비용은 누수원인을 탐지하는데 성공한 담수테스트비용과 동일하게 손해방지비용으로 인정해야 할 것이다.

-금융분쟁조정위원회 조정결정 제2020-8호

금융분쟁조정위원회는 배상책임보험 약관에서 '보상하는 손해' 라고 정하고 있는 '손해의 방지 또는 경감을 위하여 노력하는 일' 이 어떤 것인지를 설명하기 위해 누수의 원인을 찾지 못한 '오탐지 (誤探知) 비용'도 배상책임보험에서 보상해주는 것이 맞는지 살펴봅니다. 여기서는 앞에서 살펴본 흐르지오 아파트 누수사고 사례를 통해 설명해보겠습니다. 설비업자는 총 3가지 방법으로 누수의 원인을 찾아내려 했습니다. 그런데 가스탐지와 담수 테스트에서는 누수 원인을 찾아내지 못하고 마지막 청음탐지를 통해 누수 원인을 찾아냈습니다. 이때 가스탐지에 들어간 비용 10만 원과 담수 테스트에 들어간 비용 10만 원은 누수의 원인을 찾아내지 못한 오탐지 비용입니다. 어떤 보험사는 누수의 원인을 찾아낸 탐지 비용은 배상책임보험을 통해 보상해줄 수 있지만, 오탐지 비용은 보상해줄 수 없다고 주장합니다.

　　이에 대해 금융분쟁조정위원회는 배상책임보험의 약관을 근거로 오탐지 비용 역시 보상해주는 것이 맞다는 판단을 합니다. 약관에서는 '손해의 방지 또는 경감을 위해 노력하는 일'을 요구하고 있지, 그 노력의 결과로 손해의 방지 또는 경감에 성공까지 할 것을 요구하고 있지는 않습니다. 따라서 누수의 원인을 찾아낸 청음탐지 비용뿐 아니라 누수 원인을 찾기 위해 노력했으나 그 원인을 찾지 못한 가스탐지 비용과 담수 테스트 비용 역시 배상책임보험에서 보상해주는 것이 맞다는 말입니다.

이렇게 각종 배상책임보험에서 보상의 범위를 '피보험자가 피해자에게 지급할 책임을 지는 법률상의 손해배상금'으로 국한하지 않고 '손해의 방지 또는 경감을 위하여 노력하는 일'까지 포함하는 이유가 뭘까요? 그것이 결국 보험회사의 이익을 위한 일이기 때문입니다. 생각해볼까요? 배상책임보험에 가입한 사람(피보험자)의 집에서 아랫집으로 누수사고가 났는데 피보험자가 누수사고의 원인을 찾아서 수리하려고 노력하지 않는다면 어떻게 될까요? 당연히 아랫집의 피해는 커지고 그 피해를 배상해줘야 하는 보험회사의 손해도 커지겠지요. 설사 그 노력의 결과가 실패로 돌아간다고 하더라도 '손해의 방지 또는 경감을 위하여 노력하는 일'은 결국 보험회사의 이익을 위한 행위입니다. 그러니 이런 노력을 배상책임보험에서 보상의 범위에 포함하는 것은 당연한 일입니다.

이렇게 금융분쟁조정위원회가 2020년 7월 8일 하루에 두 건의 조정결정을 발표하며 배상책임보험의 보상 범위를 명확히 하려 했는데도, 보험회사는 이 결정을 무시하고 2019년에 나온 두 지방법원 판결문만 제시하며 소비자의 보험금 청구를 무시했습니다. 감독당국의 조정결정이 보험회사에 의해 철저히 무시되는 나라가 지구상에 또 있는지 궁금합니다. 아무튼 누수사고와 관련한 보험금 청구 건에서 이 두 건의 판결 덕분에 보험회사는 웃고 소비자는 우는 일이 많았는데요. 2022년 3월 3일 대법원에서 반가운 판결(대법원 2021다 201085 판결)이 나왔습니다.

부산시에 있는 한 건물 4층 헬스클럽 샤워실 바닥 방수층에서 누수사고가 발생해 아래층에 있는 당구장에 피해를 줬습니다. 다행히 헬스클럽은 배상책임보험의 한 종류인 '시설 소유(관리)자 배상책임보험'에 가입되어 있었습니다. 아래층 당구장의 피해복구에 들어간 비용을 보험회사에서 보상해주는 것에 대해서는 아무런 문제가 없었습니다. 그런데 보험회사는 누수의 원인이 된 헬스클럽 샤워실 바닥 방수층 공사 비용은 헬스클럽의 이익을 위한 수리라며 보상을 거부했고 헬스클럽 사장님을 대상으로 소송을 제기했습니다.

대 법 원
제 3 부

사건	2021다201085(본소) 채무부존재확인
	2021다201092(반소) 보험금
원고(반소피고),상고인	A 주식회사

1. 상법 제680조 제1항은 '보험계약자와 피보험자는 손해의 방지와 경감을 위하여 노력하여야 한다. 그러나 이를 위하여 필요 또는 유익하였던 비용과 보상액이 보험금액을 초과한 경우라도 보험자가 이를 부

담한다.'라고 정하고 있다. 여기에서 '손해방지비용'이란 보험자가 담보하고 있는 보험사고가 발생한 경우에 보험사고로 인한 손해의 발생을 방지하거나 손해의 확대를 방지함은 물론 손해를 경감할 목적으로 하는 행위에 필요하거나 유익하였던 비용을 말하는 것으로서, 원칙적으로 보험사고의 발생을 전제로 한다(대법원 2003. 6. 27. 선고 2003다6958 판결 등 참조).

<중략>

누수 부위나 원인은 즉시 확인하기 어려운 경우가 많고, 그로 인한 피해의 형태와 범위도 다양하다. 또한 누수와 관련하여 실시되는 방수공사에는 누수 부위나 원인을 찾는 작업에서부터 누수를 임시적으로 막거나 이를 제거하는 작업, 향후 추가적인 누수를 예방하기 위한 보수나 교체 작업 등이 포함된다. 따라서 방수공사의 세부 작업 가운데 누수가 발생한 후 누수 부위나 원인을 찾는 작업과 관련된 탐지비용, 누수를 직접적인 원인으로 해서 제3자에게 손해가 발생하는 것을 미리 방지하는 작업이나 이미 제3자에게 발생한 손해의 확대를 방지하는 작업과 관련된 공사비용 등은 손해방지비용에 해당할 수 있다. 구체적인 사안에서 누수로 인해 방수공사가 실시된 경우 방수공사비 전부 또는 일부가 손해방지비용에 해당하는지는 누수나 그로 인한 피해 상황, 피해의 확대 가능성은 물론 방수공사와 관련한 세부 작업의 목적이나 내용 등을 살펴서 개별적으로 판단해야 한다.

2. 원심이 인용한 제1심 판결은 이 사건 체력단련장의 여자 샤워실 바닥

의 방수공사를 지체할 경우 이 사건 누수사고로 인한 피해가 확산될 수 있다고 보아 위 방수공사비용과 누수 정밀 검진비용을 손해방지비용으로 판단하였다. 원심판결 이유를 위에서 본 법리에 비추어 살펴보면, 원심판결에 상고이유 주장과 같이 상법 제680조 제1항에서 정한 손해방지비용의 해석과 적용에 관한 법리를 오해하거나 자유심증주의의 한계를 벗어나 판결에 영향을 미친 잘못이 없다.

– 대법원 2022. 3. 3. 선고 2021다201085 판결

대법원은 누수의 원인이 된 헬스클럽 샤워실 바닥 방수층 수리 비용 역시 손해방지 비용으로 볼 수 있고 배상책임보험에서 보상하는 것이 맞다고 판단했습니다. 그런데 헬스클럽 남녀 샤워실 모두의 바닥 방수층 공사비용을 보상할 필요는 없고 여자 샤워실 바닥 방수층 공사 비용만 보험회사가 보상하라는 판결이었습니다. 이번 누수사고는 여자 샤워실 바닥 방수층의 파손 때문인데도 헬스클럽 측은 여자 샤워실뿐만 아니라 남자 샤워실 바닥 방수층까지 한꺼번에 공사한 후 그 비용을 보험회사에 청구했습니다. 대법원은 배상책임보험의 보상은 보험사고를 원인으로 하는 것이고 아래층 당구장에 수침피해를 준 원인이 된 사고가 발생한 곳은 여자 샤워실 바닥 방수층이므로 이에 대한 누수 탐지 비용과 수리 비용만 손해방지 비용으로 인정한 것입니다.

이번 대법원판결로 보험회사는 이제 2019년의 두 지방법원 판결을 들먹이며 보험금 지급을 거부할 수 없습니다. 그래도 보험회

사는 손해를 보지 않았습니다. 배상책임보험은 보험 가입자의 도덕적 해이를 우려해 '자기부담금'이라는 조건을 포함하고 있습니다. 즉, 타인의 재물에 손해를 입혀서 그 피해를 보상해야 할 때, 피해액 전액을 보험회사가 부담하는 것이 아니라 보험 가입자도 일부 부담하도록 한 것입니다. 일상생활중배상책임보험의 자기부담금은 그동안 한 사고당 20만 원이었습니다. 그런데 2020년 4월 약관이 개정되었고, 그때부터 판매되고 있는 일상생활중배상책임보험은 다른 사고의 자기부담금은 이전과 동일하게 20만 원이지만 누수사고의 자기부담금은 50만 원으로 변경되었습니다. 보험회사는 절대로 손해 보는 장사를 하지 않습니다.

약관 읽어주는 남자의 한마디

판사도 사람입니다. 오류가 있을 수 있습니다. 그래서 1심법원의 판단에 불복하는 경우 항소할 수 있고 2심, 3심까지 재판을 받을 수 있습니다. 문제는 보험회사의 모순된 두 가지 잣대입니다. 보험회사는 소비자가 보험금을 청구하며 1심·2심법원의 판결문을 제시하면 아직 대법원에서 이 사안에 대한 확정판결이 나지 않았으므로 보험금을 지급할 수 없다고 주장합니다. 그런데 보험회사가 보험금을 지급하지 않는 근거로 제시할 때는 아무렇지 않게 1심과 2심법원의 판결문을 제시합니다. 게다가 그 판결문이 감독당국의 조정결정을 통해 이미 오류가 입증된 상황이라도 모르쇠로 일관하면서 그 판결을 근거로 보험금 지급을 계속 거부합니다. 보험회사가 감독당국을 이렇게 무시해도 되는 거라면, 금융분쟁조정위원회나 금융감독원은 왜 존재하는 것일까요? 있으나 마나 한 기관이 왜 필요합니까?

금융분쟁조정위원회의 조정결정을 무시하고 소비자 이익을 침해하는 보험회사에 가차 없이 과태료를 부과해야 합니다. 1건당 1억 원씩만 부과해보십시오. 그래도 보험회사가 감독당국의 말을 안 들을까요? 죄지은 놈에게 벌 주지 않는 놈, 그놈도 공범입니다.

3 반려견이 타인을 문 경우,
배상책임보험에서 보상받을 수 있습니다

질병관리청이 2022년 6월 9일 발표한 보고서에 따르면, 지난 2021년 한 해 동안 대한민국에서 동물에게 물렸다고 보고된 경우는 130건입니다. 2019년에는 607건, 2020년에는 302건, 2021년 130건으로 하락하는 이유는 코로나19로 인한 해외여행 감소와 외부활동 감소 때문으로 보입니다. 동물에게 물리는 사건 중 80.8%는 개에 의한 것이었고, 고양이에 의해 물리는 사건은 14.6%였습니다. 개에 물리는 사건 중 반려견에 의한 사건이 76.2%나 된다고 합니다. 반려견은 한 가족처럼 사람과 더불어 살아가는 개를 가리키는 말이지만 그 반려견에 물리는 경우도 많다는 것이죠.

주간 건강과 질병·제15권 제23호(2022. 6. 9.)

역학·관리보고서 3

2021년도 국내 공수병 교상환자 발생 감시 현황

질병관리청 감염병정책국 인수공통감염관리과 이지연, 권정환, 신안숙, 이효성, 황경원*

*교신저자: kirk99@korea.kr, 043-719-7160

초 록

2005년 이후 국내 공수병 사례는 발생하지 않았으나, 야외활동 및 해외여행의 증가 등으로 교상환자는 지속적으로 보고되고 있다. 질병관리청은 교상환자를 효율적으로 모니터링하기 위해 2011년부터 국가 교상환자 발생 감시(National Animal Bite Patient Surveillance, NABPS)를 강화했다. 교상환자 수는 2005년 359건에서 2019년 670건까지 증가 추세에 있으나, 2020년부터 코로나바이러스감염증-19(코로나19)로 인해 외부활동의 감소와 반려견에 대한 목줄 착용 홍보로 인하여 2020년 302건, 2021년에는 130건까지 감소한 것으로 추정된다. 본 보고서는 2021년 1월 1일부터 12월 31일까지 시스템에 등록된 교상환자를 중심으로 분석하였다.

질병관리청 간행물 '주간 건강과 질병'에 수록된 보고서. 2022년 6월 9일

2022년 8월 현재 코로나19의 공포가 과거보다 많이 줄어들고 있고, 그래서 집합 제한 조치도 사실상 없어졌기에 사람들은 이전보다 활발한 외부활동을 하고 있습니다. 당연히 반려견이 보호자와 함께 외부에서 산책하고 노는 일이 많아질 텐데요. 2020년 이전 수준으로 개에 물리는 사건이 증가할 것으로 예상합니다. 반려견에게 보호자가 물리면 보호자의 상처 난 몸과 마음만 돌보면 되지만, 만약 보호자의 반려견이 타인 또는 타인의 반려견을 물어서 다치게 하거나 죽게 했다면 상황은 완전히 달라집니다. 보호자는 민

사상 책임을 져야 하고 보호자의 부주의나 잘못된 행위로 사고가 났다면 동물보호법에 의해 처벌받을 수 있습니다.

동물보호법

[시행 2021. 2. 12.] [법률 제16977호, 2020. 2. 11., 일부개정]

제13조(등록대상동물의 관리 등) ① 소유자등은 등록대상동물을 기르는 곳에서 벗어나게 하는 경우에는 소유자등의 연락처 등 농림축산식품부령으로 정하는 사항을 표시한 인식표를 등록대상동물에게 부착하여야 한다. <개정 2013. 3. 23.>

② 소유자등은 등록대상동물을 동반하고 외출할 때에는 농림축산식품부령으로 정하는 바에 따라 목줄 등 안전조치를 하여야 하며, 배설물(소변의 경우에는 공동주택의 엘리베이터·계단 등 건물 내부의 공용공간 및 평상·의자 등 사람이 눕거나 앉을 수 있는 기구 위의 것으로 한정한다)이 생겼을 때에는 즉시 수거하여야 한다. <개정 2013. 3. 23., 2015. 1. 20.>

③ 시·도지사는 등록대상동물의 유실·유기 또는 공중위생상의 위해 방지를 위하여 필요할 때에는 시·도의 조례로 정하는 바에 따라 소유자등으로 하여금 등록대상동물에 대하여 예방접종을 하게 하거나 특정 지역 또는 장소에서의 사육 또는 출입을 제한하게 하는 등 필요한 조치를 할 수 있다.

동물보호법 제13조(등록대상동물의 관리 등)

동물보호법을 보면 동물의 소유자는 등록대상동물을 동반하고 외출할 때 목줄이나 입마개 등 안전조치를 해야 합니다. 만약 이를 위반해서 사고가 발생하면 동물보호법에 따라 처벌받을 수 있습니다. 동물보호법에서는 동물의 소유자가 안전조치를 하지 않아서 사람을 사망에 이르게 하면 3년 이하의 징역 또는 3천만 원 이하의 벌금에 처하고, 사람을 다치게 하면 2년 이하의 징역 또는 2천만 원 이하의 벌금에 처하도록 정하고 있습니다. 그런데 이때 반려견 보호자에게는 피해자의 손해를 배상해줘야 할 책임도 있습니다.

동물보호법에서는 반려견의 보호자가 안전조치를 취하지 않아서 반려견이 타인을 다치게 하거나 사망에 이르게 하면, 즉 피해를 당한 대상이 사람일 경우에만 벌칙을 정하고 있습니다. 반려견이 타인의 반려견을 물어서 다치게 하거나 죽게 하면 반려견 보호자가 형사상 책임을 부담하지는 않습니다. 그렇다 하더라도 피해자에게 손해배상은 당연히 해줘야 합니다. 마찬가지로 보호자가 안전조치 등을 비교적 잘 이행했다고 하더라도 상황에 따라서는 타인이나 타인의 반려견이 내 반려견에 의해 물리는 사고가 발생할 수 있습니다. 이러면 행사처벌은 면할 수 있겠지만 과실 유무를 따져서 피해자에 대한 민사상 배상책임을 져야 합니다. 이럴 때 효과적으로 활용할 수 있는 보험이 '일상생활중배상책임보험'입니다. 대부분 손해보험 상품의 특약으로 가입된 경우가 많습니다. 다만, 어떤 경우에 보상받을 수 있는지 몰라서 제대로 활용하지 못하는 분들이 많은데요. 이 보험상품은 개 물림 사고에도 활용할 수 있습니다. '일상생활중배상책임보험'이 보상하는 손해는 다음과 같습니다.

제1조(보상하는 손해)

회사는 제4항에서 정한 피보험자가 이 특별약관의 보험기간 중에 다음에 열거하는 사고(이하 「사고」라 합니다)로 피해자에게 신체의 장해에 대한 법률상의 배상책임(이하 「대인 배상책임」이라 합니다) 또는 재물의 손해에 대한 법률상의 배상책임(이하 「대물 배상책임」이라 합니다)을 부담함으로써 입은 손해(이하 「배상책임손해」라 합니다)를 보상합니다.

① 피보험자가 살고 있는 주택(이하 「거주주택」이라 합니다)과 주택의 소

유자인 피보험자가 임대 등을 통해 거주를 허락한 자가 살고 있는 주택(이하「소유주택」이라 합니다) 중 보험증권에 기재된 하나의 주택의 소유, 사용 또는 관리로 인한 우연한 사고.

② 피보험자의 일상생활(주택 이외의 부동산의 소유, 사용 및 관리를 제외합니다)로 인한 우연한 사고.

③ 제1호 및 제2호의 경우 피보험자의 배상책임으로 인한 손해에 한함

④ 제1호의 주택은 부지 내의 동산 및 부동산을 포함합니다.

– '일상생활중배상책임보험' 약관 중 '보상하는 손해'

위 약관에서 확인할 수 있듯이 '일상생활중배상책임보험'은 피보험자가 직업이나 직무와 관련 없는 일상생활을 하다가 우연한 사고로 피해자를 다치게 하거나 피해자 재산에 손해를 입힌 경우, 그래서 그 피해를 배상하는 데 들어간 비용을 보상받을 수 있는 보험입니다. 그런데 반려견을 기르는 보호자는 반려견을 가족으로 생각하지만 현행 법률과 보험약관에서 반려견은 소유자의 '재물'입니다. 그러니 내 반려견이 타인의 반려견을 물어서 다치게 했다면, 내 소유물이 타인 재산에 피해를 준 것이므로 나는 다친 반려견의 보호자에게 당연히 손해배상을 해줘야 합니다. 이때 피해자에게 손해배상을 해줌으로써 부담한 내 손해액을 내가 가입한 일상생활중배상책임보험에서 보상받을 수 있습니다. 마찬가지로 내 반려견이 타인을 물어서 다치게 하거나 사망하게 했다면, 이때 내가 피해자에게 배상해준 비용을 내가 가입한 일상생활중배상책임

보험에서 보상받을 수 있습니다.

그러므로 반려견에 의한 개 물림 사고가 발생하면 사고를 입증할 증거를 확보해야 합니다. 피해자의 연락처를 확보하고, 피해자가 입은 피해에 대한 사진이나 동영상을 찍고, 응급처치 등에 들어간 비용이 있다면 영수증을 확보해야 합니다. 그 후 곧바로 보험회사에 연락해 사고 사실을 알리면서 일상생활중배상책임보험을 통한 보상을 요청하세요. 그러면 보험회사에서는 조사자를 보내 해당 사고를 조사하고 관련 증거를 분석해서 보상 여부를 결정합니다.

 약관 읽어주는 남자의 한마디

일상생활중배상책임보험은 배상책임보험의 여러 행태 중 하나입니다. 보장받는 대상인 '피보험자'를 '가족'으로 설정하는 가족일상생활중배상책임보험도 있고, 주택이 아닌 그 외 시설물에서 발생할 수 있는 배상책임을 보장하는 시설물소유(관리)자배상책임보험도 있습니다. 자동차보험 역시 배상책임보험 성격입니다.

이런 배상책임보험은 가해자 측이 배상 능력이 없어서 피해자가 구제받지 못하는 상황을 막기 위해 존재합니다. 세상은 갈수록 복잡하게 변화하고 있습니다. 언제 어떤 상황에서 나도 모르는 사이 가해자가 될 수 있고, 피해자가 될 수 있습니다. 그래서 일상생활중배상책임보험에 가입하는 것은 자동차 운전자가 아무 고민 없이 자동차보험에 가입하는 것처럼 지극히 당연한 일입니다. 게다가 특약으로 가입하면 대부분 보상한도는 1억 원이지만 이에 들어가는 월 납입 보험료는 1,000원을 넘지 않습니다.

그냥 꿰매면 안 되지만, 다듬고 꿰매면
수술보험금을 받을 수 있습니다

금융감독원은 「금융위원회의 설치 등에 관한 법률」에 의해 금융분쟁조정위원회를 운영하고 있습니다. 금융감독원은 금융회사와 소비자 사이 특정 사안에 대한 분쟁이 계속되면 그 분쟁을 해소하고 앞으로 이와 유사한 분쟁이 발생하지 않도록 명확한 기준을 제시하려는 목적에서 금융분쟁조정위원회를 통해 조정결정을 내리는데요. 금융분쟁조정위원회는 2021년 5월 18일 수술보험금을 심사하는 기준을 제시하기 위해 또 하나의 조정결정을 내놓았습니다.

이 조정결정의 내용은 이렇습니다. 한 소비자가 톱질을 하다가 손목과 손에 상처를 입었고 그 치료를 위해 변연절제(괴사된 조직을 잘라내는 치료)가 포함된 창상봉합술(피부나 조직의 상처를 꿰메는 수술)을 받은 후 보험회사에 상해수술보험금을 청구했습니다. 하지만 보험회사가 창상봉합술은 약관에서 정하고 있는 '수술의 정의'에 부합하지 않는다며 수술보험금 지급을 거부했고 이에 억울하다고 생각한 소비자가 금융감독원에 분쟁조정을 신청했습니다.

　그런데 금융분쟁조정위원회는 이 사안으로 창상봉합술을 둘러싼 보험금 분쟁을 조정하는 것은 물론이고, '수술의 정의'를 둘러싼 분쟁에 일정한 판단기준을 제시하고자 했습니다. 그래서 최근 몇 년간 나온 법원의 판결을 다수 인용하며 약관에서 정하고 있는 '수술의 정의'에 대한 해석 기준을 다음과 같이 밝혔습니다.

금 융 분 쟁 조 정 위 원 회
조 정 결 정 서

조정일자 : 2021. 5. 18.

조정번호 : 제2021 - 8호

안　건　명　　창상봉합술(변연절제 포함)이 상해수술비에서의 수술에 해당되는지 여부

신　청　인　　X

피 신 청 인　　Y손해보험㈜

　기존의 외과적 수술 내지 전통적 관혈(觀血) 수술은 통상적으로 생체에 대한 침습(侵襲)과 환부에 대한 절단, 절제가 수반되었으므로 이 사건 약관은 수술의 정의 조항에서 '절단, 절제'를 수술의 대표적인 행위로 적시하고 이에 덧붙여 '절단, 절제 등의 조작'이라고 포괄적으로 그 범위를 넓혀 이와 유사한 의료행위까지 수술로 인정하고 있는 것으로 보인다. 뿐만 아니라 이 사건 약관은 의료기구의 개발이나 의료기술의 발전에 따른

수술 영역의 확대를 예정하고 신의료기술평가위원회 등에서 안전성과 치료 효과를 인정받은 최신 수술기법도 수술에 포함하고 있다. 다만 동시에 이 사건 약관은 흡인, 천자 등 조치와 신경차단은 수술의 범위에서 제외하고 있다.

따라서 이 사건 약관에서 정의한 수술인지 여부는, 외형적인 행위인 '절단, 절제' 또는 '흡인, 천자, 신경차단'을 수술의 본질적·결정적인 요소라고 보아 형식적으로 이의 존부만 살필 것이 아니라, 문제되는 치료행위의 실질적 내용을 살펴 절단, 절제와 유사 내지 상응하는 조작인지 혹은 흡인, 천자, 신경차단과 유사 내지 상응하는 조치인지를 판단할 필요가 있다. 이를 위해서는 상해의 부위·정도 내지 특성뿐 아니라 이에 대한 치료행위의 수단·절차·양태 및 이로 인한 신체에 대한 침습 정도나 위험, 전체적인 치료과정에서 의학계에서 갖는 의미 등을 종합적으로 함께 고려하여 개별적·구체적으로 판단되어야 할 것이다.

-금융분쟁조정위원회 조정결정서 제2021-8호

금융분쟁조정위원회는 이 조정결정에서 최근 몇 년간 각급 법원이 판단한 것과 같은 맥락으로 '수술의 정의'를 해석했습니다. 수술보험금을 지급하기 위한 조건으로 약관에서 제시하고 있는 '절단, 절제 등의 조작'이라는 표현은 수술을 절단과 절제만으로 제한하는 것이 아니라 그와 유사한 의료행위까지 폭넓게 인정하려는 의도라고 봤습니다. 따라서 어떤 의료행위가 보험약관에서 수술보험금 지급 대상으로 삼고 있는 '수술'에 해당하는지를 판단하는 기

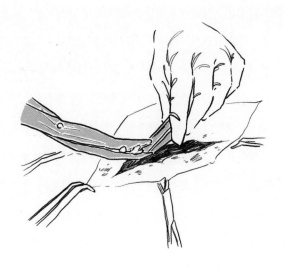

준은 해당 의료행위가 외형적으로 '절단, 절제'의 방식으로 진행되는 것인지 여부가 아니라 그 의료행위의 실질적 내용이 절단, 절제와 유사하거나(병변을 제거하는 것) 그 맥락을 같이하는 것은 아닌지 살펴서 하나하나 구체적으로 판단해야 한다는 취지입니다. 그런 기준으로 본다면 변연절제를 포함한 창상봉합술은 아래와 같은 이유로 수술보험금의 지급 대상인 '수술'에 해당한다고 판단했습니다.

열상 등을 동반한 외상의 치료를 위한 창상봉합술(변연절제 포함)은 상처의 죽거나 오염·손상된 조직을 수술용 가위 등으로 제거하고 상처를 봉합하는 행위이다. 이러한 외상 봉합 과정에서의 변연절제술은 상처의 죽거나 오염·손상된 조직이 제거되지 않고 남아있으면 감염 등의 합병증이 발생하거나 봉합이 지연되어 생체 조직이 불가피하게 손상될 수 있어 시행되는 중요한 치료단계이다. 즉 창상봉합술(변연절제 포함)은 대상범위를 판단하고 절단, 절제 후 괴사된 조직이 완전히 제거되어 생체조직이 노출되었다는 증거로서 남은 조직에서 출혈을 확인하므로 그 행위 형태가 형식적으로 생체의 절단, 절제에 해당되고, 이후 상처를 봉합하는 행위로 이는 의학을 전공하고 훈련을 받은 면허자인 의사가 필요하다고 인정하여 직접적인 치료를 목적으로 의료기구를 사용하여 생체에 대해 시행하는 치료 방법이다.

따라서 창상봉합술(변연절제 포함)은 죽거나 오염·손상된 조직을 제거하는 행위와 상처를 봉합하는 의료적 전문성을 요구하는 수술과정으로 이 사건 약관의 수술의 정의 조항의 '절단, 절제 등 조작'에 해당된다.

－ 금융분쟁조정위원회 조정결정서 제2021-8호

금융분쟁조정위원회는 변연절제를 포함한 창상봉합술이 오염 또는 손상된 조직을 수술용 가위로 제거하고 그 후 상처를 봉합하는 것이므로 보험약관 '수술의 정의' 조항에서 정하고 있는 '생체에 절단·절제 등의 조작을 가하는 것'에 해당한다고 본 것입니다.

그런데 주의할 부분이 있습니다. 실제로 이 수술을 한 후 병원에서 수술진단서를 받아보면 변연절제를 했다는 내용이 적혀 있지 않은 경우가 많고 '창상봉합술 시행'이라고만 되어 있는 사례가 많습니다. 환자가 받으려고 하는 수술보험금은 의사에게는 중요한 사항이 아니기에 굳이 변연절제를 동반했다는 내용까지 자세하게 진단서에 적어주지 않는 것입니다. 문제는 이렇게 자세한 내용을 담고 있지 않은 진단서로는 수술보험금을 받지 못한다는 데 있습니다.

수술보험금 지급 여부를 심사하는 담당자 입장에서는 의무기록 중에서 수술기록지까지 꼼꼼히 확인하는 것이 현실적으로 쉽지 않습니다. 한 명의 심사담당자가 심사해야 할 보험금 청구 건이 너무 많기 때문이죠. 그래서 대부분은 수술진단서에 적혀 있는 수술명만 보고 보험금 지급 여부를 판단합니다. 그래서 금융분쟁조정위원회도 이 조정결정문에서 형식적인 것만 확인하지 말고 '문제되는 치료행위의 실질적 내용을 살펴 절단, 절제와 유사 내지 상응하는 조작인지 혹은 흡인, 천자, 신경차단과 유사 내지 상응하는 조치인지를 판단할 필요가 있다'라고 강조한 것입니다.

하지만 금융분쟁조정위원회의 이런 우려와 당부는 보험금을 청구하는 소비자에게 아무런 도움이 되지 못합니다. 소비자 스스로 보험약관에서 정하고 있는 '수술'에 대해서 정확히 알고 있어야만 의사에게 진단서 등을 받을 때 세부적인 내용을 정확하게 적어 달라고 요구할 수 있습니다. 하지만 소비자가 이런 부분까지 이해하기는 매우 어렵습니다. 그래서 약관과 판례까지 공부하는 전문 보험인의 도움을 받아야 합니다. 보험금에는 아무 관심이 없고 그저 보험료만 꼬박꼬박 내고 싶어서 가입한 보험이 아니라면 말이죠.

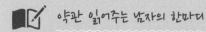 약관 읽어주는 남자의 한마디

　　의사는 의학적 용어나 개념을 진단서에 적습니다. 그런데 때로는 이런 의료기록들이 보험금을 심사하기에 부족한 정보를 제공하는 경우가 있습니다. 그러므로 환자가 요구해야 합니다. 수술 과정에 이런저런 내용이 있었다면 그걸 진단서에 써 달라고 해야 합니다. 이런 과정은 환자 스스로 알아서 할 수 없습니다. 전문 보험인이 곁에서 조언을 해줘야 가능합니다. 약관을 공부하는 전문 보험인의 도움을 받으세요. 물론 그분들이 해결하지 못하는 복잡한 문제가 있을 수도 있습니다. 그런 상황이라면 보험금 분쟁 전문인 손해사정사나 변호사를 추천해줄 겁니다.

⑤ 칼을 사용하지 않은 수술도 수술보험금을 받을 수 있습니다

2009년 4월 비독성 갑상선 결절로 진단받고 고주파열응고술(또는 고주파열치료술이라고도 부름)을 받은 사람이 있습니다. 수술용 칼로 생체를 절개한 후 종양을 잘라내는 전통적인 외과수술 방법과 달리 고주파열응고술은 주사바늘 같은 침을 종양 내부에 삽입한 후 고주파를 통하게 하여 발생하는 열로 종양을 태워서 제거하는 치료 방법입니다. 이 수술기법은 수술용 칼을 사용하는 기존의 방법과 비교해 흉터가 거의 남지 않고 후유증도 적습니다. 고주파열응고술을 받은 이 사람은 자신이 가입한 보험계약을 떠올리고 보험회사에 수술보험금을 청구했습니다. 이 보험계약에는 특정 질병으로 수술하면 수술 1회당 450만 원을 지급하는 특약이 들어 있었습니다. 하지만 보험회사는 다음과 같은 이유로 보험금 지급을 거부했습니다.

보험회사 측은 고주파열응고술이 '신의료기술'에 해당하지 않고 또한 보험약관에 '수술'의 의미에 대한 '정의' 규정이 없지만, 보험계약 체결 당시 사회의 보편적인 의미의 수술로 한정해서 해석해보면 당시 사람들은 생체를 절단 또는 절제하지 않는 방법인 고주파열응고술을 '수술'로 판단하기 힘들어서 고주파열응고술은 이 보험약관상 '수술'에 해당하지 않는다고 주장했습니다. 2심법원인 대전지방법원 제3민사부는 이런 보험회사 측 주장을 모두 인정했고 이 판결은 대법원에서 그대로 확정됐습니다(대법원 2010. 4. 29. 선고 2010다11859판결).

본 판결문은 판결서 인터넷열람 사이트에서 열람·출력되었습니다.
영리목적으로 이용하거나 무단 배포를 금합니다.게시일자 : 2017-07-26

대 전 지 방 법 원
제 3 민 사 부
판   결

사 건	2009나13352 보험금
원고, 항소인	A
피고, 피항소인	대한생명보험 주식회사
제 1 심 판 결	대전지방법원 홍성지원 2009. 8. 25. 선고 2009가소2136 판결
변 론 종 결	2009. 11. 27.
판 결 선 고	2010. 1. 12.

이 사건 약관에서는 '수술'의 의미를 정의하고 있지 아니하나, 이 사건 보험 계약 체결 당시의 사회 일반인의 평균적 이해가능성을 고려할 때 이

사건 약관상의 '수술'의 의미는 보편적, 사전적인 의미의 수술에 한정된다고 할 것인 바, 일반적으로 수술이란 '피부나 점막, 기타의 조직을 의료기계를 사용하여 자르거나 째거나 조작을 가하여 병을 고치는 일'을 의미한다고 할 것이고, 고주파열응고술은 고주파 열치료 주사바늘을 외부에서 목에 꽂아 종양 내에 삽입한 후 고주파 영역에서 전류를 통하게 하여 발생하는 마찰열로 종양을 제거하는 시술방법이므로 위와 같은 의미의 수술에 포함된다고 할 수 없다.

<중략>

이와 달리 이 사건 약관상 '수술'에 고주파열응고술도 포함된다고 해석하는 것은 보험계약자 등에게 당초 이 사건 각 특약의 체결 시 기대하지도 않은 이익을 주게 되는 반면, 이 사건 각 특약과 같은 내용의 보험계약에 가입한 보험단체 전체의 이익을 해하고 보험자에게 예상하지 못한 무리한 부담을 지우게 되므로 합리적이라고 볼 수 없다. 그리고 위와 같이 이 사건 약정상 '수술'의 의미를 합리적으로 해석할 수 있는 이상, 약관의 뜻이 명백하지 아니한 경우에는 고객에게 유리하게 해석하여야 한다는 「약관의 규제에 관한 법률」 제5조 제2항은 적용될 여지가 없다고 할 것이다.

– 대전지방법원 제3민사부 2010. 1. 12. 선고 2009나13352 판결

1, 2, 3심 모두 같은 판단을 한 것을 보면, 2010년 당시 사회 일반의 사고는 어땠는지 모르겠으나 판사들이 얼마나 보험회사에 친절한지는 알 수 있습니다. 그들이 생각하는 '수술'은 무조건 의료기

계를 사용하여 생체를 자르거나 째는 조작이어야 합니다. 또한 보험약관에서 말하는 '수술'에 고주파열응고술이 포함된다고 해석하면 보험회사에 부담을 주게 되므로 합리적인 해석이 아니라고 합니다. 법원에서 일하는 판사가 아니라 보험회사에서 일하는 법무팀 직원 같습니다. 판사의 이런 사고가 그들의 말처럼 약관을 합리적으로 해석한 것이 되려면 보험회사가 판매한 보험상품은 자동차보험처럼 보장 기간이 1년으로 제한되는 단기 상품이어야 합니다.

의료기술은 과학과 의학의 발전 덕에 매우 빠른 속도로 변화하고 있습니다. 신체 일부를 자르고 도려내는 전통적인 외과적 수술방법보다 치료 효과도 높고 수술 후유증도 최소화할 수 있는 새로운 수술기법이 많이 개발되고 있습니다. 당연히 의사는 이런 새로운 의료기술이 반영된 수술 방법을 환자에게 권합니다. 그런 의사를 상대로 '저는 수술보험금을 받아야 해서요. 더 위험하고 수술후유증도 많은 옛날 방식의 외과수술로 해주세요'라고 말하는 환자는 없습니다. 이런 당연한 이치를 무시하고 약관에 있는 '수술'의 의미를 보험계약 체결 당시 일반적으로 행해지는 것으로만 해석하려면 수술보험금을 지급하는 보험상품은 보장 기간이 매우 짧은 것만 판매되어야 합니다. 그러지 않는다면 미래 시점에 보편적으로 이루어지는 수술에 대해서는 보험금을 지급하지 않을 거면서도 마치 수술보험금을 지급할 것처럼 속여서 보험상품을 판매하는 것이니까요. 그런데 이 판결(대전지방법원 제3민사부 2010. 1. 12. 선고 2009나13352 판결) 속 해당 보험계약의 보장 기간은 32년입니다. 10년이면 강산도 변한다는 말이 있죠? 32년이면 강산이 세 번 바뀌는 시간입니다.

다행히 시간이 흐르면서 판사들의 의식도 점차 발전했습니다. 보험약관에 '수술'의 정의가 없는 경우에는 '수술'을 전통적인 외과적 방법의 수술로 제한할 수 없으므로 갑상선결절에 대한 고주파 수술도 넓은 의미의 '수술'로 볼 수 있다는 대법원판결(대법원 2011. 7. 28. 선고 2011다30147 판결)이 나옵니다. 앞서 정반대의 대법원판결(대법원 2010. 4. 29. 선고 2010다11859판결)이 나온 지 불과 15개월 뒤였습니다.

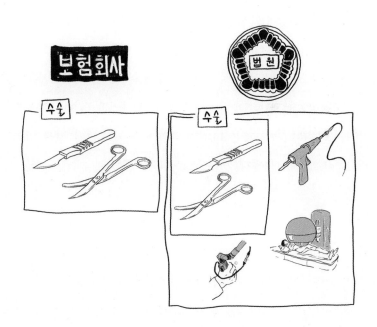

대 법 원
판 결

사건	2011다30147 손해배상(기)
원고,상고인	원고
피고,피상고인	교보생명보험 주식회사
원심판결	대전지법 2011. 2. 24. 선고 2010나17169 판결

약관의 내용은 개개 계약체결자의 의사나 구체적인 사정을 고려함이 없이 평균적 고객의 이해가능성을 기준으로 하여 객관적·획일적으로 해석하여야 하고, 고객보호의 측면에서 약관 내용이 명백하지 못하거나 의심스러운 때에는 고객에게 유리하게, 약관작성자에게 불리하게 제한해석하여야 한다(대법원 2005. 10. 28. 선고 2005다35226 판결, 대법원 2007. 2. 22. 선고 2006다72093 판결 등 참조).

<중략>

이 사건 보험계약의 보험증권이나 보험약관에서는 수술비의 지급 대상이 되는 수술을 의료 기계를 사용하여 신체의 일부를 절단하거나 절제하는 외과적 치료방법으로 제한하고 있지 아니하고, 원고는 갑상선 결절의 치료를 직접적인 목적으로 하여 외과적 치료방법을 대체하는 치료방법으로 고주파절제술을 받은 것으로 보이므로, 바늘을 종양 안에 삽입한

다음 고주파 영역에서 교차하는 전류를 통하게 하여 발생하는 마찰열로 종양세포을 괴사시키는 고주파절제술도 넓은 의미의 수술에 포함될 여지가 충분히 있다 할 것이어서, 원고가 받은 고주파절제술은 이 사건 보험계약의 약관 제10조의 수술에 해당한다고 봄이 상당하고, 이러한 해석론이 약관 해석에 있어서의 작성자 불이익의 원칙에도 부합하는 것이라고 할 것이다.

그럼에도 불구하고 이와 달리 이 사건 고주파 절제술이 이 사건 보험계약의 약관상 수술에 해당하지 아니한다고 한 원심판결에는 보험약관의 해석에 관한 법리를 오해하여 판결에 영향을 미친 위법이 있다.

– 대법원 2011. 7. 28. 선고 2011다30147 판결

이 판결을 기준으로 본다면 2010년 4월의 대법원판결(대법원 2010. 4. 29. 선고 2010다11859판결)은 '보험약관의 해석에 관한 법리를 오해하여 판결에 영향을 미친 위법이 있다'라고 보아야 합니다. 그런데 갑상선결절에 대한 고주파절제술(고주파치료술)에 대해서도 보험약관에서 말하는 '수술'로 볼 수 있다는 2011년 대법원판결을 오해하면 안 됩니다. 대법원은 수술을 '의료기계를 사용하여 신체의 일부를 절단하거나 절제하는 외과적 치료방법으로 제한'하는 내용(수술의 정의)이 해당 보험약관에 없었기 때문에 이런 판단을 한 것입니다. 약관에 '수술'에 대한 명확한 정의가 없으므로 고주파 절제술도 넓은 의미의 수술에 해당한다고 보아야 한다는 것이죠. 이 판결 이후에도 '의사가 기구를 사용하여 생체에 절단 또는 절

제 등의 조작을 가하는 것'이라는 '수술의 정의'가 해당 약관에 있는 경우 각급 법원은 약관을 기계적으로 해석해서 '절단', '절제'가 아니면 수술보험금을 지급할 필요가 없다고 판단했습니다. 그런데 영원한 것은 없다는 말이 맞나 봅니다. 그 후 시간이 흐르고 과학과 의학이 계속 발전하면서 각급 법원은 2010년 대법원판결과는 완전히 다른 판단을 계속 내놓고 있습니다. 보험약관에 '수술의 정의'가 들어 있다고 하더라도 말이죠.

본 판결문은 판결서 인터넷열람 사이트에서 열람·출력되었습니다.
영리목적으로 이용하거나 무단 배포를 금합니다.게시일자 : 2014-03-06

서 울 중 앙 지 방 법 원
판   결

사 건	2012가단338877(본소) 보험금
	2013가단5025326(반소) 부당이득금
원고(반소피고)	A
피고(반소원고)(탈퇴) B 주식회사	
피고(반소원고)의 승계참가인 C 주식회사	
변 론 종 결	2013. 11. 1.
판 결 선 고	2014. 1. 24.

갑상선 고주파 열치료술은 갑상선에 있던 결절을 태워 없어지게 함으로써 결절을 '제거'하여 갑상선질환을 치료함을 목적으로 하고 있다. 한편, 이 사건 보험계약에서 말하는 '적제'는 잘라 들어내 없애는 것을 의미함

은 앞서 보았는데, 위 의미 중 잘라 들어낸다는 것은 기존의 외과적 수술을 통하여 환부를 제거하는 과정에서는 통상적으로 환부 주위를 자르고 들어내는 과정이 수반되기 때문에 부수적으로 수반된 표현으로 보이고, 그 핵심은 환부를 없애는 것, 즉 '제거함'에 있다 할 것이지, 반드시 제거의 방법을 잘라 없애는 것으로 한정한 취지로는 보이지 않는다(만일 그렇게 한정한다면 원고는 보험금 수령을 위하여 흉터와 부작용이 남을 수밖에 없는 기존의 수술을 사실상 강요받게 되는 결과를 낳게 된다).

결국 갑상선 고주파 열치료술의 시행은 의사가 갑상선 결절의 치료를 목적으로 바늘 형태의 전극을 사용하여 생체에 '적제' 조작을 가한 경우에 해당한다고 할 것이다. 그렇다면, 갑상선 고주파 열치료술은 이 사건 보험계약이 정한 수술에 해당한다고 할 것이므로, 수술에 해당함을 전제로 한 원고의 보험금 청구는 이유 있다.

– 서울중앙지방법원 2014. 1. 24. 선고 2012가단338877 판결

보험약관에 '수술의 정의'가 들어 있음에도 2014년 서울중앙지방법원의 판결은 2010년의 대법원판결과 달랐습니다. '의사가 기구를 사용하여 생체에 절단 또는 절제(적제) 등의 조작을 가하는 것'이라는 약관 속 '수술의 정의'는 수술 방법을 절단과 절제로 제한해놓은 것으로 해석하면 안 되고 병변을 제거하기만 한다면 그 방법이 절단 또는 절제가 아니어도 상관없다는 것입니다. 서울중앙지방법원의 이 판결 이후로 약관을 이와 유사하게 해석한 판결이 줄을 이었습니다. '수술의 정의'를 바라보는 판사들의 사고방식

이 그 전과는 많이 달라진 것이죠. 각급 법원은 2022년 현재 행해지고 있는 다양한 치료 방법들이 '병소(또는 병변)를 제거한다는 맥락'을 지니고 있다면 그런 의료행위 대부분을 보험약관에서 말하는 '수술'에 해당한다고 보고 있습니다. 예를 들어 손이나 발에 많이 발생하는 티눈은 예전에는 칼로 도려내는 방식으로 치료했지만, 최근에는 티눈이 있는 부위에 액화 질소를 분사해서 냉동과 해동을 반복해 조직을 괴사시키는 방법으로 티눈을 제거하는 냉동응고술이 많이 사용됩니다. 이런 냉동응고술도 병변을 제거하는 시술이므로 보험약관에서 말하는 '수술'에 해당한다고 판단(인천지방법원 2020. 1. 31. 선고 2017가단223766 판결)했을 정도니까요. 칼을 전혀 사용하지 않았는데도 말이죠. 2010년의 대법원판결과 비교하면 정말 놀라운 변화입니다.

본 판결문은 판결서 인터넷열람 사이트에서 열람·출력되었습니다.
영리목적으로 이용하거나 무단 배포를 금합니다. 게시일자 : 2020-03-12

인 천 지 방 법 원

판   결

사 건	2017가단223766 채무부존재확인	
원 고	A 주식회사	
	소송대리인 법무법인 제이피, 담당변호사 이동명, 정문호	
피 고	B	
변 론 종 결	2019. 12. 13.	
판 결 선 고	2020. 1. 31.	

냉동응고술은 티눈절제술과 같이 메스를 이용하여 티눈 부분을 박리하는 방식이 아니라, 병터조직에 대한 냉동 및 해동을 반복적으로 하여 그 부분의 조직을 파괴하는 방법으로서, 결국 냉동손상을 통해 간접적으로 병변부를 제거하는 시술이라고 할 것이므로, 이 사건 보험계약의 피부질환 특별약관에서 정하고 있는, 수술의 정의 중 생체인 티눈의 절제 내지 절단에 해당한다고 봄이 상당하다.

따라서 냉동응고술이 이 사건 보험계약에서 정한 수술에 해당하지 않는다는 전제의 원고의 이 부분 청구는 나머지 점에 관하여 살펴볼 필요 없이 이유 없다.

– 인천지방법원2020. 1. 31. 선고 2017가단223766 판결

그런데 재미있는 것은 이렇게 '수술의 정의'를 폭넓게 해석해서 소비자가 승소한 판결은 모두 하급심(1심, 2심) 판결입니다. 이 글을 쓰고 있는 2022년 8월 현재까지 이와 관련한 대법원판결은 나오지 않았습니다. 과거에는 1심 또는 2심재판에서 패소하면 보험회사는 곧바로 항소해서 대법원까지 소송을 끌고 가는 것이 일반적이었지만, 최근에는 사안에 따라 일부러 항소하지 않는 경우도 많습니다. 왜 그럴까요? 보험회사들은 최근 2심재판에서 지면 가급적 항소하지 않습니다. 패소하더라도 해당 소비자에게만 보험금을 지급하면 되는데, 만약 항소해서 대법원까지 갔다가 거기서 패소해버리면 양상이 달라집니다. 소비자가 대법원 판결문을 제시하며 보험금을 청구하면 보험회사로서는 보험금 지급을 막을 명분이

없어집니다. 2022년인 지금도 수술보험금을 둘러싼 분쟁이 발생하면 보험회사 측은 '수술의 정의'를 엄격하게 제한해서 해석한 대법원판결(대법원 2010. 4. 29. 선고 2010다11859판결)을 제시하며 수술보험금 지급을 거부하고 있습니다. 보험회사는 회사가 패소한 판결은 하급심 판결이고 승소한 판결은 대법원판결이니 하급심 판결을 보험금 심사 기준으로 인정할 수 없다는 논리를 내세우며 보험금 지급을 거부하고 있는 것이죠. 그래서 보험회사는 재판이 불리하면 소송을 대법원까지 끌고 가지 않습니다.

소송이 불리하게 흘러갈 때는 대법원에 항소하지 않는 전략을 구사하지만, 그러면서도 소송에서 이길 수 있는 새로운 해법을 모색하는 것이 보험회사입니다. 막대한 자금력으로 대형 법무법인에 사건을 의뢰해서 새로운 법리를 찾아내거나 약관 해석의 새로운 기준을 주장하는 것이죠. 최근 한 보험회사는 '비독성 단순 갑상선 결절'로 진단받고 총 5회의 고주파절제술을 받아(3명 중 2명은 2회씩 수술함) 합계 87,600,000원의 수술보험금을 청구한 3명의 소비자와 소송을 진행했습니다. 이 소송에서 보험회사 측은 약관에서 정하고 있는 '수술의 정의'를 다른 각도로 해석해 결국 수술보험금을 지급할 필요가 없다는 법원의 판단을 끌어냈는데요. 보험회사 측의 논리를 주의 깊게 살펴볼 필요가 있습니다.

서 울 중 앙 지 방 법 원

판   결

사건	2020가단5020367 보험금
원고	1. A
	2. B
	원고들 소송대리인 변호사 이현규
피고	C단체
	소송대리인 변호사 김희룡
변론종결	2021. 6. 18.
판결선고	2021. 9. 17.

이 사건 공제계약의 약관은 수술의 정의에 관하여 '수술이라 함은 의사에 의하여 질병 또는 재해로 인한 치료가 필요하다고 인정하는 경우로서 의료기관에서 의사의 관리 하에 기구를 사용하여 생체에 절단, 적제 등의 조작을 가하는 것을 말하며, 흡인, 천자, 적제 등의 조치 및 신경 BLOCK은 제외한다' 고 규정하고 있는 바, 이 사건 각 공제계약 약관의 수술에 해당하려면 '수술을 통한 치료의 필요성', 즉 이 사건에서는 고주파 절제술로 갑상선 결절을 치료할 필요성이 인정되어야 한다(위와 같은 정의 규정이 없다고 하더라도 치료의 필요성이 있어야 그 수술의 정당성을 인정할 수 있다).

그런데 을 3, 4호증의 각 기재 및 이 법원의 의료 감정결과에 의하면, 원고들과 D의 갑상선 결절은 그 크기가 작고 세포검사 결과도 없어 초음파로 경과를 관찰하는 것이 적절하고 고주파 절제술을 시행하여 치료할 필요성이 인정되지 아니한다는 것이고, 이러한 의료감정결과를 신빙할 수 없다고 볼 만한 증거가 없다. 따라서 원고들의 주장은 더 나아가 살펴볼 것 없이 이유 없다.

– 서울중앙지방법원2021. 9. 17. 선고2020가단5020367 판결

종전까지 '수술의 정의'를 둘러싼 분쟁에서 보험회사의 논리는 하나밖에 없었습니다. 소비자가 받은 수술이 '절단·절제에 해당하지 않기 때문에 수술의 정의에 부합하지 않아서 수술보험금을 지급할 수 없다.' 이것 하나만 계속 주장해왔죠. 하지만 앞에서 살펴봤듯이 최근 각급 법원은 보험약관에 있는 수술의 정의를 그렇게 해석하지 않습니다. 물리적으로 병변을 제거하는 맥락이 들어 있기만 하다면 그 방법이 절단이나 절제가 아니어도 수술의 정의에 부합한다고 보는 것이죠. 그런데 이 재판(서울중앙지방법원2021. 9. 17. 선고2020가단5020367 판결)에서 보험회사 측은 '수술 필요성'이라는 개념을 제시합니다. 약관에서 수술의 정의를 보면, 수술의 전제로 '의사에 의하여 질병 또는 재해로 인한 치료가 필요하다고 인정한 경우'일 것을 요구하고 있습니다. 그런데 법원이 봤을 때 이 소비자는 수술이 필요한 상태가 아니었는데도 수술을 했다는 것이고, 그러므로 수술의 정당성이 인정되지 않기에 수술보험금을 지

급할 필요가 없다는 말입니다.

수술특약 약관 중 '수술의 정의와 장소'

  그래서 환자의 상태가 수술이 필요한 상태였는지가 쟁점이 됐습니다. 환자를 실제로 치료한 의사는 당연히 수술이 필요한 상태였다고 증언했을 것입니다. 하지만 법원은 해당 의사의 주장을 인정하지 않았습니다. 그 의사는 갑상선 고주파절제술로 많은 이익을 얻는 이익의 한 주체이므로 그 의사의 주장만으로 수술이 필요했는지 여부를 판단할 수는 없습니다. 그래서 전문적인 의료학회의 진료 가이드라인을 가지고 해당 환자에게 고주파절제술이 필요했는지 살펴봤습니다. 대한갑상선영상의학회가 고주파절제술을 할 수 있다고 제시하는 경우는 다음과 같습니다.

고주파절제술의 대상 환자

① 2회 이상의 조직검사에서 양성으로 확진된 환자분들 중에

② 크기가 2cm보다 크고 점점 자라나거나 미용상 문제, 삼킬 때 이물감,

  통증 등의 증상이 있는 경우

 – 출처: 대한갑상선영상의학회 홈페이지

즉, ①과 ②의 조건 모두를 충족하는 경우에만 갑상선결절에 대해서 고주파절제술을 할 수 있다는 의미입니다. 그런데 판결문을 보면, 이 소비자들은 갑상선결절의 크기가 2cm보다 작고 세포 검사 결과도 없었습니다. 이런 경우 대한갑상선영상의학회의 진료 가이드라인에 의하면 수술이 필요한 것이 아니라 초음파로 추적 관찰하는 것이 적절한 조치인데도 고주파절제술을 한 것입니다. 그래서 법원은 수술보험금은 '치료의 필요성'이 인정돼야 지급할 수 있는 것인데, 해당 소비자들은 고주파절제술로 갑상선결절을 치료할 필요성이 인정되지 않으므로 보험회사는 수술보험금을 지급할 필요가 없다고 판단했습니다.

이 소송에서 보험회사가 승소한 이후 보험회사들은 이 판결문을 기준으로 갑상선결절에 대한 고주파절제술 수술보험금을 심사하고 있습니다. 보험회사가 '절단·절제'가 아니라는 이유로 수술보험금 지급을 거부할 때는 비교적 쉽게 수술보험금을 받을 수 있었지만, 이제 갑상선결절에 대한 고주파절제술(고주파열치료술)은 수술보험금 받기가 매우 어려워졌습니다. 보험회사는 이 판결(서울중

앙지방법원2021. 9. 17. 선고2020가단5020367 판결) 이후부터는 보험금을 청구한 소비자의 의료기록을 검토해서, 갑상선에 생긴 결절의 크기가 2cm에 미치지 못하거나 조직검사를 통해 양성결절임을 확인한 후 수술한 것이 아니면 고주파절제술에 대한 수술보험금 지급을 거부하고 있습니다. '수술 필요성'이 없는데도 수술했다는 이유입니다. 이제 '수술의 정의'를 둘러싼 수술보험금 분쟁은 '절단·절제 등의 조작'이라는 수술 방식에 대한 해석 다툼에서 '수술 필요성' 분쟁으로 변화하고 있습니다.

 약관 읽어주는 남자의 한마디

　　수술보험금을 둘러싼 분쟁을 해소하고자 금융분쟁조정위원회가 2021년 한 해에만 3개의 조정결정을 내놓은 덕분에 '절단·절제'가 아니라는 이유로 수술보험금 지급을 막을 수 없다는 것을 이제는 보험회사들도 알고 있습니다. 그래서 그들은 약관을 개정했습니다.

2022년 가을 현재 대부분의 손해보험사들은 수술보험금을 지급하는 거의 모든 특약 약관에 수술보험금 지급 대상에서 배제하는 수술명을 다음처럼 나열하고 있습니다. 이런 약관을 사용하는 보험상품에 가입한 소비자는 해당 수술을 한 경우 수술보험금을 받을 수 없습니다. 아무리 법원과 금융분쟁조정위원회가 '수술의 정의'에 부합하는 행위라고 판단한 수술기법이라 하더라도 말이죠. 그러니 소비자들은 가급적 다음과 같은 수술보험금 면책조항이 약관에 포함되어 있지 않은 보험상품에 가입해야 합니다.

⑦ 기타 수술의 정의에 해당하지 않는 시술

[기타 수술의 정의에 해당하지 않는 시술(예시)]

• 체외 충격파 쇄석술

• 창상봉합술

• 절개 또는 배농술

• 도관삽입술

• 전기소작술 또는 냉동응고술, 고주파열응고술

• 고주파 하이푸 용해술

• 하지정맥류 관련 레이저정맥폐쇄술

• IPL(Intense Pulsed Light) : 아이피엘 레이저 시술

• 경피적 경막외강 신경성형술

• 경피적 풍선확장 경막외강 신경성형술

• 치, 치은, 치근, 치조골의 처치

• 기타 이와 유사한 시술

6 레이저로 태우는 치료도 수술보험금을 받을 수 있습니다

　　임신한 여성이 한 손해보험사와 태아보험계약을 체결했습니다. 나중에 아이가 태어났는데 이소성몽고반점이라는 선천성 질병을 지니고 있었습니다. 정상적인 몽고반점은 엉덩이에 푸르스름한 반점의 형태로 보입니다. 몽골리안 대부분이 이 푸른 반점을 지닌 채 태어나지만, 이것을 질병으로 보지는 않습니다. 10세 전후가 되면 대부분 저절로 없어지기 때문입니다. 하지만 이소성몽고반점은 저절로 없어지지 않고 등이나 팔, 다리 등 신체 전체에서 발생할 수 있으므로 문제가 됩니다. 그래서 아이의 몸에서 이소성몽고반점을 확인하면 부모는 이 반점을 당연히 지워주려 합니다.

　이 반점은 태아일 때 멜라닌색소 세포가 정상적으로 자리 잡지 못하고 진피층에 남아서 발생합니다. 그런데 이소성몽고반점을 칼로 도려내면 아이가 견뎌낼 수 없으므로 피부과에서는 레이저를 이용해 멜라닌색소 세포만 태워 없애는 방식으로 치료합니다. 그런데 이 방법도 통증이 발생할 수밖에 없다 보니 한 번에 전체를 치료할 수가 없고 여러 번 나눠서 레이저 치료를 받습니다. 그런데 이 치료기법은 초기 몇 번의 치료를 제외하면 그 후부터는 국민건강보험에서 비급여 적용을 받기 때문에 환자의 병원비 부담이 만만치 않습니다. 보통 수천만 원의 병원비를 부담하게 됩니다.

다행히도 아이의 부모는 태아보험에 가입해 있었고, 해당 보험계약에는 '선천이상수술비특약'이 들어 있었습니다. 이 보험계약은 혀유착증을 치료할 목적으로 수술했을 때는 수술 1회당 20만 원의 수술비만 지급하지만, 혀유착증을 제외한 선천적인 질병을 치료할 목적으로 수술하면 수술 1회당 150만 원이 지급되는 구조를 갖고 있습니다. 아이의 부모는 이소성몽고반점 치료 목적으로 64회에 걸쳐 레이저 치료를 받은 후 보험금을 청구했습니다. '선천이상수

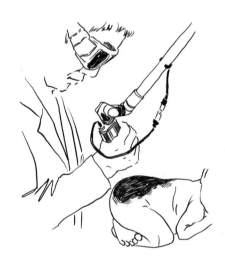

술비'로 9600만 원을 청구한 것이죠. 하지만 보험회사는 아이가 받은 레이저 수술이 보험약관에서 정하고 있는 '수술의 정의'에 부합하지 않는다며 보험금 지급을 거부하고 오히려 아이의 부모를 상대로 소송(채무부존재확인소송)을 제기했습니다.

선천이상수술비특약 약관에서 보장하는 '선천이상'의 범위는 아래 분류표에서 확인할 수 있는데요. 이소성몽고반점의 질병분류코드는 'Q82.5(선천성 비신생물성 모반)'이고 Q82.5는 해당 분류표의 '기타 선천기형 Q80~Q89' 범위에 포함됩니다. 그러므로 이소성몽고반점은 선천이상수술비특약 약관에서 정하고 있는 '선천이상'에 해당하므로 약관의 분류표와 질병코드만 보면 보험회사는 보험금을 지급하는 것이 마땅합니다.

제2조 (선천이상의 정의 및 진단확정)

① 이 특약에서 '선천이상'이라 함은 제6차 한국표준질병사인분류에 있어서 [별표37] '선천성기형, 변형 및 염색체이상 분류표'에 해당하는 질병을 말합니다.

선천이상의 대상 질병	분류번호
1. 신경계통의 선천기형	Q00 ~ Q07
2. 눈, 귀, 얼굴 및 목의 선천기형	Q10 ~ Q18
3. 순환계통의 선천기형	Q20 ~ Q28
4. 호흡계통의 선천기형	Q30 ~ Q34
5. 구순열 및 구개열	Q35 ~ Q37
6. 소화계통의 기타 선천기형	Q38 ~ Q45
7. 생식 기관의 선천기형	Q50 ~ Q56
8. 비뇨계통의 선천기형	Q60 ~ Q64
9. 근골격계통의 선천기형 및 변형	Q65 ~ Q79
10. 기타 선천기형	Q80 ~ Q89
11. 달리 분류되지 않은 염색체 이상	Q90 ~ Q99

해당 태아보험 '선천이상수술비특약' 약관

그런데 보험회사는 해당 약관에서 정하고 있는 '수술의 정의'를 언급하면서 이 특약에서 '수술'에 해당하려면 '기구를 사용하여 생체에 절단, 절제 등의 조작을 가하는 것'이어야 하는데 아이가 받은 레이저 치료는 멜라닌색소 세포를 태워서 없애는 것이니만큼 절단, 절제로 볼 수 없어서 선천이상수술비를 지급할 수 없다고 주장했습니다.

제3조 (수술의 정의와 장소)

① 이 특약에서 '수술'이라 함은 병원 또는 의원의 의사, 치과의사의 자격을 가진 자(이하 '의사'라 합니다)에 의하여 치료가 필요하다고 인정된 경우로서 의사의 관리 하에 치료를 직접적인 목적으로 기구를 사용하여 생체(生體)에 절단(切斷, 특정부위를 잘라내는 것), 절제(切除, 특정부위를 잘라 없애는 것) 등의 조작(操作)을 가하는 것을 말합니다.
또한, 보건복지부 산하 신의료기술평가위원회(향후 제도변경시에는 동 위원회와 동일한 기능을 수행하는 기관)로부터 안전성과 치료효과를 인정받은 최신 수술기법도 포함됩니다.
다만, 흡인(吸引, 주사기 등으로 빨아들이는 것), 천자(穿刺, 바늘 또는 관을 꽂아 체액·조직을 뽑아내거나 약물을 주입하는 것) 등의 조치 및 신경(神經) 차단(NERVE BLOCK)은 제외합니다.

해당 태아보험 '선천이상술비 특약' 약관

결국, 약관에서 정하고 있는 '수술의 정의'를 어떻게 해석할 것인지가 이 소송의 주요 쟁점이 되었습니다. 서울고등법원은 이 소송에서 '수술의 정의'를 다음과 같이 해석했습니다.

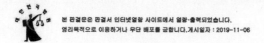
서 울 고 등 법 원

제 1 민 사 부

판   결

사 건	2019나2003590 채무부존재확인
원고, 항소인	주식회사 A
	소송대리인 법무법인 화산
	담당변호사 엄장섭
피고, 피항소인	B
	미성년자이므로
	법정대리인 친권자 부 C, 모 D
	소송대리인 변호사 강형구
제 1 심 판 결	수원지방법원 2018. 12. 11. 선고 2017가합15471 판결
변 론 종 결	2019. 6. 26.
판 결 선 고	2019. 8. 23.

약관의 뜻이 명백하지 아니한 경우에는 고객에게 유리하게 해석되어야 한다(약관의 규제에 관한 법률 제5조 제2항). 이 사건 보험계약의 특별약관에서는 수술을 전통적인 침습(侵襲)적 수술에 한정하지 않고 수술 횟수나 비용도 제한하지 않고 있다. 오히려 '생체(生體)에 절단(切斷, 특정부위를 잘라 내는 것), 절제(切除, 특정 부위를 잘라 없애는 것) 등의 조작을 가하는 것'으로 포괄적으로 정의하여 의료기구의 개발이나 의료기술의 발전에 따른 수술 영역의 확대를 예정하고 있고 신의료기술평가위원회 등에

서 안정성과 치료 효과를 인정받은 최신 수술기법도 수술에 포함하고 있다. 이 사건 레이저 치료는 '선택적 광열분해' 원리에 의해 색소에 선택적으로 흡수된 빛에너지가 열에너지로 전환하여 해당 목표물만이 열에 의해 파괴되어 제거되는 것을 의미하므로 의료기구를 사용하여 피부 표면을 절개하지 않고 병소 등 비정상적인 신체부위를 선택적으로 제거하는 것으로 볼 수 있고, 이는 이 사건 보험계약의 특별약관에서 정의한 수술인 '의료기구를 사용하여 생체(生體)에 절단(切斷), 절제(切除) 등의 조작을 가하는 것'에 포함되는 것으로 보아야 한다. 의사가 기구를 사용하여 생체에 절단·절제 등의 외과적 조치를 하는 전통적인 수술만이 수술이라는 원고의 주장은 명백하지 않은 약관의 내용을 고객인 피고에게 불리하게, 약관 작성자인 원고에게 유리하게 해석하는 것으로서 받아들일 수 없다.

– 서울고등법원 2019. 8. 23. 선고 2019나2003590 판결

서울고등법원은 보험계약의 약관에서 '수술'을 전통적인 침습(侵襲)적 수술 방법인 '절단' 또는 '절제'만으로 한정하지 않고 있으며 오히려 '생체에 절단, 절제 등의 조작을 가하는 것'이라고 포괄적으로 정의하여 의료기구의 개발이나 의료기술의 발전에 따른 수술 영역의 확대를 예정하고 있다고 보았습니다. 또한 갑상선결절 고주파열치료술에 대한 서울중앙지방법원의 판결(2014. 1. 24. 선고 2012가단338877 판결)처럼 약관에서 말하는 '수술'은 병소 등 비정상적인 신체 부위를 제거하는 것이 핵심이므로 선천성 질병인 이

소성몽고반점을 태워서 제거하는 레이저 치료 역시 '수술의 정의'에 부합한다고 판단했습니다. 결국 서울고등법원은 보험회사가 아이의 부모에게 선천이상수술비로 9600만 원을 모두 지급해야 한다고 판결했습니다.

 약관 읽어주는 남자의 한마디

이소성몽고반점 분쟁에서 알 수 있듯이 각급 법원은 최근 10여 년 동안 보험약관에서 정하고 있는 '수술의 정의'를 매우 폭넓게 해석하고 있습니다. 수술보험금 지급 대상으로 인정하는 수술 방법을 '절단'과 '절제'만으로 제한해서 해석하면 안 된다고 일관되게 판단하고 있고, 급기야 비침습적 방법도 병변을 제거하기만 한다면 '수술의 정의'에 부합한다고 보고 있습니다. 이런 맥락으로 보면 최근 자궁근종이나 자궁선근증 치료에 적극적으로 사용되고 있는 하이푸(HIFU: High-Intensity Focused Ultrasound 고강도 집속 초음파)수술 역시 '수술의 정의'에 부합한다고 볼 수 있습니다. 비침습적 방식이지만 병변을 물리적으로 제거하기 때문입니다(하이푸에 대해서는 '4장 ⑦ 자궁근종환자들의 하이푸(HIFU) 패키지 제주여행'에서 자세히 설명하고 있습니다).

각급 법원의 판단이 이렇게 뚜렷하게 하나로 모이고 있는데도 보험회사의 보험금 심사자들은 수술기법이 '절단'과 '절제'가 아닌 것으로 수술보험금 청구가 들어오면 일단 보험금 지급을 거부합니다. 그 후 소비자가 관련 판례나 분쟁조정결정문을 제시하면 그제야 마지못해 수술보험금을 지급하고 있습니다. 이런 짓을 계속 일삼는 보험회사에는 감독당국이 적극적인 행정지도와 함께 무거운 과태료를 부과해야 합니다. 보험회사는 소비자를 두려워하지 않습니다. 이들이 두려워하는 것은 오직 하나, 돈뿐입니다.

7 접착제로 붙이는 치료도
수술보험금을 받을 수 있습니다

정맥류는 정맥이 부풀어 오르고 뒤틀리는 일련의 증상을 가리키는 말입니다. 사람들이 가장 많이 들어본 정맥류는 하지정맥류입니다. 오래 서서 일하는 직업을 가진 사람 중에는 이 질병으로 고생하는 분이 많습니다. 정맥에는 피가 역류하지 못하도록 막는 판막이 있는데 이 판막에 문제가 생기면 다리 쪽에서 심장으로 올라가야 할 혈액이 역류하게 됩니다. 이때 약해진 혈관이 늘어나면서 그 안에 혈액이 고이게 되죠. 그래서 혹 류(瘤)자를 써서 하지정맥류라고 부르는데요. 이 질환을 앓고 있는 사람은 종아리의 정맥이 울퉁불퉁 튀어나와 보이기도 하지만, 적지 않은 사람은 그런 증상 없이도 다리가 저리고 통증을 느낍니다. 그래서 오랫동안 정형외과 등을 전전하며 다리가 아픈 원인을 찾지 못해 고생하는 분도 있습니다. 그러다가 주변 사람들의 권유로 하지정맥류 전문 클리닉을 찾게 되고, 거기서 혈관 초음파를 통해 하지정맥류를 찾아내는 경우가 많습니다.

하지정맥류 환자는 압박스타킹 착용 같은 보존적 치료를 받는데, 증상에 따라서는 적극적인 치료로서 다양한 방식의 수술을 받기도 합니다. 전통적인 수술 방법으로는 정맥류가 발생한 혈관을 잘라내는 '정맥류 발거술'이 있습니다. 최근에는 수술 흉터를 줄이면서 정맥류를 제거할 수 있는 수술기법을 많이 사용합니다. 고주파나 레이저를 이용해 정맥류가 발생한 혈관을 태워서 제거하는 방법도 있고, 생체에 사용하는 접착제를 정맥류 안에 바른 후 압력을 가해 정맥류가 발생하는 혈관 내 공간에 붙여서 혈액이 들어가 고이지 못하게 하는 방법도 있습니다. 이렇게 생체 접착제를 사용하는 방법은 수술 후 흉터 자국도 거의 남지 않고, 수술 도중 통증도 적어서 최근 일선 의료기관에서 많이 행해지고 있습니다. 이 수술에서 생체 접착제를 혈관 안까지 도달하게 하는 의료기구의 제품명이 '베나실'이라서 흔히 이 수술기법을 베나실이라고 부르지

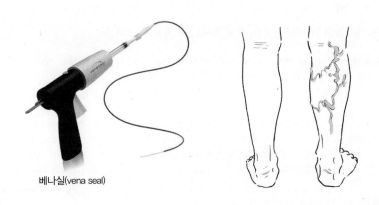

베나실(vena seal)

만, 정식 명칭은 '시아노아크릴레이트를 이용한 복재정맥폐색술'입니다.

손해보험에 가입한 소비자 한 사람이 2020년 5월 하지정맥류로 진단받고 입원한 후 양쪽 다리에 '시아노아크릴레이트를 이용한 복재정맥폐색술(베나실)'을 받았습니다. 이 소비자는 질병수술비 보험금을 청구하였으나 보험회사는 베나실이 보험계약상 '수술의 정의'에 해당하지 않는다면서 보험금 지급을 거절했습니다. 이에 소비자는 금융분쟁조정위원회에 조정신청을 하였고, 위원회는 이 사안을 심의했습니다.

해당 보험계약 약관에서 정의하고 있는 수술은 '의료기구를 사용하여 생체에 절단, 절제 등의 조작을 가하는 것'입니다. 보험회사는 약관의 이 규정에서 수술 방법을 절단과 절제로 제한해놓은 것이라고 주장했습니다.

[갱신형] 질병수술비(간편고지, 동일질병당 1회 지급) 특별약관

제2조(수술의 정의와 장소) ① 이 특별약관에서 「수술」이라 함은 병원 또는 의원의 의사 면허를 가진자(이하 「의사」라 합니다)에 의하여 치료가 필요하다고 인정된 경우로서 자택 등에서 치료가 곤란하여 의료법 제3조(의료기관)에서 규정한 국내의 병원, 의원 또는 국외의 의료관련법에서 정한 의료기관에서 의사의 관리하에 치료를 직접적인 목적으로 의료기구를 사용하여 생체(生體)에 절단(切斷, 특정부위를 잘라 내는 것), 절제(切除, 특정부위를 잘라 없애는 것) 등의 조작을 가하는 것을 말합니다. 또한, 보건복지부 산하 신의료기술평가위원회(향후 제도 변경시에는 동 위원회와 동일한 기능을 수행하는 기관)로부터 안전성과 치료효과를 인정받은 최신 수술기법도 포함됩니다.

소비자가 가입한 손해보험계약의 해당 약관

하지만 금융분쟁조정위원회는 '수술의 정의'에 대한 해석을 쟁점으로 한 각급 법원의 판결문을 인용하면서 보험회사의 시각과는 다르게 '수술의 정의'를 해석했습니다.

금 융 분 쟁 조 정 위 원 회
조 정 결 정 서

조정일자 :　2021. 11. 30.
조정번호 :　제2021 - 22호

안　건　명　　시아노아크릴레이트를 이용한 복재정맥 폐색술(베나실)이 질병수술비
　　　　　　　특약에서 보장하는 수술에 해당되는지 여부

신　청　인　　X

피　신　청　인　　Y손해보험㈜

이 사건 약관은 수술의 정의에서 '절단, 절제'를 명시하고 있긴 하나 반드시 이에 한정하지 않고 '등 조작'의 행위를 포함하고 있다. 또한 '절단, 절제'는 열거규정이 아니라 예시이며 '조작'의 외연으로서, '조작'은 절단, 절제와 공통적인 개념을 내포하고 있다고 볼 수 있다. 베나실의 치료 과정을 살펴보면, 정맥내에 카테터를 삽입한 후 생체용 접착제를 주입하고 압력을 가하는 방법으로 물리적·직접적인 치료가 시행되며, 이로써 하지정맥류가 있는 정맥이 폐쇄되어 질병의 직접 원인이 된 환부가 근본적으로 제거되므로 이는 이 사건 약관의 '절단, 절제 등 조작'에 해당되는 것으

로 보여진다.

한편 이 사건 약관은 수술의 정의에서 '천자 등의 조치'를 제외하고 있는 바, 이는 '물리적·직접적 치료 방법'이 아닌 단순 약물주입, 주사치료 등의 화학적 치료 또는 보조적 행위만 있는 경우를 제외하고자 한 것이고, 수술에는 무혈수술도 포함되는 것으로 보는 것이 합리적이다. 베나실의 치료 과정 중에 카테터를 이용하여 생체용 접착제를 주입하는 절차가 포함되어 있긴 하나 이는 병변이 있는 정맥 자체를 물리적·직접적으로 압착하여 폐색하기 위한 것이어서, 베나실을 화학적·보조적 행위로 보아 이 사건 약관의 천자 등 조치에 해당되어 수술에서 제외하기는 어렵다 할 것이다.

– 금융분쟁조정위원회 조정결정 2021. 11. 30. 제2021-22호

약관에서 언급한 '절단'과 '절제'는 수술로 인정되는 방법을 제한해서 열거한 것이 아니라 일종의 예시일 뿐이라는 것입니다. 즉, '절단'과 '절제'를 통해서 얻으려는 목적인 병변을 제거하는 효과를 가져오는 방법이라면 그 수술 방법이 '절단'과 '절제'가 아니라 하더라도 보험금 지급 대상인 '수술'에 해당한다는 의미입니다. 또한 여기서 말하는 수술에는 무혈수술도 포함하는 것으로 해석했습니다. 하지만 주사기나 카테터로 약물을 주입하는 행위만 있는 치료는 수술보험금 지급 대상에서 제외하고 있는 '천자 등의 조치'에 해당한다고 보았습니다.

제2조(수술의 정의와 장소) ① 이 특별약관에서 「수술」이라 함은 병원 또는 의원의 의사 면허를 가진자(이하 「의사」라 합니다)에 의하여 치료가 필요하다고 인정된 경우로서 자택 등에서 치료가 곤란하여 의료법 제3조(의료기관)에서 규정한 국내의 병원, 의원 또는 국외의 의료관련법에서 정한 의료기관에서 의사의 관리하에 치료를 직접적인 목적으로 의료기구를 사용하여 생체(生體)에 절단(切斷, 특정부위를 잘라 내는 것), 절제(切除, 특정부위를 잘라 없애는 것) 등의 조작을 가하는 것을 말합니다. 또한, 보건복지부 산하 신의료기술평가위원회(향후 제도 변경시에는 동 위원회와 동일한 기능을 수행하는 기관)로부터 안전성과 치료효과를 인정받은 최신 수술기법도 포함됩니다.

③ 제1항의 수술에서 아래에 정한 사항은 제외합니다.
1. 흡인(吸引, 주사기 등으로 빨아들이는 것)
2. 천자(穿刺, 바늘 또는 관을 꽂아 체액·조직을 뽑아내거나 약물을 주입하는 것) 등의 조치
3. 신경(神經) BLOCK(신경의 차단)
4. ~ 7. (생략)

소비자가 가입한 손해보험계약의 해당 약관

그래서 금융분쟁조정위원회는 정맥류가 발생한 혈관 안에 생체 접착제를 주입한 후 압력을 가해 폐쇄해서 정맥류를 제거하는 베나실은 단순히 약물만 주입하는 화학적 치료만 있는 것이 아니라 물리적으로 병변을 제거하는 행위도 함께 행해지기 때문에 보험약관에서 정하고 있는 '수술의 정의'에 부합한다고 보았습니다. 그러므로 보험회사는 하지정맥류 치료 목적으로 소비자가 받은 베나실에 대해서 수술보험금을 지급해야 한다는 조정결정을 내렸습니다. 금융분쟁조정위원회의 이 조정결정은 '수술보험금 분쟁'에 있어서 중요한 판단 기준을 제시하고 있습니다. '의료기구를 사용하여 생체에 절단, 절제 등의 조작을 가하는 것'이라는 '수술의 정의'를 약관에 담고 있는 보험계약이라면 다음과 같은 기준으로 수술보험금

지급 여부를 판단하라는 것입니다.

① 수술보험금 지급 대상인 수술의 방식을 '절단'과 '절제'로 제한해서 해석하지 말 것.

② 병변을 물리적으로 제거하는 것이라면 그 방식이 절단과 절제가 아니더라도 수술의 정의에 부합할 수 있음을 인정할 것.

③ 주사기로 약물을 주입하는 등 화학적 치료행위만 있는 경우는 약관에서 수술보험금 지급 대상에서 제외하고 있는 '천자'와 유사하므로 수술보험금을 지급하지 말 것.

④ 화학적 행위와 물리적 행위가 겸해서 행해지며 병변을 제거한 것이라면 수술보험금을 평가할 때 소비자에게 불리하게 판단하지 말 것.

⑤ 수술보험금 지급 대상인 수술에서 '무혈수술'을 배제하지 말 것.

이 기준으로 판단하면 디스크 환자가 받은 '경막외강유착박리술(경막외강신경성형술)'과 자궁근종 환자가 받는 '하이푸'도 보험약관에서 정하고 있는 '수술'에 해당함을 알 수 있습니다. 경막외강유착박리술은 핸들링 카테터로 약물을 주입하는 것과 신경에 협착된 염증을 물리적으로 떨어트리는 행위가 겸해서 이루어지므로 '수술'로 볼 수 있고, 하이푸는 칼이나 바늘을 사용하지는 않지만 초음파를 이용해 무혈적 방법으로 자궁근종을 제거하므로 이 역시 보험약관에서 정하고 있는 '수술'에 해당합니다.

 약관 읽어주는 남자의 한마디

아직도 수술보험금을 청구하면 보험금 심사자는 소비자가 받은 수술이 '절단'과 '절제'가 아니라서 수술보험금을 지급할 수 없다는 말만 되풀이합니다. 각급 법원과 금융분쟁조정위원회의 조정결정 등은 아무 의미가 없습니다. 게다가 판례와 조정결정에 대해서 자세히 알고 있는 소비자도 없습니다. 이런 현실에서 감독당국이 보험회사의 억지로부터 소비자를 보호하기 위해서는 하루빨리 '수술의 정의'와 관련한 행정조치(감독행정작용)를 내놓는 것이 필요합니다. 정작 이런 조치는 취하지 않으면서 계속해서 금융분쟁조정결정만 내놓는다면 금융감독원은 점차 그 존재 이유가 사라질 것입니다.

전 세계 어느 나라에 대한민국의 금융감독원만큼 보험회사들에게 무시당하는 감독기관이 또 있는지 궁금합니다.

8 자궁 치료 목적으로 난소를 절제해도 장해가 인정될 수 있습니다

고혈압과 당뇨 같은 만성질환을 앓고 있는 사람에게 의사는 통상 많은 양의 약을 처방해줍니다. 그래서 만성질환자들의 일상은 약을 먹는 일로 채워집니다. 약물의 부작용도 걱정되지만, 의사는 대증요법으로 약을 처방하니까 그럴 수밖에 없나 봅니다. 환자에게서 보이는 어떤 증상을 개선하기 위해 일단 그 증상을 억제하는 약을 처방하는 것이죠. 그런데 문제가 있습니다. 독한 약을 복용하다 보면 증상은 빨리 개선되지만, 다른 문제를 일으키는 경우도 많습니다. 우리 몸은 장기와 장기, 기능과 기능이 모두 상호작용을 하는 매우 복잡하고 정교한 장치라서 그렇다고 합니다. 자궁과 난소의 관계도 그렇습니다.

한 여성이 '자궁내막증식증'으로 진단받고 그 치료를 위해 2016년 3월 자궁 전체를 적출하는 수술을 받았습니다. 수술 도중 담당의사는 이 여성의 오른쪽 난소에 '낭종'이 있는 것을 육안으로 확인하고, 왼쪽과 오른쪽 난소 모두를 잘라냈습니다. '낭종'은 몸 안의 주변 조직과 분리된 주머니 모양의 구조물 모두를 부르는 말입니다. 이 주머니 안에 수액이 들어 있을 수도 있고 또는 고름이 있을 수도 있습니다. 때로는 종양일 수도 있는데, 조직검사를 하기 전에는 그 정체를 정확히 알 수 없으므로 의사들은 이럴 때 일단 '낭종'이라고 표현하는 예가 많습니다. 이 수술을 집도한 의사는 해당 여성이 자궁내막증식증을 앓고 있었으므로 그 치료를 목적으로 양쪽 난소 모두를 잘라냈다고 주장했지만, 조직검사 결과 오른쪽 난소의 낭종은 단순한 물혹이었고 왼쪽 난소에는 아무런 질병이 없었습니다.

그 후 이 여성은 양쪽 난소가 절제됐으므로 보험약관에서 정하고 있는 장해지급률 50%인 상태가 되었다며 자신이 가입한 생명보험회사를 상대로 보험료 납입면제를 요청했습니다. 이 여성은 한 생명보험회사에 두 개의 보험계약을 체결한 상태였습니다. 한 건의 보험계약은 월 보험료가 81,100원인데 15년 동안 보험료를 내도록 설계된 상품이고, 다른 한 건은 월 보험료가 2,513,300원이

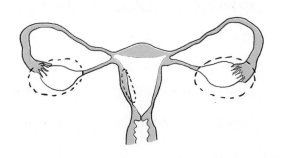

고 5년 동안 보험료를 내도록 설계된 상품입니다. 만약 이 여성이 50% 이상의 장해 상태가 인정되면 그 후부터는 보험료를 낼 의무가 없어지므로 이 사건에서는 약 1억 2천3백만 원의 보험료를 내지 않아도 보험기간 동안 약속된 보장을 받을 수 있습니다. 그러니 보험회사 입장에서 생각해보면 '보험료 납입면제'는 최대한 막아야 합니다.

제4조(보험금 지급에 관한 세부규정)

① 이 특약의 보험료 납입기간 중 이 특약의 피보험자가 "장해분류표(〈별표 3〉 참조, 이하 같습니다) 중 동일한 재해 또는 재해 이외의 동일한 원인으로 여러 신체부위의 장해지급률을 더하여 50% 이상인 장해상태"가 되었을 경우에는 이 특약의 차회 이후의 보험료 납입을 면제합니다.

생명보험 상품의 약관 중 일부 발췌

생명보험 상품은 위 그림과 같이 보험료 납입을 면제해주는 조건을 기본적으로 약관에 포함하고 있습니다. 보험료 납입 기간 중에 사고나 질병에 의해서 50% 이상인 장해 상태가 되면, 그때부터 보험회사는 소비자의 보험료 납입의무를 면제해줍니다. 2022년 현재 생명보험 상품과 손해보험 상품이 공통으로 사용하는 장해분류표에서는 각 신체 부위별로 매우 다양한 상태를 '장해'로 인정하고 있는데요. 이 여성처럼 양쪽 난소를 잃은 경우는 '흉·복부 장기 및 비뇨생식기 기능에 심한 장해를 남긴 때'에 해당하고 이럴 때 50%의 장해지급률이 인정됩니다.

12. 흉·복부장기 및 비뇨생식기의 장해

가. 장해의 분류

장해의 분류	지급률
1) 심장 기능을 잃었을 때	100
2) 흉복부장기 또는 비뇨생식기 기능을 잃었을 때	75
3) 흉복부장기 또는 비뇨생식기 기능에 심한 장해를 남긴 때	50
4) 흉복부장기 또는 비뇨생식기 기능에 뚜렷한 장해를 남긴 때	30
5) 흉복부장기 또는 비뇨생식기 기능에 약간의 장해를 남긴 때	15

3) "흉복부장기 또는 비뇨생식기 기능에 심한 장해를 남긴 때"라 함은 아래의 경우 중 하나에 해당하는 때를 말한다.

가) 위, 대장(결장~직장) 또는 췌장의 전부를 잘라내었을 때

나) 소장을 3/4 이상 잘라내었을 때 또는 잘라낸 소장의 길이가 3m 이상일 때

다) 간장의 3/4 이상을 잘라내었을 때

라) 양쪽 고환 또는 양쪽 난소를 모두 잃었을 때

장해분류표 '12. 흉복부장기 및 비뇨생식기의 장해' 중 일부 발췌

보험약관의 장해분류표가 이렇게 되어 있으므로 자궁내막증식증을 앓고 있던 이 여성은 자궁적출술 도중 의사가 양쪽 난소까지 잘라내자 자신과 계약을 체결한 보험회사에 보험료 납입면제를 요구한 것입니다. 그런데 보험회사는 질병의 치료 목적이 아니라 예방 목적의 난소절제는 장해로 인정할 수 없다며 보험료 납입면제 요구를 받아들이지 않았습니다.

장해분류표 '12. 흉복부장기 및 비뇨생식기의 장해' 중 일부 발췌

실제로 보험약관의 장해분류표를 살펴보면, 질병이나 외상이 없는 상태에서 예방적으로 장기를 잘라낸 경우는 장해로 보지 않는다는 규정이 있습니다. 보험회사의 주장은 약관의 이 부분을 근거로 하고 있는데요. 보험약관에서 인정하는 '장해'란 질병이나 외상의 직접 결과로 인한 것을 의미하는데, 이 여성은 자궁내막증식증 치료 목적으로 자궁적출술을 하면서 난소를 그대로 남겨두면 난소암 발생의 위험이 있으므로 암을 예방할 목적으로 난소를 함께 절제한 것이므로, 이것은 질병의 치료 목적이라고 볼 수 없기 때문에 장해를 인정할 수 없다는 주장입니다. 결국 보험회사의 주장을 받아들일 수 없었던 소비자는 보험회사를 상대로 보험료 납입면제를 요구하는 소송을 제기했습니다. 하지만 1심법원은 보험회사와 같은 판단을 했습니다.

서 울 중 앙 지 방 법 원

판 결

사 건	2017가단5237868 보험에관한 소송	
원 고	A	
	소송대리인 법무법인 정향 담당변호사 고승우	
피 고	B 주식회사	
	소송대리인 법무법인(유한) 충정 담당변호사 이한길	
변 론 종 결	2020. 5. 22.	
판 결 선 고	2020. 6. 12.	

이 사건 각 보험약관상 '장해'란 '상해 또는 질병에 대하여 치유된 후 신체에 남아있는 영구적인 정신 또는 육체의 훼손상태'를 의미하는 바, 원고가 이 사건 각 보험약관에 따라 보험료 납입 면제를 받으려면 원고의 양측 난소 절제가 상해 또는 질병에 대한 치유를 위해 이루어진 것이어야 하고, 이는 원고가 입증하여야 한다.

그러나 갑 제7호증의 4, 제11호증의 각 기재만으로는 이를 인정하기에 부족하고, 달리 이를 인정할 증거가 없으며, 오히려 갑 제7호증의 3의 기재 및 변론 전체의 취지에 의하여 인정되는 다음과 같은 사정들을 종합하면, 이 사건 수술과정에서 낭종이 발견된 우측 난소뿐만 아니라 좌측 난소까지 함께 절제한 것은 현존하는 원고의 질환을 치료하기 위한 목적이었다기보다는 향후 발생할지 모르는 질병을 예방하기 위한 목적이었던 것으로 보인다.

– 서울중앙지방법원 2020. 6. 12. 선고 2017가단5237868 판결

1심 결과만 보면 이 소송은 보험회사가 이길 것 같았습니다. 동일한 결론에 도달한 판결(서울북부지방법원 2012. 11. 8. 선고 2012가단27725 판결)이 이전에도 있었기 때문입니다. 그런데 이 분쟁은 2심재판에서 완전히 다른 국면을 맞게 됩니다.

 본 판결문은 판결서 인터넷열람 사이트에서 열람·출력되었습니다.
영리목적으로 이용하거나 무단 배포를 금합니다. 게시일자 : 2021-10-13

서 울 중 앙 지 방 법 원

제 6 - 3 민 사 부

판　　　결

사　　　건	2020나40824 보험에 관한 소송
원고, 항소인	A
	소송대리인 변호사 박기억
피고, 피항소인	B 주식회사
	소송대리인 법무법인(유한) 충정
	담당변호사 이한길
제 1 심 판 결	서울중앙지방법원 2020. 6. 12. 선고 2017가단5237868 판결
변 론 종 결	2021. 3. 11.
판 결 선 고	2021. 4. 1.

이 사건 각 보험계약상 '장해'는 '질병 등에 대하여 치유된 후 신체에 남아있는 영구적인 정신 또는 육체의 훼손상태'로서, 질병의 발생 부위와 훼손된 신체의 부위가 반드시 동일한 것을 요구하는 것은 아니므로, 자궁의 질병에 대한 의료조치의 결과 난소가 훼손되었더라도 그것이 자궁의 치료에 필요한 것이었다면 전체적으로 보아 질병의 치유행위로 볼 수 있다.

– 서울중앙지방법원 2021. 4. 1. 선고 2020나40824 판결

2심법원은 1심법원처럼 보험약관에 있는 '장해의 정의'에서 판단의 근거를 찾아냈지만 결론은 정반대였습니다. 보험약관에서 정하고 있는 장해는 '질병 또는 상해에 대하여 치유된 후 신체에 남아 있는 영구적인 정신 또는 육체의 훼손상태'이면 그 인정 요건을 충족하는 것이지 반드시 질병이 발생한 신체 부위와 훼손되어 장해가 발생한 신체 부위가 동일 부위여야 함을 요구하지 않는다는 점입니다.

장해분류표

⬚ 총칙

1. 장해의 정의

1) '장해'라 함은 상해 또는 질병에 대하여 치유된 후 신체에 남아 있는 영구적인 정신 또는 육체의 훼손상태 및 기능상실 상태를 말한다. 다만, 질병과 부상의 주증상과 합병증상 및 이에 대한 치료를 받는 과정에서 일시적으로 나타나는 증상은 장해에 포함되지 않는다.

장해분류표 '장해의 정의' 중 일부 발췌

상해(또는 재해)를 원인으로 하면 대부분 어떤 물리적 충격이 가해진 그 신체 부위가 훼손되어 장해가 발생합니다. 그런데 질병은 그렇지 않을 수 있습니다. 예를 들어 당뇨병은 췌장에서 인슐린을 제대로 분비하지 못해서 생기는 질병입니다. 즉, 당뇨병이라는 질병은 췌장에서 발생한 것이지만 당뇨병이 심하면 그 원인으로 손가락이나 발가락을 자르기도 합니다. 이때 손가락이나 발가락을 자르게 된 원인은 췌장에서 발생한 당뇨병이지만, 그래서 훼손된 신체 부위는 손가락 또는 발가락입니다. 그래서 2심법원은 이렇게 질병을 원인으로 한 장해의 특수한 성격을 인정해야 한다고 보았습니다. 그리고 이런 법원의 시각은 서울중앙지방법원의 2021년 판결이 처음은 아닙니다.

서울고등법원은 2012년 10월 26일 양쪽 난소를 제거한 소비자의 보험료 납입면제를 인정한 판결을 내린 바 있습니다. 이 사건 속 소비자는 자궁근종 치료를 목적으로 자궁적출술을 받던 중 좌측 난소에서 신생물이 발견됩니다. 수술을 집도하던 의사는 환자가 과거 후복막암을 앓았던 점을 고려할 때 좌측 난소의 신생물이 악성일 가능성이 있고, 만약 그러면 우측 난소에도 전이되었을 가능성이 있다고 판단하고 자궁을 적출함과 동시에 좌측과 우측 난소도 모두 제거했습니다. 수술 후 조직검사 결과상 좌측 난소의 신생물은 양성으로 판명됐고 우측 난소에는 아무런 질병이 없었습니다. 이 사건에서 소비자는 자신이 가입한 보험회사를 상대로 좌측 난소의 질병 치료 목적으로 우측 난소까지 절제된 상황에 해당하

므로 50%의 장해지급률을 인정해서 보험료 납입을 면제해 달라고
요구하였고, 보험회사가 이를 거부하면서 소송으로 이어졌습니다.
이 소송의 2심재판부였던 서울고등법원 제2민사부는 다음과 같이
판단했습니다.

본 판결문은 판결서 인터넷열람 사이트에서 열람·출력되었습니다.
영리목적으로 이용하거나 무단 배포를 금합니다.게시일자 : 2013-04-26

서 울 고 등 법 원
제 2 민 사 부
판   결

사 건	2012나22770 보험료면제확인
원고, 항소인	A
피고, 피항소인	B 주식회사 (변경전, C 주식회사)
제 1 심 판 결	의정부지방법원 2012. 2. 3. 선고 2011가합2378 판결
변 론 종 결	2012. 9. 28.
판 결 선 고	2012. 10. 26.

장해분류표는, '장해'란 '동일한 재해 또는 재해 이외의 동일한 원인으로
신체에 남아있는 영구적인 정신 또는 육체의 훼손상태'라고 규정하고 있
다. 그렇다면 위 특약 제9조 및 별표2 장해분류표에서 규정하고 있는 '장
해'란 동일한 재해나 원인으로 육체의 훼손상태가 발생하면 되는 것일
뿐 반드시 재해나 원인이 훼손된 '당해 신체부위'에서 발생한 경우만으
로 제한된다고 보아야 할 아무런 근거가 없다. 한편 이 사건에서 좌측 난

소의 신생물로 인하여 원고의 양쪽 난소가 제거되는 영구적인 육체의 훼손상태가 발생한 사실은 앞에서 인정한 바와 같으므로, 원고에게는 위 특약 제9조 및 별표2 장해분류표에 규정한 '장해'가 발생하였다고 판단된다.

– 서울고등법원 2012. 10. 26. 선고 2012나22770 판결

당시 서울고등법원의 이 판단은 종전과 다른 새로운 시각이었다는 이유로 주목받았으나 보험회사가 항소하지 않는 바람에 아쉽게도 대법원판결까지 나오지는 않았습니다. 개인적으로는 이 부분이 무척 안타깝습니다. 소송 속 소비자를 생각하면 대법원까지 가지 않고 2심에서 소송이 마무리된 것이 잘된 일입니다. 하지만 어쩌면 그것이 다른 소비자에게 계속해서 납입면제를 인정해주지 않기 위해 대법원까지 가지 않는 것을 선택한 보험사의 꼼수일 수도 있다는 생각이 듭니다. 실제로 2012년의 이 판결에도 불구하고 보험회사들은 계속해서 질병이 발생한 부위와 그로 인해 훼손된 신체 부위가 같지 않으면 장해를 인정하지 않았습니다. 그러다가 2021년에서야 2012년의 서울고등법원과 같은 관점으로 판단한 대법원판결이 나왔으니, 그 사이 9년 동안 이와 유사한 상황을 겪었으나 장해를 인정받지 못하고 보험료 납입면제를 인정받지 못한 소비자들은 얼마나 억울할까요?

서울고등법원의 2012년 판결을 그대로 인용한 것 같은 서울중앙지방법원의 판결에도 불구하고 보험회사가 항소해준 덕분에 이

사건은 대법원까지 올라갑니다. 그리고 2021년 9월 9일 마침내 보험소비자의 정당한 권리를 두텁게 보호하는 매우 중요한 기준이 대법원판결로 정해집니다.

　첫째, 대법원은 이 판결에서 보험약관은 '장해'를 인정하는 데 있어서 질병 또는 상해에 대해 치유된 후 신체에 남아 있는 영구적인 육체 또는 정신의 훼손상태이면 되는 것이지, 질병이 발생한 부위와 그로 인해 훼손된 신체 부위가 같아야 한다는 것을 요구하지 않는다는 점을 명확히 했습니다.

본 판결문은 판결서 인터넷열람 사이트에서 열람·출력되었습니다.
영리목적으로 이용하거나 무단 배포를 금합니다. 게시일자 : 2021-10-13

대　법　원
제　2　부
판　결

사　　　건	2021다234368　보험에관한 소송
원 심 판 결	서울중앙지방법원 2021. 4. 1. 선고 2020나40824 판결
판 결 선 고	2021. 9. 9.

이 사건 각 보험계약상 '장해'는 '질병 등에 대하여 치유된 후 신체에 남아있는 영구적인 정신 또는 육체의 훼손상태'로서, 질병의 발생 부위와 훼손된 신체의 부위가 반드시 동일한 것을 요구한다고 볼 수는 없다. 난

소는 자궁에 연결된 부속기관으로서 자궁과 함께 여성의 생식기관을 구성하며 악성 세포가 난관을 통해 쉽게 전이되거나 호르몬의 영향을 주고받는 등 질병의 확대에 있어 자궁과 밀접하고 유기적인 관계에 있으므로, 자궁의 질병에 대한 의료조치의 결과로 난소가 훼손되었더라도 그것이 자궁의 치료에 필요한 것이었다면 전체적으로 보아 질병의 치유행위로 볼 수 있다.

– 대법원 2021. 9. 9. 판결 2021다234368 판결

둘째, 어떤 의료행위가 질병을 치료할 목적으로 적절하게 행해진 것인지를 판단할 때 전문적인 의료학회의 진료 가이드라인으로 판단해야 함을 분명히 했습니다.

L학회에서 발간한 '산부인과학 지침과 개요'에 의하면, 원고가 진단받은 비정형복합 자궁내막증식증은 자궁내막암으로 진행될 확률이 29%에 이를 정도로 높아서 그 수술적 치료로 자궁적출술을 시행하고, 한편, 자궁내막에 생기는 악성 종양인 자궁내막암은 난소에서 분비되는 난포호르몬에 지속적으로 노출되는 경우 발생위험이 높아지므로 그 수술적 치료로 자궁적출술과 양쪽 난소절제술을 시행하기도 한다.

– 대법원 2021. 9. 9. 판결 2021다234368 판결

사건 속 여성의 질병은 '자궁내막증식증' 중에서도 '비정형복합 자궁내막증식증'인데, 이 경우 자궁내막암으로 진행될 확률이 높

고, 자궁내막암은 난소에서 분비되는 호르몬에 노출될수록 발생위험이 증가하므로 그 수술적 치료로 자궁을 적출하면서 양쪽 난소까지 제거하는 것이 산부인과학회에서 제시하는 진료 가이드라인이기 때문에 이 여성의 경우처럼 '비정형복합 자궁내막증식증'을 치료할 목적으로 양쪽 난소를 제거하는 것은 그 의학적 타당성이 인정된다는 것입니다.

셋째, 어떤 의료행위가 질병의 치료 목적과 예방 목적을 겸해서 행해지면, 그 행위를 가지고 보험금을 평가할 때 소비자에게 불리하게 해석하면 안 된다는 점도 분명히 했습니다.

어떠한 시술이 특정 질병의 치료 목적으로 이루어진 것인지, 아니면 순수한 예방목적에만 머무르는지 등에 대하여는 의료전문가 사이에서도 견해가 다른 경우가 있을 수 있고 … 약관의 뜻이 명백하지 아니한 경우에는 고객에게 유리하게 해석되어야 하는 점을 더하여 살펴보면, 비록 절제 시술 이후 확인한 결과 난소 자체에서 악성 종양이 발견되지 아니하였고 그 수술에 예방적 목적이 일부 포함되어 있었더라도, 시술을 담당한 의사의 시술 현장에서의 전문적인 판단에 따라 질병 치유의 목적을 겸하여 원고의 양쪽 난소 절제가 이루어진 것이어서 이 사건 각 보험계약에서 정한 보험료 납입면제사유에 해당한다고 본 원심의 판단을 수긍할 수 있다.

– 대법원 2021. 9. 9. 판결 2021다234368 판결

결국 대법원은 이 사건 속 여성이 자궁적출술과 함께 난소제거술까지 받아 양쪽 난소를 잃게 된 것은 비정형복합 자궁내막증식증이라는 질병이 치유된 후 양쪽 난소 부위에 장해가 남게 된 경우이므로 보험료 납입면제 사유에 해당하고, 그 행위에 일부 예방적인 요소가 공존한다고 하여 달리 볼 것이 아니라고 판단한 2심법원의 판결을 그대로 인정했습니다. 이 대법원판결은 그 후 많은 보험금 분쟁에서 소비자의 이익을 보호하는 기준으로 인용되고 있습니다.

📖✓ 약관 읽어주는 남자의 한마디

　　질병은 난소가 아니라 자궁에 있었지만, 그 의학적인 상호 관계를 인정해서 자궁내막증식증 치료 목적으로 난소를 절제한 것으로 보고 보험약관상의 장해로 인정한 서울중앙지방법원과 대법원의 판단을 환영합니다.

물론 무조건 소비자 편을 드는 것이 법원의 존재 이유는 아닐 것입니다. 일반인은 도저히 알 수 없는 전문적인 정보를 모아 깊이 들여다보고, 사건의 실체를 파헤쳐서 억울한 사람이 생기지 않도록 하는 것이 법원이 우리 사회에 필요한 이유입니다. 앞으로 보험금을 둘러싼 분쟁에서 이번 대법원판결 같은 훌륭한 판결이 계속 이어지기를 기대합니다.

⑨ 갈비뼈를 잘라낸 경우도 장해가 인정될 수 있습니다

    사람의 사망과 질병 또는 상해(재해)에 대한 보장조건을 담고 있는 보험상품이라면, 그 약관에는 어김없이 '장해분류표'가 있습니다. '장해'는 사람에게 발생할 수 있는 여러 위험 중에서도 일상에 미치는 영향이 매우 큰 위험입니다. 신체 또는 정신의 장해는 심하면 그 자체로 생명이 위태로울 수도 있기 때문입니다. 예를 들어 볼까요? 혼자서는 기어서라도 방밖으로 나갈 수 없는 신체장해가 있는 사람이 있습니다. 그런데 만약 이 사람이 누워 있는 방에 촛불이 넘어지면 어떤 일이 일어날까요? 상상하기도 싫은 끔찍한 사고가 발생할 수 있습니다. 불이 번져가는 걸 보면서도 도망갈수 없기 때문입니다. 그래서 보험약관에서는 '장해'라는 개념을 매우 비중 있게 다룹니다. 약관에 들어 있는 많은 표 중에 '장해분류표'에 담긴 내용이 가장 많기도 하지만, 그 내용을 차분히 살펴보면 미처 상상하지 못했던 다양한 경우를 '장해'로 인정하고 있음을 알 수 있습니다.

2022년 8월 현재 약관에서 사용되고 있는 '장해분류표'는 신체를 13개 부위로 나눕니다. 그리고 각각의 신체 부위에 발생할 수 있는 장해의 내용을 구체적으로 설명하고 각 상태에 대해서 장해지급률을 정해 놨습니다. 이중 '체간골'이라는 신체 부위는 어깨뼈, 골반뼈, 빗장뼈, 가슴뼈, 갈비뼈를 하나의 신체 부위로 묶어 놓은 개념입니다.

장해분류표

1 총칙

1. 장해의 정의

1) '장해'라 함은 상해 또는 질병에 대하여 치유된 후 신체에 남아 있는 영구적인 정신 또는 육체의 훼손상태 및 기능상실 상태를 말한다. 다만, 질병과 부상의 주증상과 합병증상 및 이에 대한 치료를 받는 과정에서 일시적으로 나타나는 증상은 장해에 포함되지 않는다.

2. 신체부위

'신체부위'라 함은 ① 눈 ② 귀 ③ 코 ④ 씹어먹거나 말하는 기능 ⑤ 외모 ⑥ 척추(등뼈) ⑦ 체간골 ⑧ 팔 ⑨ 다리 ⑩ 손가락 ⑪ 발가락 ⑫ 흉·복부장기 및 비뇨생식기 ⑬ 신경계·정신행동의 13개 부위를 말하며, 이를 각각 동일한 신체부위라 한다. 다만, 좌·우의 눈, 귀, 팔, 다리, 손가락, 발가락은 각각 다른 신체부위로 본다.

장해분류표 총칙 중 일부

7. 체간골의 장해

가. 장해의 분류

장해의 분류	지급률
1) 어깨뼈(견갑골)나 골반뼈(장골, 제2천추 이하의 천골, 미골, 좌골 포함)에 뚜렷한 기형을 남긴 때	15
2) 빗장뼈(쇄골), 가슴뼈(흉골), 갈비뼈(늑골)에 뚜렷한 기형을 남긴 때	10

나. 장해판정기준

1) '체간골' 이라 함은 어깨뼈(견갑골), 골반뼈(장골, 제2천추 이하의 천골, 미골, 좌골 포함), 빗장뼈(쇄골), 가슴뼈(흉골), 갈비뼈(늑골)를 말하며 이를 모두 동일한 부위로 본다.

3) '빗장뼈(쇄골), 가슴뼈(흉골), 갈비뼈(늑골), 어깨뼈(견갑골)에 뚜렷한 기형이 남은 때' 라 함은 방사선 검사로 측정한 각(角) 변형이 20° 이상인 경우를 말한다.

4) 갈비뼈(늑골)의 기형은 그 개수와 정도, 부위 등에 관계없이 전체를 일괄하여 하나의 장해로 취급한다. 다발성늑골 기형의 경우 각각의 각(角) 변형을 합산하지 않고 그 중 가장 높은 각(角) 변형을 기준으로 평가한다.

장해분류표 중 '체간골의 장해'

장해분류표에서는 '갈비뼈(늑골)에 뚜렷한 기형을 남긴 때'에 해당하면 10%의 장해지급률을 인정한다고 정하고 있습니다. 여기서 '갈비뼈(늑골)에 뚜렷한 기형을 남긴 때'라 함은 '방사선 검사로 측정한 각(角) 변형이 20° 이상인 경우'를 말합니다. 즉, 사고나 질병에 대해서 치유된 후 엑스레이(X-ray) 검사를 했을 때 갈비뼈에 20° 이상의 각도 변형이 확인되면 장해지급률 10%를 인정한다는 뜻입니다.

그렇다면 장해분류표에서는 왜 갈비뼈가 20°만 틀어져도 장해로 인정할까요? 갈비뼈는 몸통 안의 장기를 보호하는 역할을 합니다. 그런데 갈비뼈가 틀어져 있다면 장기 보호가 그만큼 어려울 수 있습니다. 그리고 만약 그 상태에서 외부 충격이 가해져 부러지기라도 한다면 갈비뼈에 의해 장기가 훼손되는 상황도 발생할 수 있습니다. 이런 위험을 고려해서 갈비뼈에 20° 이상의 각도 변형이 확인되면 10%의 장해지급률을 인정합니다. 그렇다면 다음과 같은 경우는 장해로 인정이 될까요?

어느 날 한쪽 가슴에 통증을 느꼈습니다. 처음에는 잘못된 수면 자세 때문에 생긴 일시적인 통증이라 생각했지만, 여러 날이 지나도 통증은 사라지지 않았습니다. 어떤 물체에 맞거나 부딪힌 적이 없는데도 통증이 계속됐습니다. 어느 날 동네 병원을 찾아 진료를 받았습니다. 엑스레이 검사 결과를 본 의사는 갈비뼈에 어떤 종양이 보인다고 상상도 못한 이야기를 해줬습니다. 통증은 그 종양 때문일 가능성이 크니 큰 병원에 가서 조직검사를 받아보는 것이 좋겠다며 진료의뢰서를 써줬습니다. 대학병원에 가서 다시 진료를 받았는데 의사는 종양의 모양으로 봐서는 양성종양일 가능성이 크지만, 악성일 가능성을 완전히 배제할 수는 없으니 종양이 있는 갈비뼈를 잘라내서 조직검사를 해보자고 했습니다. 불안한 마음을 안고 입원 후 다음 날 갈비뼈를 잘라내는 수술을 받았습니다. 며칠 후 조직검사 결과는 다행히도 양성이었습니다.

갈비뼈를 잘라내자 가슴에 있던 통증은 사라졌습니다. 퇴원하고 며칠 지나자 가입한 보험계약이 생각났습니다. 손해보험회사에 가

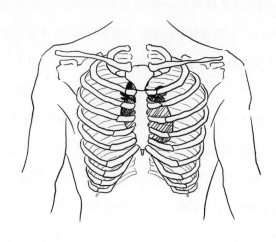

입한 것인데 실비보험도 특약 형태로 들어 있는 종합보험 스타일의 상품이었습니다. 보험증권을 살펴보니 질병수술특약도 있고 입원특약도 있어서 해당 보험회사에 입원 의료비(실비), 입원 일당, 질병수술 보험금을 청구했습니다. 청구한 보험금은 며칠 후 모두 지급됐습니다. 갑자기 찾아온 가슴 통증 사건은 그렇게 잘 마무리되는 것 같았습니다. 그런데 몇 달 후 우연히 알게 된 한 보험설계사에게 뜻밖의 이야기를 듣게 됩니다.

"질병장해 보험금은 청구하셨어요?"

"질병장해 보험금이요? 그게 뭐죠? 그리고 저는 장해 없는데요?"

"종양이 있어서 갈비뼈를 잘라냈다고 하셨죠?"

"네, 맞아요."

"보험에서는 그걸 장해로 인정합니다. 게다가 가입하신 보험이 손해보험이니까 질병장해특약에도 가입돼 있을 가능성이 큽니다. 보험증권을 보여주시면 제가 확인해드릴게요."

무슨 이야기인지 이해하기 어려웠지만, 몰라서 못 받은 보험금이 있다는 말에 보험증권을 찾아 그 보험설계사에게 보여줬습니다. 보험증권을 살펴본 설계사는 해당 보험계약에는 질병장해특약이 1억 원이나 설정되어 있고 질병을 치료할 목적으로 갈비뼈를 잘라냈으면 장해지급률 10%가 인정되어 질병장해 보험금으로 1000만 원을 받을 수 있으니 빨리 보험금을 청구하라고 권유했습니다. 혼자 청구해서 받은 보험금은 세 가지 항목을 모두 더해도 200만 원이 넘지 않았는데, 생각지도 못한 질병장해 보험금으로 1000만 원이라는 큰돈을 받을 수 있다는 말에 놀랄 수밖에 없었습니다.

설계사가 알려준 대로 병원에 가서 양성종양으로 갈비뼈를 잘라냈다는 내용이 들어 있는 수술진단서를 받았습니다. 그리고 그 서류 한 장만 첨부해서 다시 보험회사에 질병장해 보험금을 청구했습니다. 보험금 청구서를 접수한 지 이틀이 지났을 때 해당 손해보험회사의 보험금 심사 담당자라는 사람한테 전화가 왔습니다.

"○○○고객님~, 이번에 질병장해 보험금을 청구하셨는데요~. 갈비뼈를 잘라낸 것은 장해에 해당하지 않습니다. 그래서 질병장해 보험금은 지급되지 않으니까요, 이점 양해 부탁드립니다."

"네? 갈비뼈를 잘라낸 게 장해가 아니라고요?"

"맞습니다 고객님. 약관에 있는 장해분류표에서는요~. 갈비뼈에 20° 이상의 각도 변형이 확인되면 10%의 장해지급률을 인정합니다. 그런데 고객님은 각도 변형이 아니라 갈비뼈를 완전히 잘라낸 거잖아요? 이럴 때는 장해에 해당하지 않습니다."

소비자는 약관을 읽어본 적이 없어서 장해분류표 안에 무슨 내용이 담겼는지 전혀 알지 못합니다. 그러니 보험금 심사 담당자의 말에 아무런 반박을 하지 못하고 전화를 끊을 수밖에 없었습니다. 다음날 갈비뼈를 잘라낸 것도 질병장해 보험금을 받을 수 있다며 보험금 청구를 권유한 설계사에게 전화해서 전날 있었던 일을 자세히 말해줬습니다. 그랬더니 그 설계사가 웃으며 이렇게 말하는 겁니다.

"그 심사자가 경험이 없어서 장해를 잘 모르는 것 같네요. 제가 내일 선생님 찾아뵙고 그 자리에서 보험금 심사 담당자와 통화해서 알아듣게 설명하겠습니다. 너무 걱정하지 마세요."

다음날 소비자를 찾아온 설계사는 보험금 심사 담당자에게 전화를 걸어 차분한 목소리로 다음과 같이 설명했습니다.

"담당자님께서 말씀하신 그 장해분류표를 제가 지금 보고 있습니다. 담당자님 말씀처럼 갈비뼈에 20° 이상의 각도 변형이 확인되면 10%의 장해지급률을 인정한다고 되어 있습니다."

"네…그래서요?"

"그런데 이 소비자분의 경우에는 갈비뼈에 생긴 종양을 제거하기 위해 해당 갈비뼈를 완전히 잘라냈습니다. 그러니 당연히 20° 또는 30°의 각도 변형이 남아 있을 수는 없었어요."

"맞아요. 그래서 장해분류표상의 기준을 충족하지 못해서 장해보험금 지급 대상이 아니라고 말씀드린 거예요~"

"네. 그러셨을 것 같아요. 그런데요, 갈비뼈가 20° 이상만 틀어져도 보험약관에서 그걸 장해로 인정하는 취지가 뭘까요?"

"취지요? 글쎄요?"

"모든 법에 입법 취지가 있는 것처럼 장해분류표도 각 신체 부위별로 장해지급률 인정 기준을 정해 놓은 취지가 있지 않을까요?"

"뭐…그렇겠네요. 그런데 그 취지하고 갈비뼈 장해하고 무슨 관계가 있다는 말씀이세요?"

"네. 갈비뼈는 장기를 보호하는 역할을 합니다. 그런 갈비뼈가 사고나 질병이 있어서 치유된 후 정상과 다른 각도로 틀어져 있다면 그만큼 장기를 보호하기 힘드니까 그걸 장해로 인정하는 거 아닐까요?"

"그렇겠네요. 그런데요?"

"그렇다면 말입니다. 갈비뼈 각도가 조금 틀어진 상태가 장기를 보호하기 어려울까요~ 아니면 갈비뼈가 아예 없어진 상태가 장기를 보호하기 더 어려울까요?"

"그거야… 당연히 갈비뼈가 없어진 게 더…"

"바로 그겁니다. 양성종양 때문에 잘라낸 이 소비자분의 갈비뼈 상태를 굳이 표현하자면 360°의 각도 변형이 남은 경우가 아닐까요? 아예 없어졌으니까요. 그리고 갈비뼈가 장기를 보호하는 역할을 하는 것을 고려한다면 이 소비자분은 20° 이상의 각도 변형이 남은 상태보다 훨씬 더 심각한 장해가 남은 상태에 해당합니다. 그러니 이 소비자분은 질병 때문에 갈비뼈를 잃었고 이것은 장해지급률 10%에 해당하는 장해가 남은 경우로 볼 수 있지 않을까요? 이 점을 담당자님께서 한 번 더 검토해주셨으면 해서 전화를 드렸습니다."

"음… 알겠습니다. 이 부분은 제가 팀에서 다시 논의한 후에 결과를 말씀드려야 할 것 같네요."

"감사합니다. 기다리고 있겠습니다."

그날 오후 보험금 심사 담당자한테 전화가 왔습니다. 질병에 의한 장해지급률 10%를 인정해서 질병장해 보험금 1000만 원을 지급하겠다는 내용이었습니다. 생각지도 못했던 보험금 1000만 원을 받은 소비자는 무척 기뻤습니다. 그리고 결정적인 도움을 준 보험설계사가 정말 고마웠습니다. 그는 그냥 보험설계사가 아니라 보험전문가로 보였습니다. 그 후부터 보험에 관한 일은 무조건 그 보험설계사와 상의했습니다. 주변 지인들을 그 설계사에게 자주 소

개하기도 했습니다. 뜻하지 않게 받은 도움을 생각하면 당연한 일
이었습니다.

 약관 읽어주는 남자의 한마디

　　30년을 거슬러 올라가 옛 기억을 꺼내 봅니다. 술 한 잔 마신 선배들
과 이런 노랫말을 흥얼거렸던 적이 있습니다. 재미있어서 많이 웃었던 기억이 나
네요.
　"꼭 안아주세요~ 갈비뼈가 똑 부러지도록~
　키스해주세요~ 앞 이빨이 쏙 빠지도록~"
어렸을 때 치기로 술자리에서 불렀던 노래였지만 지금 생각해보니 이 노래 가사
는 조금 위험(?)합니다. 갈비뼈도 그렇고 이빨도 그렇고… 잘못하면 보험약관에
서 인정하는 '장해'가 남을 수도 있거든요. 사랑은 적극적으로 표현해야 마땅하
지만, 조절이 가능하다면 갈비뼈나 치아가 무사할 정도로만 사랑을 표현하면 좋
겠네요.

10 암세포 없는 장기를 절제해도 암수술보험금을 받는 경우가 있습니다

유방암 환자가 유방절제술을 했습니다. 환자가 가입하고 있던 암보험에서 암진단보험금과 암수술보험금이 지급됐습니다. 그런데 이 환자가 유방절제술 후 6개월 만에 양쪽 난소를 절제하는 수술을 한 뒤 보험회사에 또다시 암수술보험금을 청구했습니다. 보험회사는 조직검사 결과 양쪽 난소에는 암세포가 발견되지 않았음을 근거로 해당 수술은 난소에 암이 발생하는 것을 예방할 목적의 수술이지 보험약관에서 암수술보험금의 지급사유로 정하고 있는 '암의 치료를 직접적인 목적으로 수술을 받은 경우'가 아니라며 암수술보험금 지급을 거부했습니다. 그동안 암세포가 없는 신체 부위를 절제하는 수술에 대해서 암수술보험금을 지급할 수 없다는 보험회사의 입장은 충분히 합리적인 판단이라고 받아들여졌습니다. 그리고 최근까지 이럴 때 암수술보험금을 지급한 사례가 없었습니다.

그런데 앞으로는 이런 사례를 종종 볼 수 있을 것 같습니다. 암세포가 발견되지 않은 난소를 절제한 후 암수술보험금을 청구했다가 보험금 지급을 거절당한 소비자가 최근 금융감독원에 분쟁조정 신청을 했고, 이 사안을 심의한 금융분쟁조정위원회는 암수술보험 금을 지급하라는 결정을 내렸습니다.

금 융 분 쟁 조 정 위 원 회
조 정 결 정 서

조정일자 : 2021. 11. 30.
조정번호 : 제2021 - 21호

안 건 명 　 유방암 치료를 위한 난소절제술에 대한 암수술비 지급 여부

신 청 인 　 X

피 신 청 인 　 Y손해보험㈜

신청인이 받은 이 사건 난소절제술은 해당 보험약관상 암의 직접 치료 목적으로 시행되었다고 봄이 타당하므로 피신청인은 신청인에 대하여 이 사건 보험약관상 암수술비를 지급할 책임이 있다.

– 금융분쟁조정위원회 조정결정 2021. 11. 30. 제2021-21호

금융감독원에 분쟁조정신청을 낸 소비자는 '호르몬수용체 양성 전이성 유방암(4기)' 환자입니다. 유방암 환자 중에는 여성호르몬 인 에스트로겐과 잘 결합하는 수용체가 암세포에 많이 들어 있는 경우가 있는데요. 이 환자가 바로 그런 예입니다. 이런 유방암 환자

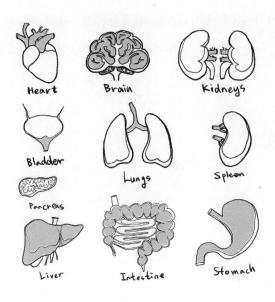

들은 여성호르몬에 노출되면 될수록 유방암이 더 활성화하는 특징이 있습니다. 따라서 의사는 이들에게 여성호르몬 분비를 차단하는 내분비요법을 권장합니다. 내분비요법에는 에스테로겐 생산을 억제하는 약물을 투여하는 방법이 있고, 난소를 절제해서 에스테로겐 생산을 원천적으로 차단하는 방법이 있습니다. 이 유방암 환자는 처음에는 약물을 투여하는 내분비요법을 받았지만, 그 부작용이 심해서 결국 양쪽 난소를 모두 절제했습니다.

보험회사는 환자의 난소에서 암세포가 발견되지 않았다는 이유로 '암의 치료를 직접적인 목적으로 수술을 받은 경우'가 아니라며 암수술보험금 지급을 거부했지만, 금융분쟁조정위원회의 판단은 달랐습니다. 아래와 같은 판례를 근거로 소비자가 에스테로겐

분비를 막기 위해 양쪽 난소를 절제한 것도 '암의 치료를 직접적인
목적으로 수술을 받은 경우'에 해당한다고 보았습니다.

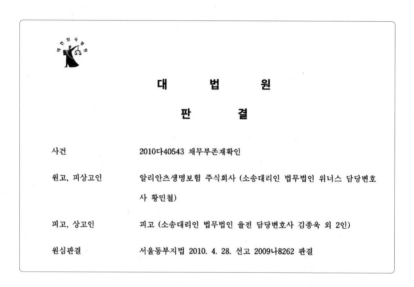

보험약관의 '암의 치료를 직접 목적으로 하는 수술'은 암을 제거하거나
암의 증식을 억제하기 위한 수술로 한정되는 것이 아니라 암 자체 또는
암의 성장으로 인하여 직접 발현되는 중대한 병적 증상을 호전시키기 위
한 수술을 포함한다고 보아야 할 것이지만, 암이나 암 치료 후 그로 인하
여 발생한 후유증을 완화하거나 합병증을 치료하기 위한 수술까지 이에
포함된다고 보기는 어렵다.
– 대법원 2010. 9. 30. 선고 2010다40543 판결

이 대법원판결은 암의 증식을 억제하기 위한 수술도 '암의 치료

를 직접 목적으로 하는 수술'로 인정하고 있습니다. 그렇다면 '호르몬수용체 양성 전이성 유방암' 환자가 유방암을 더욱 활성화하는 여성호르몬을 차단하기 위해 양쪽 난소를 절제한 것 역시 '암의 치료를 직접 목적으로 하는 수술'로 볼 수 있다고 금융분쟁조정위원회는 판단했습니다.

또한 금융분쟁조정위원회는 '비정형 복합 자궁내막증식증' 치료 목적으로 양쪽 난소를 절제했을 때 장해를 인정한 대법원판결을 인용하면서 암(질병)이 발생한 신체 부위와 그 암(질병)의 치료를 목적으로 수술하는 신체 부위가 반드시 같을 필요는 없다고 주장합니다.

대 　 법 　 원

제 　 2 　 부

판 　 결

사　　　　건	2021다234368 보험에관한 소송
원고, 피상고인	A
	소송대리인 변호사 박기억
피고, 상고인	B 주식회사
	소송대리인 변호사 박혜성, 여훈구, 박순성, 김정
원 심 판 결	서울중앙지방법원 2021. 4. 1. 선고 2020나40824 판결
판 결 선 고	2021. 9. 9.

이 사건 각 보험계약상 '장해'는 '질병 등에 대하여 치유된 후 신체에 남아 있는 영구적인 정신 또는 육체의 훼손상태'로서, 질병의 발생 부위와 훼손된 신체의 부위가 반드시 동일한 것을 요구한다고 볼 수는 없다. 난소는 자궁에 연결된 부속기관으로서 자궁과 함께 여성의 생식기관을 구성하며 악성 세포가 난관을 통해 쉽게 전이되거나 호르몬의 영향을 주고받는 등 질병의 확대에 있어 자궁과 밀접하고 유기적인 관계에 있으므로, 자궁의 질병에 대한 의료조치의 결과로 난소가 훼손되었더라도 그것이 자궁의 치료에 필요한 것이었다면 전체적으로 보아 질병의 치유행위로 볼 수 있다.

– 대법원 2021. 9. 9. 선고 2021다234368 판결

보험약관의 장해분류표를 보면 '장해라 함은 상해 또는 질병에 대하여 치유된 후 신체에 남아 있는 영구적인 정신 또는 육체의 훼손 상태 및 기능 상실 상태를 말한다'라고 되어 있지 '질병이 발생한 그 신체 부위에 남은 영구적인 육체의 훼손 상태 및 기능 상실 상태를 말한다'라고 되어 있지 않습니다. 장해의 원인이 상해일 경우에는 외부 요인에 의해 상해가 발생한 해당 신체 부위에 장해가 발생합니다. 하지만 질병은 그렇지 않을 수 있습니다. 신체 어느 한 부위에서 질병이 발생했는데 그 질병을 치료하기 위해서는 다른 신체 부위를 치료해야 하고, 그 과정에서 신체가 훼손되어 장해 상태가 될 수도 있습니다. 대법원은 이런 질병 장해의 특수성과 약관을 고려해서 '비정형 복합 자궁내막증식증'은 자궁에 있지만 여

성호르몬에 계속 노출되면 암으로 발전할 가능성이 커지기에 '비정형 복합 자궁내막증식증' 치료 목적으로 양쪽 난소를 절제한 것에 대해 '예방 목적의 수술'로 보지 않고 '질병 치료 목적의 수술'로 인정했고, 그 수술로 인해 양쪽 난소를 잃었으므로 약관에서 정한 '장해'에 해당한다고 판단했습니다.

금융분쟁조정위원회는 암수술비특약 약관에서 정하고 있는 '보험금의 지급사유' 역시 위 대법원판결(대법원 2020. 9. 9. 선고 2021다234368 판결)처럼 해석해야 한다고 보았습니다.

[암수술비 특별약관]

제1조(보험금의 지급사유)
보험증권에 기재된 피보험자가 이 특별약관(이하 "특약"이라 합니다)의 보험기간(이하 "보험기간"이라 합니다)중에 제2조(보험금 지급에 관한 세부규정)의 "암보장개시일"이후에 암 또는 "보장개시일" 이후에 기타피부암, 갑상선암, 제자리암 또는 경계성종양의 치료를 직접적인 목적으로 수술을 받은 경우 : 아래의 금액을 암수술비로 보험수익자에게 지급합니다.

구 분	지 급 금 액	
	보험계약일로부터 90일 이내에 수술시	보험계약일로부터 90일이 초과한 후 수술시
암 수술비	없음	수술 1회당 이 특약 보험가입금액의 100%
기타피부암수술비, 제자리암수술비, 경계성종양수술비, 갑상선암수술비	수술 1회당 이 특약 보험가입금액의 20%	

해당 소비자가 가입한 암수술비 특별약관의 '보험금의 지급사유'

소비자가 가입한 암수술비 특별약관의 보험금 지급사유를 보

면, 암수술비는 '암보장개시일 이후에 암의 치료를 직접적인 목적으로 수술을 받은 경우'에 지급한다고 정하고 있을 뿐 암이 발생한 부위 또는 암세포가 존재하는 부위를 수술해야만 암수술비를 지급한다고 정하고 있지 않습니다. 그러므로 '암의 치료를 직접적인 목적으로 하는 수술'이기만 하다면 그 수술 부위가 암이 없는 부위라도 상관없다는 것이죠. 그런데 '호르몬수용체 양성 전이성 유방암' 환자가 유방암을 더욱 활성화하는 여성호르몬을 차단하기 위해 양쪽 난소를 절제한 것 역시 '암의 치료를 직접 목적으로 하는 수술'로 볼 수 있음은 이미 살펴봤습니다. 그래서 금융분쟁조정위원회는 다음과 같이 조정결정을 내립니다.

이 사건 난소절제술에 대하여, 암의 치료가 필요하다고 인정된 경우로서 치료를 직접적인 목적으로 수술을 하였는지 여부에 관하여 살펴보면 다음과 같다.

첫째, 암의 치료를 위해 병소를 수술적 방법으로 제거하거나 약제를 이용하여 화학요법을 시행하는 것은 일반적으로 알려진 방법인데 폐경 전 여성의 전이성 유방암의 경우에는 여성호르몬 분비기관인 난소를 절제하는 것이 약제를 활용한 화학요법 보다 효과적이라는 의학적 소견이 있는 점.

둘째, 신청인에 대한 항암치료를 담당한 종양내과 담당의사는 '심평원 고시에 따른 전이성 유방암의 치료 목적으로 시행한 것이므로 예방적이 아닌 치료 목적의 절제술'이었다고 진단서를 통해 소견을 표명하고 있으며, 동 소견에 대하여는 유방암 진료권고안 및 건강보험심사평가원의 심의사례를 통해 그 의학적 근거를 확인할 수 있으므로 객관적으로도 치료 필요성과 타당성이 인정된다고 할 수 있는 점.

셋째, 이 사건 난소절제술의 경우 담당의사 소견 및 전문가(○○○○학회) 의견으로 볼 때 유방암의 증식을 억제하기 위한 치료 목적을 겸하고 있으므로 단순히 예방적 목적으로만 시행한 것은 아닌 것으로 보이는 점.

넷째, 이 사건 약관에서 암수술의 대상을 암이 발생한 부위로 한정하고 있지 않은 점으로 볼 때,

이 사건 난소절제술은 비록 예방적 목적을 겸하고 있다 하더라도 유방암의 직접 치료 목적으로 시행하였다고 봄이 타당하다.

– 금융분쟁조정위원회 조정결정서 제2021-21호 2021. 11. 30.

암세포가 발견되지 않은 신체 부위에 대한 수술이라 하더라도 전문적인 의료학회의 진료 가이드라인에서 해당 환자의 암을 치료하는 데 효과적이라고 인정하고 있는 수술이라면, 그 수술은 '암에 대한 직접적인 치료 목적의 수술'로 인정할 수 있고, 암보험에서는 암수술보험금을 지급해야 함을 분명히 한 것입니다.

버젓이 암세포가 있는 부위를 수술해도 보험회사는 암이 아니라 경계성종양이라며 암보험금 지급을 거부하는 때가 많습니다. 그러니 암세포가 없는 부위를 수술했는데 암수술보험금을 지급하는 보험회사는 상상도 할 수 없습니다. 하지만 이제는 상황이 달라졌습니다. 보험회사는 금융분쟁조정위원회의 이번 조정결정을 인정하고 암수술보험금을 심사할 때 그 기준으로 삼아야 합니다. 하지만 보험회사에서 암수술보험금 심사 기준을 바꾸는 것보다 더 큰 문제가 있습니다. 소비자 대부분은 암세포가 없는 신체 부위를 수술했을 때 암수술보험금을 청구조차 하지 않는다는 것입니다. 그럴 생각조차 못 하는 거죠. 그래서 소비자에게 보험상품을 권하는 보험인들이 먼저 이런 변화를 알아야 합니다. 소비자들이 약관을 공부하고 판례나 조정결정을 찾아본다는 것은 현실적으로 불가능한 일이기에 보험인들이 먼저 공부해서 고객에게 알려줘야 합니다. 보험인들이 도와주지 않으면 소비자들은 보험금을 청구하지 못합니다. 나중에 소비자가 이 사실을 알았을 때는 이미 보험금청구권 소멸시효가 완성됐을 겁니다. 그때는 소송이든 뭐든 어떤 방법을 써도 보험금을 받을 수 없습니다.

보험인도 오해하기 쉬운
보장기준·면책기준

1 피도 눈물도 없는 보험금청구권 소멸시효

2006년 10월 어느 날, 초등학교 5학년 교실에서 상상하기 힘든 일이 일어났습니다. 담임선생님이 수업 시간에 내준 숙제를 한 아이가 해오지 않았고, 선생님은 따끔하게 주의를 주려는 의도로 아이의 귀밑 머리카락을 들어 올렸습니다. 체벌이라고 보기에는 무리가 있는 이 행동은 엄청난 결과를 불러왔습니다.

그날 이후 아이의 부모는 저녁마다 담임선생님에게 전화를 걸어 폭언과 막말을 했습니다. 심지어 학교 수업이 끝나면 그 반 아이들을 자신의 집으로 데려가 '선생님이 너희들을 미워한다'는 이야기를 계속하는 등 아이들이 선생님에 대해 부정적인 마음을 갖도록 했습니다. 그 이후부터 반 아이들은 담임선생님에게 무례하게 행동했고 선생님은 그 일로 인해 심한 스트레스를 받고 힘들어했습니다. 그 스트레스는 계속되어서 2년이 지난 2008년 10월에 그 선생님은 우울증 진단을 받았고, 58일간 병가를 내고 우울증 치료를 받았습니다. 특히 학부모에게 폭언과 막말을 들어야 했던 가을만 되면 더 심한 우울감을 호소하며 정신과 치료를 받았고, 심할 때는 입원해서 치료받기도 했습니다. 그런데 2011년 10월 12일 근무를 마치고 귀가했던 선생님은 몇 시간 뒤 집 처마에 목을 매 사망한 채 발견됩니다.

그 후 유족은 사망한 선생님이 공무상 얻은 질병으로 사망했음을 주장하며 공무원연금공단을 상대로 유족보상금을 신청했지만, 공단은 보상금 지급을 거부했습니다. 유족은 공무원연금공단을 상대로 행정소송을 제기했고 대법원까지 가는 치열한 다툼을 벌였습니다. 결국 사망한 선생님은 본인의 의지로 목숨을 끊은 것이 아니라 공무상 얻은 질병인 우울증이라는 정신질환으로 정신적인 억제력이 현저히 저하되어 합리적인 판단을 할 수 없는 상태에 빠져 자살에 이르게 된 상황에 해당하므로 유족보상금을 지급하는 것이 마땅하다는 대법원판결이 나왔습니다(대법원 2015. 10. 15. 선고 2014두10608 판결).

그런데 사망한 선생님은 광주시에 소재한 초등학교의 교사였고 광주광역시교육청은 2011년 소속 공무원들을 피보험자로 하는 공무원 단체상해보험계약을 손해보험사들과 체결한 상태였습니다. 단체보험의 특성상 보험증권조차 피보험자들에게는 제공되지 않아 유족은 선생님이 가입된 단체보험의 존재 자체를 몰랐습니다. 공무원연금공단과의 소송에서 최종 승소한 이후 사망한 선생님이 단체보험에 가입되어 있다는 사실을 알게 되었습니다. 그래서 유족은 행정소송에서 최종 승소한 이후인 2016년 6월 단체보험을 체결한 D화재에 상해사망보험금을 청구했지만 보험금 지급을 거부당했습니다. 그러자 2016년 8월 22일 D화재를 대상으로 사망보험금 지급을 요구하는 소송을 제기했습니다.

D화재는 이 소송에서, 사망한 선생님은 본인의 의지로 스스로 목숨을 끊은 만큼 보험계약의 면책사항에 해당하므로 사망보험금을 지급할 의무가 없다는 주장과 설사 사망보험금을 지급할 의무가 있다고 하더라도 이미 보험금청구권 소멸시효가 완성되었으므로 사망보험금을 지급할 의무가 없다는 두 가지 주장을 했습니다. D화재의 주장도 일리가 있었는데요. 먼저 해당 약관에서 정하고 있는 면책사항에 대해서 알아보겠습니다.

손해보험 약관뿐만 아니라 생명보험 약관에서도 다음과 같이 피보험자가 고의로 자신을 해친 경우에는 보험금을 지급하지 않지만, 피보험자가 '심신상실' 상태에서 자신을 해친 경우에는 예외적으로 보험금을 지급한다고 정하고 있습니다.

제5조(보험금을 지급하지 않는 사유)

1. 회사는 다음 중 어느 한 가지로 보험금 지급사유가 발생한 때에는 보험금을 지급하지 않습니다.

    ① 피보험자가 고의로 자신을 해친 경우. 다만, 피보험자가 심신상실 등으로 자유로운 의사결정을 할 수 없는 상태에서 자신을 해친 경우에는 보험금을 지급합니다.

    － 손해보험사 약관 중 일부

D화재는 사망사고 당시 여러 상황을 살펴봤을 때 사망한 선생님이 자유로운 의사결정을 할 수 없는 상태에서 자살하였음을 인정하기에는 부족하다고 주장하며 사망보험금 지급을 거부했고, 1심법원과 2심법원 모두 D화재의 손을 들어줬습니다. 하지만 대법원은 사망한 선생님이 학교에서 정상적으로 업무를 수행했고, 주변 사람들이 봤을 때 심리상태가 불안정하다고 느끼지 못했다는 것만으로 사망 당시 심신상실 상태가 아니었다고 단정하면 안 된다고 판단했습니다.

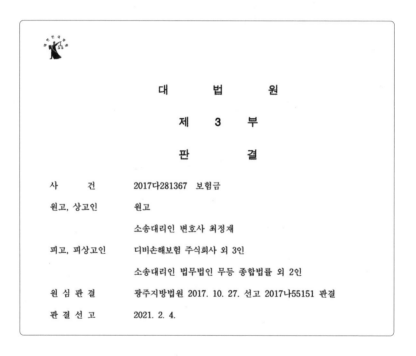

대 법 원

제 3 부

판 결

사 건	2017다281367 보험금
원고, 상고인	원고
	소송대리인 변호사 최정재
피고, 피상고인	디비손해보험 주식회사 외 3인
	소송대리인 법무법인 무등 종합법률 외 2인
원 심 판 결	광주지방법원 2017. 10. 27. 선고 2017나55151 판결
판 결 선 고	2021. 2. 4.

사망한 선생님은 2006년 학급 내 문제로 시작된 우울증을 앓고

있었고 매년 가을만 되면 그 우울증이 더 심해지는 양상을 보였는데, 이는 정신과 전문의들로 구성된 의학학회에서 공식적으로 인정하는 '계절성 동반의 주요우울장애 상태'였음을 증명하는 것이고, 이는 주변인들이 증언하는 사망 즈음의 행동이나 상태보다 더 전문성이 있는 의학적 견해이므로 이를 부정하면 안 된다는 것입니다. 따라서 사망한 선생님은 계절성 동반의 주요우울장애로 인해 자유로운 의사결정을 할 수 없는 '심신상실' 상태에서 자살했다고 볼 수 있으므로 이 사건은 상해사망보험금 지급 대상이 맞다고 대법원은 판단했습니다.

이 사건을 여기까지만 들여다보면 유족은 D화재에서 상해사망보험금을 받는 데 아무 문제가 없을 것 같습니다. 그런데 대법원은 한 가지 문제를 더 살펴봤습니다. 보험회사 측이 주장한 보험금청구권 소멸시효가 이미 완성되었는지 아니면 완성되지 않았는지에 관한 문제였죠.

상법에서는 보험금청구권을 2년간 행사하지 않으면 소멸시효가 완성된다고 정하고 있었습니다. 이 조항은 상법 662조가 개정되어 시행된 2015년 3월 12일부터 3년간 보험금청구권을 행사하지 않으면 소멸시효가 완성되는 것으로 바뀌었습니다. 하지만 보험금청구권이 발생한 시점이 2015년 3월 12일 이전이면 소멸시효는 2년을 적용합니다.

이 사건에서 선생님이 사망한 시점은 2011년 10월입니다. 이때부터 사망보험금의 청구권 소멸시효가 진행된다고 보면, 유족이

D화재에 사망보험금을 청구한 시점은 2016년 6월이므로 4년이 지나서 이미 소멸시효가 완성되었습니다. 그런데 유족 측은 행정소송에서 최종 승소하기 전에는 사망한 선생님이 단체보험에 가입되어 있었는지 몰랐고, 심신상실에 의한 사망은 상해사망으로 인정될 수 있다는 사실도 몰랐으므로 보험금청구권을 행사할 수 없었다고 주장했습니다. 그러므로 이 사건 상해사망보험금 청구권의 소멸시효는 유족이 행정소송에서 승소한 때인 2016년 2월부터 진행되어야 한다고 주장했습니다. 그렇게 본다면 D화재에 사망보험금을 청구한 날이 2016년 6월이므로 보험금청구권을 행사할 수 있게 된 시점에서 채 1년도 지나지 않았기에 보험금청구권 소멸시효는 완성되지 않은 것이 맞습니다.

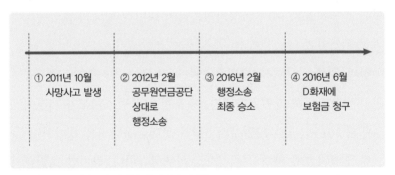

보험금청구권 소멸시효와 관련한 이 사건의 사실들

그런데 상법에서는 보험금청구권 소멸시효는 2년으로 한다(개정 상법에서는 3년)고 정하고 있을 뿐, 소멸시효가 언제부터 진행하는 것인지 소멸시효의 기산점에 대해서는 정하고 있지 않습니다. 그래서 이 문제로 분쟁이 생기는 경우 법원은 민법을 기준으로 판단합니다.

민법 제166조(소멸시효의 기산점)

① 소멸시효는 권리를 행사할 수 있는 때로부터 진행한다.

② 부작위를 목적으로 하는 채권의 소멸시효는 위반행위를 한 때로부터 진행한다.

민법에서는 권리를 행사할 수 있는 때부터 소멸시효가 진행한다고 정하고 있습니다. 그런데 이 부분을 많은 사람들이 오해합니다. 보험사고(보험금을 청구할 사건)가 발생해도 보험소비자가 약관이나 법을 잘 몰라서 청구하지 못하는 사례가 많습니다. 보험사고가 발생하고 5~6년이 지난 후에야 예전 그 일이 보험금을 받을 수 있었다는 사실을 알게 되었다면, 그 사실을 알게 된 날이 '권리를 행사할 수 있는 때'니까 그날부터 보험금청구권 소멸시효가 진행한다는 뜻으로 이해하고 있는 것이죠.

하지만 이것은 사실이 아닙니다. 실무에서 보면 5~6년이 지난 보험금 청구라도 지급할 보험금이 소액이면 민원 예방 차원에서 보험회사가 보험금을 지급하는 경우가 있습니다. 그런데 만약 지급할 보험금이 수백만 원이 넘는다면 보험금청구권 소멸시효가 완성된 이후 보험금을 청구하는 경우 보험회사는 절대로 보험금을 지급하지 않습니다. 이때 보험소비자가 '약관과 법을 몰라서 청구하지 못했다' '이제야 청구할 수 있다는 걸 알았다'라며 하소연해 봐야 아무런 소용이 없습니다. 법정에서도 들어주지 않습니다.

보험금청구권은 특별한 사정이 없으면 보험사고가 발생한 때부터 진행하는 것이 원칙인데요. '소멸시효는 권리를 행사할 수 있는 때로부터 진행한다'라는 민법 제166조의 의미를 이 사건 2심재판의 판결문에서는 이렇게 설명하고 있습니다. 그리고 이 판단은 그대로 대법원에서 확정됐습니다.

광 주 지 방 법 원
판 결

사건	2017나55151 보험금
원고, 항소인	원고(소송대리인 변호사 최정재)
피고, 피항소인	동부화재해상보험 주식회사 외 3인(소송대리인 법무법인 무등 외 2인)
변론종결	2017. 9. 22.
제1심판결	광주지방법원 2017. 4. 12. 선고 2016가단520701 판결

보험금청구권은 보험사고가 발생하기 전에는 추상적인 권리에 지나지

않고 보험사고의 발생으로 인하여 구체적인 권리로 확정되어 그때부터 권리를 행사할 수 있게 되는 것이므로, 보험금청구권의 소멸시효는 특별한 다른 사정이 없는 한 보험사고가 발생한 때부터 진행하는 것이 원칙이다(대법원 2008. 11. 13. 선고 2007다19624 판결 등 참조).

한편 소멸시효는 객관적으로 권리가 발생하고 그 권리를 행사할 수 있는 때로부터 진행하고 그 권리를 행사할 수 없는 동안에는 진행하지 아니한다. 여기서 '권리를 행사할 수 없다'라고 함은 그 권리행사에 법률상의 장애사유, 예컨대 기간의 미도래나 조건불성취 등이 있는 경우를 말하는 것이고, 사실상 그 권리의 존부나 권리행사의 가능성을 알지 못하였거나 알지 못함에 과실이 없다고 하여도 이러한 사유는 법률상 장애사유에 해당한다고 할 수 없다(대법원 2010. 9. 9. 선고 2008다15865 판결 등 참조).

– 광주지방법원 2017. 10. 27. 선고 2017나55151 판결

위 판결문에서도 알 수 있듯이 소멸시효는 권리를 행사할 수 없을 때는 진행하지 않고 권리를 행사할 수 있을 때 진행하는 것이지만, 여기서 '권리를 행사할 수 없을 때'로 인정되는 것은 법률상의 장애사유를 의미하는 것이지 '법을 몰랐다. 보험계약의 존재를 몰랐다. 약관을 몰랐다'와 같은 개인적인 사정은 인정되지 않습니다. 또한 특별한 사정이 없는 한 보험금청구권의 소멸시효는 보험사고가 발생한 때부터 진행합니다.

법원은 유족이 사고 직후 공무원연금공단을 상대로 유족보상금

을 신청했고 이를 공단이 거절하자 소송까지 제기했다는 사실에 주목했습니다. 유족은 선생님의 사망이 본인 의지로 목숨을 끊은 자살이 아니라고 생각했기에 유족보상금도 신청하고 행정소송까지 제기했습니다. 그러므로 유족 측은 사고 직후 D화재를 상대로도 상해사망보험금을 청구할 수 있었다고 법원은 보았습니다. 그런데 사망사고가 발생한 2011년 10월 12일에서 2년이 훨씬 지난 2016년 6월에서야 사망보험금을 청구했습니다. 이때는 이미 보험금청구권 소멸시효가 완성되었으므로 D화재는 유족에게 사망보험금을 지급할 의무가 없다고 판단했습니다. 유족 측이 주장하는 '보험계약의 존재를 몰랐고 보험약관도 잘 알지 못했다'라는 것은 법률상의 장애사유가 아니므로 인정되지 않았습니다.

물론 이 사건에서 유족이 D화재를 상대로 제때 보험금을 청구하기 어려웠을 것으로 인정되는 사정은 많이 있습니다. 단체보험계약이라서 유족은 보험증권을 본 적도 없고, 일반적인 사람들은 심신상실 상태에서 자신을 해친 경우도 보험계약에서 사망보험금 지급 대상이 된다는 사실을 알기 어렵습니다. 게다가 보험금청구권에도 소멸시효가 있다는 것을 아는 사람도 많지 않습니다. 그런데도 유족 측의 이런 사정들은 모두 권리를 행사할 수 없는 '법률상의 장애사유'가 아니라 그저 개인적인 사정일 뿐이므로 보험금청구권 소멸시효가 진행되는 것을 멈추게 하는 사유는 되지 못한다는 것입니다.

이렇게 보험금청구권 소멸시효에는 피도 눈물도 없습니다. 그렇다면 내 가족이, 내 고객이 잘 몰라서 보험금을 청구하지 않았다거나 보험금을 청구했지만 보험회사가 잘못된 판단으로 지급을 거절했고 그 후 3년이 되어 간다면(보험회사가 보험금 심사를 하는 동안에도 보험금청구권 소멸시효는 진행됩니다) 이럴 때 우리는 어떻게 해야 할까요? 금융감독원에 분쟁조정을 신청해야 합니다.

금융소비자 보호에 관한 법률 (약칭: 금융소비자보호법)
[시행 2021. 12. 30.] [법률 제17799호, 2020. 12. 29., 타법개정]
금융위원회 (금융소비자정책과) 02-2100-2634, 2637

제1장 총칙

제1조(목적) 이 법은 금융소비자의 권익 증진과 금융상품판매업 및 금융상품자문업의 건전한 시장질서 구축을 위하여 금융상품판매업자 및 금융상품자문업자의 영업에 관한 준수사항과 금융소비자 권익 보호를 위한 금융소비자정책 및 금융분쟁조정절차 등에 관한 사항을 규정함으로써 금융소비자 보호의 실효성을 높이고 국민경제 발전에 이바지함을 목적으로 한다.

제40조(시효의 중단)

① 제36조제1항에 따른 분쟁조정의 신청은 시효중단의 효력이 있다. 다만, 같은 조 제2항 단서에 따라 합의권고를 하지 아니하거나 조정위원회에 회부하지 아니할 때에는 그러하지 아니하다.

② 제1항 단서의 경우에 1개월 이내에 재판상의 청구, 파산절차참가, 압류 또는 가압류, 가처분을 한 때에는 시효는 최초의 분쟁조정의 신청으로 인하여 중단된 것으로 본다.

③ 제1항 본문에 따라 중단된 시효는 다음 각 호의 어느 하나에 해당하는 때부터 새로이 진행한다.

1. 양 당사자가 조정안을 수락한 경우
2. 분쟁조정이 이루어지지 아니하고 조정절차가 종료된 경우

- 금융소비자 보호에 관한 법률 제40조(시효의 중단)

금융소비자 보호에 관한 법률 제40조에 의하면 소비자가 금융감독원에 분쟁조정을 신청하고 그 신청을 금융감독원장이 조정위원회에 넘기면 보험금청구권 소멸시효는 중단됩니다. 그리고 조정위원회의 조정안을 보험회사와 소비자가 수락한 상황이거나 분쟁조정이 이루어지지 않고 조정절차가 종료된 상황에 소멸시효는 그때부터 새롭게 진행됩니다. 3년의 세월을 다시 버는 셈이죠. 그러므로 보험소비자는 보험금청구권 소멸시효가 완성되기 직전이라면, 보험회사와 계속 다투기보다는 적극적으로 금융감독원에 분쟁조정을 신청해야 합니다.

 약관 읽어주는 남자의 한마디

보험소비자가 보험금청구권 소멸시효를 이해하기가 얼마나 어려운지, 소멸시효가 완성되기 전에 그들의 권리를 지키기가 얼마나 힘든 일인지 현행 법률은 이해하려 하지 않습니다. 물론 청구권 소멸시효에 대해서 법에서 기준을 정하고 있는 이유는 채권자를 위해서도 아니고 채무자를 위해서도 아닙니다. 채권 채무 관계를 무한대로 끌고 가면 시간이 지남에 따라 사실관계도 불투명해지고, 증거나 증인 확보에도 어려움이 있기에 일정한 시간이 지나도록 채권자가 청

구권을 행사하지 않으면 그 권리를 박탈해서 분쟁의 여지를 없애 사회 안정을 도모할 목적으로 청구권 소멸시효가 존재합니다.

그런데 보험소비자와 보험회사의 관계는 매우 불평등합니다. 보험회사가 가지고 있는 정보의 양과 질보다 보험소비자의 그것은 상대적으로 거의 없다고 보는 것이 맞습니다. 그런데도 보험금청구권 소멸시효를 다른 채권 채무 관계와 같게 적용하는 현행 법률과 법관들의 판단 경향은 현실을 전혀 고려하지 않는 것입니다.

보험금청구권 소멸시효에 관한 현행 법률에는 피도 없고 눈물도 없습니다. 피와 눈물은 언제나 보험소비자들의 몫이고, 그들이 흘린 피와 눈물 속에서 보험회사들만 돈 잔치를 벌이고 있습니다. 보험금청구권 소멸시효와 관련한 조속한 법 개정을 촉구합니다.

2 자살 방법과 주변인의 증언만으로 심신상실을 판단하면 안 됩니다

　　보건복지부와 한국생명존중희망재단이 함께 발표한 「2022 자살예방백서」를 보면 대한민국에서 2020년 한 해 동안 자살한 사람은 13,195명입니다. 2011년의 15,906명에 비하면 2,711명이나 감소한 수치이지만, 매일 36.1명씩 자살한다는 것은 결코 적은 숫자가 아닙니다. 대한민국 사람들의 사망원인 중에서 자살이 5위를 기록하고 있을 정도니까요. 이렇게 많은 사람이 자살로 생을 마감하는 것을 보면 자살도 보험으로 대비해야 할 위험이 맞다는 생각까지 듭니다. 그래서 생명보험은 계약일에서 2년이 지난 이후 피보험자가 고의로 목숨을 스스로 끊어 사망했다고 하더라도 사망보험금을 지급합니다. 손해보험은 고의적인 자살에 대해서는 계약일에서 몇 년이 지났다고 하더라도 사망보험금을 지급하지 않습니다. 하지만 생명보험이든 손해보험이든 그 자살이 심신상실에 의한 자살이었음이 인정되면 계약일에서 얼마가 지난 시점이었는지 상관없이 생명보험은 일반사망보험금과 함께 재해사망보험금을 지급하고, 손해보험은 상해사망보험금을 지급합니다.

제5조(보험금 등을 지급하지 않는 사유)

회사는 다음 중 어느 한 가지로 보험금 지급사유 또는 보험료 납입면제 사유가 발생한 때에는 보험금을 지급하지 않거나 보험료의 납입을 면제하지 않습니다.

　1. 피보험자가 고의로 자신을 해친 경우
　　다만, 다음 중 어느 하나에 해당하면 보험금을 지급하거나 보험료의 납입을 면제합니다.

　가. 피보험자가 심신상실 등으로 자유로운 의사결정을 할 수 없는 상태에서 자신을 해침으로써 보험금 지급사유 또는 보험료 납입면제사유가 발생한 경우. 특히 그 결과 사망에 이르게 된 경우에는 사망보험금을 지급합니다.

　나. 계약의 보장개시일(부활(효력회복)계약의 경우는 부활(효력회복)청약일)부터 2년이 지난 후에 자살한 경우에는 사망보험금을 지급합니다.

생명보험 주계약 약관 중 일부 발췌

제5조(보험금 등을 지급하지 않는 사유)

회사는 다음 중 어느 한 가지로 보험금 지급사유 또는 보험료 납입면제 사유가 발생한 때에는 보험금을 지급하지 않거나 보험료의 납입을 면제하지 않습니다.

　1. 피보험자가 고의로 자신을 해친 경우

　　다만, 피보험자가 심신상실 등으로 자유로운 의사결정을 할 수 없는 상태에서 자신을 해침으로써 보험금 지급사유 또는 보험료 납입면제 사유가 발생한 경우. 특히 그 결과 사망에 이르게 된 경우에는 재해사망보험금을 지급합니다.

생명보험 재해사망특약 약관 중 일부 발췌

보험약관에서 이렇게 정하고 있다 보니 자살한 사람에 대한 사망보험금 지급과 관련해서 유족 측과 보험회사 사이의 분쟁은 대부분 '피보험자의 고의에 의한 사망'인지 아니면 '심신상실에 의한 사망'인지에 대한 견해 차이 때문에 발생합니다. 그렇다면 '심신상실'이란 어떤 의미일까요? 심신상실(心神喪失)은 심신 장애로 인하여 사물을 변별할 능력이 없거나 의사를 결정할 능력이 없는 상태

손해보험 보통약관 중 일부 발췌

손해보험 상해사망특약 약관 중 일부 발췌

를 말합니다. 그러니 심신상실 상태에서 스스로 목숨을 끊었다면 그 행위는 본인이 의도한 행위가 아닙니다. 우울증 등 정신질환으로 심신상실 상태에 놓일 수도 있고, 심한 흥분상태에서도 그럴 수 있다고 합니다. 그래서 심신상실 상태에서 자신을 해쳐 사망에 이른 경우, 생명보험에서는 재해사망으로 인정하고 손해보험에서는 상해사망으로 인정합니다.

그렇다면 어떤 사람이 스스로 목숨을 끊었는데 그 순간 그 사람이 심신상실 상태였는지 알 수 있는 사람이 있을까요? 사람의 뇌나 마음속에 들어가 볼 수 없으므로 그 누구도 정확하게 판단할 수는 없습니다. 그래서 사망보험금을 두고 유족과 보험회사 사이의 분쟁이 끊이지 않습니다.

2011년 10월 초등학교 교사가 집에서 목을 매 사망했습니다. 당시 이 교사가 속해 있는 광주광역시교육청은 소속 공무원들을 피보험자로 한 공무원 단체보험계약을 4개 보험사와 체결한 상태였습니다. 해당 단체보험계약에는 피보험자가 상해로 사망하는 경우 총 5000만 원의 사망보험금을 지급하는 보장조건이 들어 있었습니다. 유족 측은 사망한 교사가 자살 당시 우울증이 재발함으로써 정신적인 억제력이 현저히 저하되어 합리적인 판단을 기대할 수 없을 정도의 상태에 빠져 자살에 이른 것이므로 '피보험자가 고의로 자신을 해친 경우'에 해당하지 않으므로 상해사망보험금을 지급해야 한다고 주장했습니다.

이에 대해 보험회사 측은 '고의로 자신을 해친 경우'에 해당하므로 약관상 사망보험금 지급이 면책되어 상해사망보험금 지급 의무가 없다고 주장했습니다. 결국 이 사안은 사망한 교사가 자신을 해친 순간에 심신상실 상태였는지, 아니었는지가 쟁점이었습니다. 이 사건 이전까지 각급 법원은 자살 사건에서 심신상실 여부를 판단하는 기준을 다음과 같이 정하고 있었습니다.

피보험자가 자살하였다면 그것이 정신질환 등으로 자유로운 의사결정을 할 수 없는 상태에서 사망의 결과를 발생케 한 경우에 해당하지 않는 한 원칙적으로 보험자의 면책사유에 해당한다 할 것인데, 여기서 말하는 정신질환 등으로 자유로운 의사결정을 할 수 없는 상태에서의 사망이었는지 여부는 자살자의 나이와 성행, 자살자의 신체적·정신적 심리상황,

그 정신질환의 발병 시기, 그 진행경과와 정도 및 자살에 즈음한 시점에서의 구체적인 상태, 자살자를 에워싸고 있는 주위상황과 자살 무렵의 자살자의 행태, 자살행위의 시기 및 장소, 기타 자살의 동기, 그 경위와 방법 및 태양 등을 종합적으로 고려하여 판단하여야 한다 (대법원 2011. 4. 28. 선고 2009다97772 판결 등 참조).

– 광주지방법원 2017. 4. 5. 판결 2016가단520701

한마디로 자살한 사람의 육체적, 정신적 상태와 자살한 사람을 둘러싼 여러 가지 주변 상황을 종합적으로 고려해서 신중하게 판단해야 한다는 뜻입니다. 하지만 대법원판결에서 말하고 있는 여러 가지 상황을 고려하라는 것 자체가 매우 모호해서 결국 자살한 사람이 자신의 목숨을 끊는 순간 심신상실 상태였는지, 아니었는지는 재판을 맡은 판사의 개인적 성향에 따라 다르게 판단되었습니다. 그러던 중 2011년 10월 발생한 초등학교 교사의 자살 사건을 기점으로 법원의 판단기준에 큰 변화가 생깁니다.

사망한 교사는 2006년 한 초등학교에서 5학년 담임교사를 맡았습니다. 그해 10월 말 숙제를 안 해왔다는 이유로 한 학생의 귀밑 머리카락을 잡아당겼습니다. 그날 이후 이 학생과 학부모는 교사에게 불만을 갖기 시작했습니다. 학부모는 저녁마다 교사에게 전화를 걸어 폭언과 막말을 하였고, 같은 반 학생들을 집으로 불러 교사에 대해 안 좋은 이야기를 했습니다. 이후 반 학생들은 교사에게 무례하게 행동했고 교사는 그 일로 심한 스트레스를 받았습니

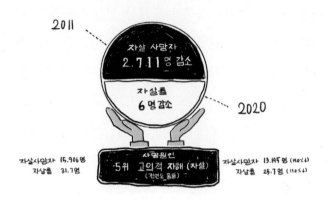

2020 자살현황

2011

자살 사망자
2.7.11명 감소

자살률
6명 감소

2020

자살사망자 15,906명
자살률 31.7명

사망원인
5위 고의적 자해 (자살)
(전년도 동월)

자살사망자 13,195명 (110%↓)
자살률 25.7명 (110%↓)

다. 이 교사는 매년 해당 사건이 있었던 가을이 되면 우울증이 재발하여 정신과 치료를 받아야 했습니다. 2008년 10월에는 우울증 진단을 받고 그때부터 2008년 12월까지 58일간 병가를 내고 입원하여 치료를 받았습니다. 또한 2011년 9월 26일부터 전신에 발생한 피부병과 간 수치 악화 등으로 병원에 입원해 치료를 받았지만, 학교에서 보조교사를 구하지 못해 의사의 반대를 무릅쓰고 10월 1일 퇴원했습니다. 하지만 불과 3일 뒤인 10월 4일 피부병과 간 수치 악화로 다시 다른 병원에 입원했지만, 피부병이 악화되자 그 전 병원에 입원하기 위해 10월 8일 퇴원했습니다. 하지만 병원 사정으로 입원하지 못하고 학교에 출근했습니다. 그로부터 사흘 뒤인 2011년 10월 12일 퇴근해 집에 머물고 있던 해당 교사는 오후 5시 40분경 자택에서 목을 맨 상태로 발견되었고, 병원으로 이송되었으나 심폐정지로 사망하였습니다.

이 사건이 발생하고 몇 년 동안 유족은 공무원연금공단과 행정소송을 진행했습니다. 유족은 공무상 생긴 우울증으로 인해 발생한 자살이므로 공무원연금공단이 유족보상금을 지급해야 한다고 주장했고, 공단이 이를 거부하자 행정소송을 제기한 것입니다. 이 소송은 대법원까지 올라갔고 2016년 2월 유족이 최종 승소합니다. 유족은 이 행정소송 중에 사망한 교사가 공무원단체보험에 가입되어 있었다는 사실을 우연히 알게 되었고, 보험회사에 상해사망보험금을 청구했다가 거부당하자 2016년 8월 보험금 지급을 요구하는 민사소송을 제기합니다.

보험회사 측은 '고의로 자신을 해친 경우'에 해당하므로 약관상 사망보험금 지급이 면책되어 상해사망보험금 지급 의무가 없다고 주장했고, 1심법원은 보험회사의 주장을 인정했습니다. 2심법원은 1심법원과 같이 사망한 교사는 심신상실 상태에서 자신을 해친 것이라는 유족 측 주장을 인정하지 않았고, 또한 설사 심신상실 상태에서 스스로 목숨을 끊은 것이 인정된다고 하더라도 이미 보험금 청구권 소멸시효가 완성되었기에 보험회사는 상해사망보험금을 지급할 의무가 없다고 판단했습니다.

1심법원과 2심법원은 사망한 교사가 사고 당일 정상적으로 업무를 봤다는 동료 교사들의 증언, 의도적인 준비가 필요했던 것으로 보이는 자살 방법(태권도 도복 띠로 목을 맸고, 그때 올라선 것으로 보이는 의자가 쓰러져 있었음)을 거론하며 이런 정황으로 볼 때 사망한 교사는 '우발적으로 자살을 실행한 것이 아니라 자신의 생명을 끊는다는 것을 사전에 결심하고 그 준비를 한 다음 이를 실행한 것으로 보인다'라며 심신상실에 의한 자살을 인정하지 않았습니다. 그런데 이 판단을 대법원이 뒤집습니다.

대법원은 미국 정신의학협회에서 발행하고 한국 표준질병·사인 분류에도 반영된 정신질환 진단 및 통계매뉴얼 제5판(The diagnostic and statistical manual of mental disorders, Fifth Edition, DSM-5)에서 밝히고 있는 우울장애 진단기준과 사망한 교사를 진료했던 정신과 주치의의 소견을 종합해서 다음과 같은 판단을 내립니다.

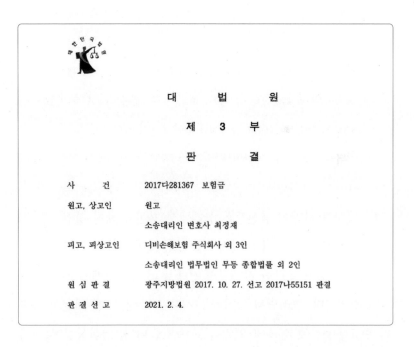

대   법   원

제 3 부

판   결

사 건	2017다281367 보험금
원고, 상고인	원고
	소송대리인 변호사 최정재
피고, 피상고인	디비손해보험 주식회사 외 3인
	소송대리인 법무법인 무등 종합법률 외 2인
원 심 판 결	광주지방법원 2017. 10. 27. 선고 2017나55151 판결
판 결 선 고	2021. 2. 4.

위와 같은 사실관계에 나타난 여러 사정들을 종합하여 앞서 본 법리에

비추어 살펴보면, 망인을 치료하였던 정신과 전문의의 전문적이고 의학적인 견해에 관한 증거가 제출되었고, 그 견해에 의할 때 망인은 2006년 학급 내 문제로 우울장애를 유발하는 스트레스를 겪은 후 매년 10월경을 전후하여 우울삽화가 발생하는 등 망인이 자살할 즈음 계절성 동반의 주요우울장애 상태에 있다고 판단할 수 있다. 원심은 정신과 전문의의 견해 및 그 바탕에 있는 의학적 판단기준을 고려하지 않은 채 망인이 자살할 무렵 주변 사람들에게 겉으로 보기에 이상한 징후를 보이지 않았다거나 충동적이라고 보이지 않는 방법으로 자살하였다는 등의 사정만을 내세워 망인이 우울증으로 자유로운 의사결정을 할 수 없는 상태에서 자살한 것으로 보기 어렵다고 단정한 후, 이 사건 보험계약 약관의 보험자 면책조항이 적용된다고 보아 피고들의 원고에 대한 보험금 지급의무를 부정하고 말았으니, 이러한 원심 판단에는 이 사건 보험계약 약관의 면책사유의 해석에 관한 법리를 오해하여 필요한 심리를 다하지 않은 잘못이 있다. 이를 지적하는 상고이유 주장은 이유 있다.

– 대법원 2021. 2. 4. 판결 2017다281367

즉, 자살한 사람이 심신상실 상태에서 자신을 해친 것인지를 판단할 때 주변 사람들이 주관적으로 느낀 징후보다는 의학적 판단기준(DSM-5)에 입각한 전문의의 견해를 더 중요하게 고려해야 한다는 것입니다. 그러면서 자살한 교사는 '자살할 즈음 계절성 동반의 주요우울장애 상태에 있었다'고 보았습니다. 심신상실 상태에서의 자살을 인정한 것이죠.

이 대법원판결은 매우 중요한 의미가 있습니다. 종전까지 각급 법원은 자살사고에 대해 심신상실을 인정할 수 있는지를 다투는 여러 재판에서 '의학적 판단기준에 입각한 전문의의 견해'를 상대적으로 중요하게 여기지 않았습니다. 자살 방법이 갑자기 높은 곳에서 뛰어내리는 등 별다른 준비 없이 실행에 옮길 수 있는 방법이 아니라 연탄불을 피우거나 목을 매는 등 일정한 준비가 필요한 방법이었다면 대부분은 심신상실 상태를 인정하지 않았습니다. 하물며 자살한 사람이 우울증 등으로 치료받았다고 하더라도 자신의 목숨을 끊는 그 순간은 심신상실 상태가 아닐 수도 있다는 전제에서 사건을 들여다봤습니다. 하지만 이번 대법원판결은 달랐습니다. 어떤 사람이 자살을 실행한 순간에 정신적, 심리적 상태가 어땠는지를 정확히 확인할 방법은 없습니다. 그저 추측할 수밖에 없죠. 어차피 그렇다면 자살한 사람의 주변 사람들이 사건 발생 즈음에 곁에서 보고 느낀 주관적인 증언보다는 자살한 사람의 심리 상태가 얼마나 위험한 상태였는지 확인할 수 있는 객관적이고 전문적인 의학적 판단 근거를 더 중요시해서 사안을 판단해야 한다는 주장입니다. 설사 자살의 방법이 준비가 필요한 것이었다고 하더라도 말이죠.

대법원의 이번 판결로 자살한 피보험자의 심신상실 여부를 판단하는 보험금 청구 소송에 큰 변화가 생길 것으로 예상됩니다. 정신과에서 꾸준히 치료받다가 스스로 목숨을 끊은 분들의 경우 그 자살이 의도된 자살이 아니라 심신상실 상태에서 자신의 목숨을 끊은 것으로 인정되어 상해사망보험금(생명보험이라면 재해사망보험금)이 지급되는 경우가 늘어날 것입니다. 물론 이번 대법원판결에도 불구하고 피보험자의 자살에 대해 알아서 상해사망보험금을 지급하는 보험회사는 없을 것입니다. 하지만 그렇다고 하더라도 이번 판결은 자살사건에 대한 심신상실 여부를 판단하는 객관적 기준을 제시한 것이기에 큰 의의가 있습니다.

2011년 10월 발생한 초등학교 교사의 자살사건을 다룬 재판은 2021년 2월 4일 대법원에서 보험회사가 승소하며 마무리됐습니다. 대법원은 자살한 교사가 자살 당시 심신상실 상태였다고 인정했지만, 유족 측이 보험회사에 사망보험금을 청구한 시점이 해당 교사가 사망한 날에서 2년이 훨씬 지난 2016년 6월이므로 보험금청구권의 소멸시효가 완성되었고, 그러므로 보험회사는 상해사망보험금을 지급할 의무가 없다고 판단했습니다. 즉, 보험회사가 상해사망보험금을 지급해야 마땅하지만, 유족 측이 보험금 청구를 늦게 했으므로 보험금을 지급할 필요가 없다는 판결입니다. 유족은 결국 이 재판에서 졌습니다. 사망보험금을 받지 못하게 되었을 뿐만 아니라 보험회사 측의 소송비용도 유족이 부담해야 했습니다. 가족의 원통함과 억울함이 더 커지지 않았을까요? 안타깝습니다.

약관 읽어주는 남자의 한마디

　우리는 매일 36.1명씩 자살하는 나라에서 살고 있습니다. 부정할 수 없는 이 현실에서 보험인은 자살과 사망보험금의 관계에 대해 정확히 알고 있어야 합니다. 자살한 사람 중에는 의도적으로 자신의 목숨을 끊는 사람도 있겠지만, 심신상실 상태에서 자신의 의지와 무관하게 목숨을 끊는 사람도 있을 것이기에 사망한 분의 남겨진 가족도, 그분에게 보험 가입을 권유했던 담당 보험인도 자살한 분의 보험금을 청구할 때 적극적이어야 합니다. 보험회사 측 주장만 듣고 보험금 청구를 포기하면 안 됩니다. 정신과에서 치료받은 기록이 있는지 확인하고, 만약 있다면 보험회사에 제출해서 적극적으로 심신상실에 의한 사망을 주장해야 합니다. 그것이 받아들여지지 않으면 금융분쟁조정위원회에 조정신청을 할 수 있고 직접 보험회사를 상대로 소송을 진행할 수도 있습니다.

하지만 하루아침에 가족을 잃은 유족은 경황이 없습니다. 보험에 대해서도 잘 모릅니다. 심신상실이라는 개념도, 보험금청구권에 소멸시효가 있다는 사실도 모릅니다. 그러니까 보험인이 공부해야 합니다. 그 공부가 안타깝게 사망한 고객과 그 고객이 남긴 가족의 권리를 위해 쓰일 수 있으니까요.

3 유병자보험 고지의무에서 '추가검사(재검사) 필요 소견'의 의미

　　최근 유병자보험의 판매량이 급격히 증가하고 있습니다. 보험회사는 앞다투어 신상품을 출시하며 만성질환이 있는 소비자들을 유혹하고 있습니다. 어찌 보면 당연한 일입니다. 전 국민의 37%인 1,891만 명(2020년 기준)이 암, 관절염, 당뇨, 고혈압 등 12종의 만성질환을 앓고 있는 유병자이기 때문입니다. 그러니 보험회사는 이 유병자들에게 보험을 판매하지 못하면 돈을 벌 수 없습니다. 게다가 유병자보험은 건강체보험(일반심사보험)과 비교해 질병 위험이 더 큰 사람들을 피보험자로 받아주는 보험이기에 보험료가 건강체보험보다 적게는 1.1배에서 많게는 2배까지 비쌉니다. 따라서 보험회사들은 유병자보험을 많이 팔면 팔수록 더 많은 보험료를 거두어들일 수 있습니다.

　　그렇지만 아무리 보험료를 더 받는다고 하더라도 건강체보험에 비해 과도하게 보험금이 지급되면 보험회사가 손해를 볼 수 있습니다. 그래서 그런지 유병자보험에 가입한 소비자가 3년 이내에 보험금을 청구하면 보험회사는 조사를 통해 티끌만한 고지의무(계약 전 알릴 의무) 위반 사항이라도 찾아내면 당장 보험계약을 해지하려고 합니다. 보험계약을 해지하면 그동안 낸 보험료 전부를 돌려주지 않고 그중 일부만 해지환급금 명목으로 돌려주므로 보험회사는 보험계약이 해지된다고 하더라도 손해를 보지 않습니다. 이런 사정 때문에 유병자보험에 가입한 소비자와 보험회사 사이에 고지의무 위반을 둘러싼 분쟁이 점점 더 늘어나고 있습니다.

요즘은 유병자보험을 간편심사보험이라고 부릅니다. 이 보험에 가입할 때 보험회사가 청약서를 통해 소비자에게 물어보는 병력 관련 질문사항(고지사항)이 건강한 사람들이 가입하는 보험에 비해서 상대적으로 그 수가 매우 적다는 이유로 붙인 이름입니다. 보험회사들은 그 질문사항의 개수 또는 물어보는 기간을 조금씩 다르게 설정하는 방식으로 다양한 유병자보험(간편심사보험)을 만들어 판매하고 있습니다. 그중 가장 초창기부터 판매되었고 대다수 보험회사가 아직도 판매하고 있는 '3·2·5 간편심사보험'의 고지사항(계약 전 알릴 의무사항)은 다음과 같습니다.

계약전 알릴의무사항

최근 3개월 이내에 의사로부터 진찰 또는 검사(건강검진 포함)를 통하여 입원 필요 소견, 수술 필요 소견 또는 추가검사(재검사) 필요 소견을 받은 사실이 있습니까?

진찰 또는 검사란 건강검진을 포함하며, 여기서 필요소견이란 의사로부터 진단서, 소견서를 발급받은 경우 또는 의사가 진료기록부 등에 기재하고 이를 환자에게 설명하거나 권유한 경우를 말합니다.

최근 2년 이내에 질병이나 상해사고로 인하여 입원 또는 수술(제왕절개 포함)을 받은 사실이 있습니까?

최근 5년 이내에 암으로 진단받거나 암으로 입원 또는 수술을 받은 사실이 있습니까?

'3·2·5 간편심사보험'의 계약 전 알릴 의무사항

긴 기간에 관한 질문부터 살펴보면, 첫 번째 질문은 '최근 5년 이내에 암으로 진단받거나 암으로 입원 또는 수술을 받은 사실이 있습니까?'입니다. 5년 이전에 암으로 진단받고 입원해서 수술했지만 최근 5년 이내에는 입원도, 수술도 받지 않고 약만 복용 중인 사람이라면 이 고지사항에 해당하지 않습니다. 그러니 과거 암환자였다고 하더라도 최근 5년 이내의 투약 사실을 이 보험에 가입할 때 고지하지 않아도 됩니다. 그래도 고지의무 위반이 아닌 것이죠. 보험에 가입할 때 소비자가 보험회사에 알려야 하는 고지사항에서 5년 이내 투약 사실을 물어보지 않는다는 것은, 암을 포함한 다양한 만성질환을 앓고 있거나 이미 앓았던 유병자들에게 이 보험을 판매하고 싶은 보험회사들의 욕망이 반영된 것입니다.

두 번째 질문은 '최근 2년 이내에 질병이나 상해사고로 인하여 입원 또는 수술(제왕절개 포함)을 받은 사실이 있습니까?'입니다. 건강한 사람들을 위한 일반심사보험의 고지사항에서는 최근 5년 이내에 입원하거나 수술했다면 무조건 고지를 해야 하지만, 이 '3·2·5 유병자보험'은 보험 청약 시점에서 2년 전에 입원 또는 수술을 했다면 그 사실을 고지할 필요가 없습니다. 그리고 그 수술 또는 입원이 최근 2년 이내에 있어서 고지사항에 해당한다 하더라도 그 원인이 상해인 경우 고지를 해도 대부분 보험계약이 인수됩니다. 그리고 원인이 질병이라 하더라도 경증질환인 경우에는 상해의 경우와 마찬가지로 고지를 해도 인수되는 경우가 많습니다.

세 번째 질문은 '최근 3개월 이내에 의사로부터 진찰 또는 검사

(건강검진 포함)를 통하여 입원 필요 소견, 수술 필요 소견 또는 추가검사(재검사) 필요 소견을 받은 사실이 있습니까?'입니다. 이 질문이 항상 문제가 됩니다. 의사에게 '입원 필요 소견'이나 '수술 필요 소견'을 받았는데 그것을 소비자가 잘못 이해해서 유병자보험에 가입할 때 그 사실을 알리지 않는 경우는 거의 없습니다. 다만 많은 소비자와 보험인이 '추가검사(재검사) 필요 소견을 받은 사실'의 의미를 이해하지 못해서 고지사항 질문표에 사실과 다르게 답변하고, 그래서 정작 보험금을 청구했을 때 고지의무 위반이 밝혀져 보험계약이 강제로 해지되는 일이 많습니다. 지금부터 이 질문이 무엇을 의미하는지 자세히 알아보겠습니다.

부 산 지 방 법 원
판 결

사건	2018가소510925 보험금
원고	A
피고	B 주식회사
변론종결	2018. 7. 10.
판결선고	2018. 7. 24.

이 사건 보험계약은 과거에 병력이 있거나 현재 만성질환으로 치료를 받는 사람 또는 보험에 가입하기 어려운 고령자 등을 대상으로 계약 심사 과정과 서류 등을 간소화한 이른바 간편심사보험에 해당하고, 간암 발생 가능성이 높은 비(B)형간염으로 진단받은 사실 자체는 고지의무 대상에 해당하지 않으며, 오히려 피고는 비형간염 진단을 받은 사람들도 가입할 수 있다는 취지의 광고까지 한 점, 원고와 같이 비형간염 진단을 받은 사람들은 간암이 발생할 가능성이 높기 때문에 주기적인 경과관찰을 필요로 하는 것이 일반적인데, 그와 같은 주기적인 경과관찰 필요 소견을 고지의무 대상에 해당하는 추가검사(재검사) 필요 소견으로 보기 어려운 점, 원고로서도 위와 같은 의사의 권유를 주기적인 검사의 권유로 의식한 것으로 보이는 점 등을 감안하면, 원고가 고지의무를 위반하였다고 보기 어렵다.

– 부산지방법원 2018. 7. 24. 선고 2018가소510925 판결

부산지방법원은 주기적인 경과 관찰 필요 소견을 '추가검사(재검사) 필요 소견'으로 보기 어렵다고 판단했습니다. 고지사항에서 말하는 '추가검사(재검사)'는 청약서에 있는 질문 항목 전체의 맥락을 고려해서 해석해야 합니다. '최근 3개월 이내에 의사로부터 진찰 또는 검사(건강검진 포함)를 통하여 입원 필요 소견, 수술 필요 소견 또는 추가검사(재검사) 필요 소견을 받은 사실이 있습니까?' 이 질문은 의사에게 진찰 또는 검사를 받았는데 그 결과로 추가검사 또는 재검사가 필요하다는 소견을 받았는지를 묻고 있는 것으

로 이해됩니다. 그렇다면 의사는 피보험자를 처음 진찰 또는 검사했을 때 어떤 병이 있는지 정확히 알았을까요? 알았다면 추가검사 또는 재검사를 할 필요가 없습니다. 바로 입원시켜서 치료하던가 수술을 했겠죠. 의사는 지금 자신이 진찰 또는 검사한 사람 몸에 질병이 의심되는 소견은 있는데 그 질병명을 특정할 수가 없어서 추가로 검사하거나 재검사를 하려고 하는 것입니다. 어떤 병인지 정확히 알아야 치료를 시작할 수 있으니까요.

서 울 중 앙 지 방 법 원
제 1 민 사 부
판   결

사건	2015나67009 보험금
원고,항소인	A
피고,피항소인	삼성화재해상보험 주식회사
제1심판결	서울중앙지방법원 2015. 11. 11. 선고 2014가단5216617 판결
변론종결	2016. 4. 15.
판결선고	2016. 5. 20.

이 사건 '계약 전 알릴 의무사항' 제7항은 최근 1년 이내에 의사로부터 진찰 또는 검사를 통하여 추가검사(재검사)를 받은 사실이 있는지를 묻고

있는 바(갑5), 평균적인 일반인의 이해가능성을 기준으로 바라보면, '추가검사'는 어느 하나의 검사를 한 후에 그 결과에 따라 보다 정확한 진단을 위해 다른 종류의 검사를 받는 경우로, '재검사'는 어느 하나의 검사를 한 후에 그 결과에 따라 다시 같은 종류의 검사를 받는 경우로 이해되는 것으로 보이고, 원래 최초의 검사(진료)와 추가검사·재검사 사이에는 어느 정도의 시간적 간격을 둔 것으로 이해되는 것으로 보인다. 더구나 이 사건 '추가검사'의 의미를 '의사로부터 문진 등을 받고 질병의심 소견 등에 의해 추가적으로 검사를 받는 일체의 경우'라고 확대하여 해석한다면, 사실상 병원에서 의사의 간단한 문진 후에 의사의 지시에 따라 그 일련의 절차에 따라 실시하는 검사는 추가검사로 확대해석되어 보험계약자에게 지나치게 불리하게 해석될 우려가 있기도 하다.

– 서울중앙지방법원 2016. 5. 20. 선고 2015나67009 판결

서울중앙지방법원 제1민사부는 보험 가입자 A씨와 삼성화재해상보험 주식회사 사이에 진행된 2심재판에서 '추가검사(재검사)'의 의미를 이렇게 판단했습니다. 어느 하나의 검사를 한 후에 '보다 정확한 진단을 위해' 다른 종류의 검사를 받을 때 추가검사, 어느 하나의 검사를 한 후에 '보다 정확한 진단을 위해' 같은 종류의 검사를 받을 때 재검사라고 본 것이죠. 이 재판 속 소비자가 가입한 보험은 간편심사보험이 아닙니다. 그래서 청약서 고지사항도 간편심사보험의 그것과 조금 다릅니다. 하지만 '추가검사(재검사)'는 간편심사보험과 일반심사보험 고지사항에서 같은 의미로 사

용되고 있습니다. 굳이 다른 점이 있다면 일반심사보험에서는 '추가검사(재검사)'를 받았는지 물어보는 것이고, 간편심사보험에서는 '추가검사(재검사)'가 필요하다는 소견을 받았는지 물어볼 뿐입니다.

> 최근 3개월 이내에 의사로부터 진찰 또는 검사(건강검진 포함)를 통하여 입원 필요 소견, 수술 필요 소견 또는 추가검사(재검사) 필요 소견을 받은 사실이 있습니까?

간편심사보험의 고지사항

> 최근 1년 이내에 의사로부터 진찰 또는 검사(건강검진 포함)를 통하여 추가검사(재검사)를 받은 사실이 있습니까?

일반심사보험의 고지사항

서울중앙지방법원 제1민사부의 이와 같은 판단은 지연손해금 부분을 제외한 나머지 쟁점 모두 대법원(대법원 2016. 10. 13. 선고 2016다228475 판결)에서 그대로 인정됩니다. 따라서 서울중앙지방법원이 청약서 고지사항에서 언급하는 '추가검사(재검사)'에 대해 내린 해석은 존중되어야 합니다. 대법원의 입장이기도 하니까요. 그래서 대법원의 이런 해석 기준이 반영된 판결과 조정결정이 많이 나오고 있습니다. 다음 조정결정도 그중 하나입니다.

[보험] 소비자분쟁조정위원회 2020일나845 | 결정 2020.6.25.

고지의무 위반을 이유로 해지된 보험계약의 원상회복

① 이 사건 보험계약은 속칭 유병자보험으로 고혈압, 당뇨병 등 만성질 환이 있더라도 보험청약서의 알릴의무사항에 해당하는 내용이 없으 면 보험계약체결이 가능한데, 만성질환으로 치료받은 사람의 다수가 정기적으로 검사를 시행받고 질환의 진행 정도를 파악하고 있는 것을 고려하면, 정기검사의 일환으로 이루어진 검사를 '추가검사' 또는 '재 검사'에 해당한다고 엄격하게 해석하는 것은 유병자보험의 취지에도 부합하지 아니하고, 보험계약자에게 지나치게 불리한 해석이라고 보 이는 점.

② 청약서상 알릴의무 사항의 '추가검사'는 어느 하나의 검사를 한 후에 그 결과에 따라, 보다 정확한 진단을 위해 다른 종류의 검사를 받는 경우로, '재검사'는 어느 하나의 검사를 한 후에 그 결과에 따라 다시 같은 종류의 검사를 받는 경우로 이해할 수 있는데, 소비자는 이 사건 보험계약 체결 전인 2016. 2.경부터 ◇◇시보건소에서 고혈압, 당뇨 병, 고지혈증으로 약물치료를 계속적으로 받아오며 주기적으로 당화 혈색소 측정 등 혈당을 검사받았고, 보험계약 체결 약 1개월 전 2018. 6. 11.에 시행한 검사도 이와 같은 정기검사의 일환으로 시행 받은 것 이어서 해당 일자의 검사를 '추가검사' 또는 '재검사'에 해당된다고 보 기는 어려운 점.

<중략>

이를 종합하면 주치의는 2018. 6. 11. 진료당시 소비자의 정기혈액검사 소견을 확인하고 검사여부를 고려하려 하였으나 특별한 이상이 없어 1달 후 추가검사 또는 재검사를 시행하지 아니한 것으로 추정되고, 소비자가 2018. 6. 11. 진료당시 또는 이 사건 보험계약 체결 당시 추가검사 또는 재검사 소견을 받았다고 단정하기에는 무리가 있는 점 등을 고려하면 소비자가 보험계약 체결 3개월 전 고지의무 대상에 해당하는 중요한 사항이라 추정되는 '추가검사' 또는 '재검사' 소견을 받았다고 인정하기에는 부족하고, 청약서상 질문표 작성 당시 소비자에게 고의 내지 중과실이 있었다고 단정하기는 어려운 바, 사업자는 「상법」 제651조의 고지의무 위반을 이유로 이 사건 보험계약을 해지하는 것은 부당하다고 할 것임.

– 소비자분쟁조정위원회 2020. 6. 25. 결정. 2020일나845

위 조정결정의 해당 소비자는 3·2·5 간편심사보험에 가입하기 전 이미 당뇨와 고혈압 그리고 고지혈증으로 진단받아 보건소에서 약물치료를 받고 있었습니다. 이런 만성질환자들은 대부분 한 달에 한 번 의료기관을 찾아 상태가 잘 관리되고 있는지 진료받고 약을 처방받습니다. 보험회사는 이런 분들에게 유병자보험을 판매하면서 약 복용에 대해서는 청약서 고지사항을 통해 물어보지 않으므로 만성질환자들도 쉽게 보험에 가입할 수 있습니다. 그런데 이 소비자들이 보험금을 청구하면 조사를 한 후 이 만성질환자들이

한 달에 한 번씩 의료기관에서 진료를 받고 처방받은 것을 '추가검사(재검사) 필요 소견을 받은 것'이라고 주장하며 보험계약을 강제로 해지하는 사례가 많습니다. 소비자분쟁조정위원회는 위에서 살펴본 대법원의 시각처럼 이 소비자가 한 달에 한 번 의료기관에서 진료받고 처방받은 것은 '추가검사(재검사)'가 아니라 정기적인 검사, 즉 '추적 관찰'에 해당한다고 보았습니다.

그렇다면 어떤 때가 간편심사보험 청약서에서 물어보는 '최근 3개월 이내에 의사로부터 진찰 또는 검사(건강검진 포함)를 통하여 추가검사(재검사) 필요 소견을 받은 사실이 있습니까?'에 해당할까요? 보통의 경우 갑자기 몸이 아프면 동네 의원부터 찾아가서 진료를 받습니다. 어떤 병이 있는지도 모르는데 무턱대고 종합병원을 찾는 사람은 거의 없으니까요. 그런데 진료한 의사가 직접 치료해주지 않고 큰 병원에 가보라며 진료의뢰서 또는 소견서 등을 써주는 경우가 있습니다. 바로 이 상황이 간편심사보험 청약서에서 물어보는 '추가검사(재검사) 필요 소견을 받은 것'입니다.

조금만 움직여도 숨이 차다며 진료를 받으러 온 환자를 진찰 또는 검사한 동네 의원의 의사는 환자에게서 심혈관질환이 의심되는 정황을 확인했습니다. 하지만 이 의사는 가정의학과 의사이기도 하고 전문 검사장비도 없어서 심혈관질환에 대해서는 정확한 진단을 할 수 없습니다. 이런 때 이 의사가 해야 할 가장 적절한 조치는 진료의뢰서나 소견서를 써주고 빨리 큰 병원으로 보내서 정밀검사를 받게 하는 것입니다. 이렇게 의사에게 진찰 또는 검사를 받은 후 큰 병원에 가보라는 진료의뢰서를 받았다면, 간편심사보험 청약서 고지사항에서 물어보는 '추가검사(재검사) 필요 소견을 받은 것'입니다. 그러니 그런 일이 간편심사보험에 가입하려는 날로부터 3개월 이내에 있었다면 사실대로 고지해야만 합니다(만약 고지하기 싫다면 3개월이 지나서 청약하면 됩니다).

이렇듯 '추가검사(재검사)'와 '추적 관찰'은 완전히 다릅니다. 질병 의심 소견은 있지만 어떤 병인지 정확히 확인하기 위해서 하는 것이 '추가검사(재검사)'이고, 의사가 이미 환자의 건강 상태(또는 질병)를 알고 있는데 그 정도를 확인하기 위해서 정기적으로 검사하고 진찰하는 것은 '추적 관찰'입니다. 이 두 가지 개념이 의료 현장에서는 복잡하게 뒤섞일 수 있어서 보험금 심사 담당자들의 판단을 어렵게 하고 있지만, 최근 그들이 보이는 행태를 보면 '추적 관찰'을 일단 무조건 '추가검사(재검사)'로 간주해서 고지의무 위반 여부를 판단합니다. 그랬다가 소비자 측이 판례 등을 제시하며 강하게 항의하면 그제야 조금이라도 고민하는 모습을 보일 때가 많습니다. 무지에서 나오는 그들의 확신이 안타깝고, 걱정됩니다.

 약관 읽어주는 남자의 한마디

보험금을 심사하고 고지의무 위반 여부도 판단하는 보험회사 최고 전문가들이 판례와 조정결정도 학습하지 않아서 '추적 관찰'과 '추가검사(재검사)'도 구분하지 못한다니 매우 유감입니다. 이런 사실을 소비자들이 알면 어떤 반응을 보일까요? 유병자보험(간편심사보험)에 가입하고 싶어 할까요? 기껏 유병자보험에 가입했다가 '추적 관찰'을 '추가검사(재검사)'로 판단한 보험금 심사 담당자에 의해 보험계약이 강제로 해지된 수많은 소비자는 누가 책임져야 할까요. 그래서 받아야 할 보험금도 못 받았다면 그 손해는 누가 배상해줘야 할까요?
이 땅의 보험소비자들은 도대체 언제까지 보험금 심사 담당자의 양심에 호소해야 하는 걸까요? 이제는 그분들이 판례와 조정결정을 공부해서 보험금 심사에 반영하는 것도 소비자가 요청하고 호소해야 합니까? 금융감독당국에 묻습니다. 판례와 조정결정을 보험금 심사에 반영하지 않는 보험회사를 도대체 언제까지 지켜보기만 할 생각입니까?

장해보험금의 지급사유는
장해진단이 아닙니다

　　장해분류표는 그 내용이 매우 방대하고 전문적이어서 보
험소비자들은 어떤 상황일 때 장해보험금을 받을 수 있는지, 또 어
떻게 청구해야 하는지 알기 어렵습니다. 그래서 장해보험금은 소
비자가 몰라서 못 받는 가장 대표적인 보험금입니다. 장해보험금
은 적절한 청구 시기를 판단하기도 어렵습니다. 환자의 장해상태
는 계속 변할 수 있기에 언제 장해진단을 받고 보험금을 청구하는
지에 따라 더 많은 장해보험금을 받기도 하고, 아예 받지 못할 수
도 있습니다.

　　그런데 '안구의 운동장해 판정은 질병 또는 외상 후 1년 이상 지
난 뒤 그 장해 정도를 평가한다'라든지, '뇌졸중, 뇌 손상, 척수 및
신경계의 질환 등은 발병 또는 외상 후 12개월 동안 지속해서 치료
한 후에 장해를 평가한다'라는 장해분류표의 규정처럼 어떤 종류
의 장해는 그것을 평가하는 시점에 대해서 약관에 명확하게 정해
놓았지만, 대부분은 장해를 언제 평가하면 되는지 정해 놓지 않았

습니다. 왜냐하면 어떤 장해는 사고나 질병이 발생한 직후 바로 장해가 확정되어서 그 정도를 평가할 수 있지만, 또 어떤 경우는 아주 오랜 시간이 지나도 장해가 확정되지 않을 수도 있기 때문입니다.

그래서 장해 관련 특약의 약관을 보면 다음과 같이 장해보험금 지급에 관한 일반 규정을 만들어 놓고 각 신체 부위별로 별도로 기준을 정해 놓지 않았을 때는 이 규정을 적용하고 있습니다.

제4조(보험금 지급에 관한 세부규정)

② 제1항 및 제3조(보험금의 지급사유)에서 장해지급률이 재해일 또는 질병의 진단확정일부터 180일 이내에 확정되지 않는 경우에는 재해일 또는 진단확정일부터 180일이 되는 날의 의사진단에 기초하여 고정될 것으로 인정되는 상태를 장해지급률로 결정합니다. 다만, 장해분류표에 장해판정시기를 별도로 정한 경우에는 그에 따릅니다.

③ 제2항에 따라 장해지급률이 결정되었으나 그 이후 보장받을 수 있는 기간(특약의 효력이 없어진 경우에는 보험기간이 10년 이상인 특약은 재해일 또는 진단확정일부터 2년 이내로 하고, 보험기간이 10년 미만인 특약은 재해일 또는 진단확정일부터 1년 이내)에 장해상태가 더 악화된 때에는 그 악화된 장해상태를 기준으로 장해지급률을 결정합니다.

④ 제1항에서 "동일한 재해"의 경우 하나의 사고로 인한 재해를 말합니다.

한 생명보험계약의 재해장해특약 약관 중에서 발췌

위 규정을 보면 알 수 있듯이 사고가 발생하거나 질병이 진단확정된 후에도 오랫동안 장해상태가 고정되지 않을 수도 있으므로, 그럴 때는 사고가 발생한 날 또는 질병의 진단확정일로부터 180일이 되는 날에 전문의가 판단해서 앞으로 영구히 고정될 것으로 인정되는 상태를 장해지급률로 결정할 수 있습니다. 그런데 장해지급률이 결정되었지만, 그 후 만기 또는 실효 등으로 특약의 효력이 없어진 때에는 재해가 발생한 날 또는 질병의 진단확정일에서 2년

이내(보험기간이 10년 미만인 특약은 1년 이내)에 장해상태가 더 악화되면 그 악화된 장해상태를 기준으로 장해지급률을 재평가해서 장해보험금을 추가로 지급합니다. 그런데 현실에서는 이런 일반 규정을 적용할 수 없는 상황이 종종 발생합니다.

2016년 9월 9일 비닐하우스에서 오이를 키우던 농민이 하우스 주변의 잡초를 제거하기 위해 예초기 작업을 하던 중 눈을 다쳤습니다. 예초기 칼날에 튄 파편이 농민의 오른쪽 눈에 박히는 사고였는데요. 이 농민은 사고 직후 병원에서 '안구 내 이물질, 초자체 출혈, 공막 및 결막의 열상'이라는 진단을 받고 '오른쪽 안구의 공막 및 결막 봉합술, 유리체절제술 및 인공수정체 홍채 고정술' 등을 받았습니다. 약 일주일 후 퇴원하였으며 그때부터 2020년 12월 28일까지 약 4년 3개월 동안 23회 통원 치료를 받았습니다.

병원 기록을 보면 이 농민의 오른쪽 눈 시력은 사고를 당한 날부터 2018년 2월 8일까지 지속해서 '안전수동' 상태였고, 2019년 5월 16일에는 '광각무' 상태라는 장해진단을 처음으로 받았습니다. '안전수동'이란 '물체를 감별할 정도의 시력상태는 아니지만 눈앞에서 손의 움직임은 식별할 수 있을 정도의 시력상태'를 말하며 장해분류표에서 35%의 장해지급률이 인정됩니다. '광각무'는 '시력을 잃고 빛을 구분하지 못하는 상태'를 말하는데 장해분류표에서 50%의 장해지급률이 인정됩니다.

II. 장해분류별 판정기준

1. 눈의 장해

가. 장해의 분류

장해의 분류	지급률
1) 두 눈이 멀었을 때	100
2) 한 눈이 멀었을 때	50
3) 한 눈의 교정시력이 0.02이하로 된 때	35

나. 장해판정기준

3) "한 눈이 멀었을 때"라 함은 안구의 적출은 물론 명암을 가리지 못하거나("광각무") 겨우 가릴 수 있는 경우("광각유")를 말한다.

4) "한눈의 교정시력이 0.02이하로 된 때"라 함은 안전수동(Hand Movement)[주1], 안전수지(Finger Counting)[주2] 상태를 포함한다.

※ 주1) 안전수동 : 물체를 감별할 정도의 시력상태가 아니며 눈 앞에서 손의 움직임을 식별할 수 있을 정도의 시력상태

2020년 8월 현재 보험약관에서 사용하고 있는 장해분류표

그런데 이 농민은 한 생명보험 회사와 2016년 7월부터 농어업인 안전재해보험을 체결하고 있었습니다. 이런 정책성 보험은 보험료의 50% 이상을 지방자치단체나 정부가 지원해줍니다. 또한 대부분 1년 만기 상품이라서 이 보험에 가입한 소비자들은 자신이 어떤 보장을 받을 수 있는지도 모르고 있는 경우가 많습니다. 사고를 당한 농민은 이 보험상품을 통해 장해보험금을 청구할 생각을 하지 못하다가 사고가 발생한 지 4년 3개월이 지난 2020년 12월 31일에서야 해당 보험회사에 재해장해급여금을 청구했습니다. 그런데 해당 보험회사는 앞에서 살펴본 장해지급률 결정에 관한 일반규정을 제시하며 보험금 지급을 거부했습니다.

장해보험금은 언제 청구할 수 있는 거지?

　약관의 일반 규정에 따르면 보험기간 중에 장해지급률이 결정되고 그 후 보험기간의 만료 등으로 보험계약의 효력이 없어진 후에 장해상태가 더 악화된 경우에는 재해일(사고 발생일)에서 1년 이내(보험기간이 10년 미만이므로)에 악화된 장해상태를 기준으로 장해지급률을 재산정할 수 있지만, 이 농민은 보험기간이 만료되고 1년 이내가 아니라 1년 10개월이 지난 후에 최초로 '광각무'라는 장해진단을 받았으므로 보험금을 지급할 책임이 없다고 보험회사는 주장했습니다. 결국 해당 농민은 2021년 4월 20일 금융감독원에 분쟁조정신청을 했고 금융분쟁조정위원회가 이 사안을 다뤘습니다.

　해당 보험회사는 약관을 전체적으로 이해하지 않고 일반규정을 자의적으로 해석해서 장해보험금 지급을 거부했지만, 금융분쟁조정위원회는 다른 판단을 내렸습니다. 2014년 7월에 나온 대법원

판례를 인용하면서 약관에서 정하고 있는 '장해보험금의 지급사유'가 '장해의 진단확정'이 아니라 '장해상태가 된 것'임을 분명히 했습니다.

대 법 원
판 결

사건	2013다43956, 2013다43963 채무부존재확인·보험금
원고(반소피고),피상고인	동부화재해상보험 주식회사 (소송대리인 법무법인 소명 담당변호사 전재중 외 7인)
피고(반소원고),상고인	피고

이 사건 보통약관 제24조 제1항은 '사고일로부터 180일 내에 신체 일부를 상실하거나 그 기능을 영구히 상실할 것'(이하 신체 일부 또는 그 기능의 영구적 상실을 '장해'라고 한다)을 후유장해보험금의 지급사유로 규정하고 있을 뿐 장해의 진단확정까지 위 기간 내에 이루어질 것을 요구하고 있지 않으므로, 이 사건 사고와 상당 인과관계가 있는 장해로서 사고일로부터 180일 내에 발생한 장해이기만 하면 이에 대하여 후유장해보험금을 지급할 의무가 발생하고 그 진단확정은 위 180일은 물론 보험기간이 지난 후에 이루어져도 무방하다고 할 것이고, 다만 같은 조 제2항의 규정에

따라 사고일로부터 180일 내에 발생한 장해가 보험기간 중 더 악화된 경우에는 보험기간 내 악화된 장해상태를 기준으로 후유장해지급률을 결정하여야 한다고 해석함이 상당하다.

- 대법원 2014. 7. 24. 선고 2013다43956, 43963 판결

이 판결 속 사건의 경위는 다음과 같습니다. 어떤 사람이 한 손해보험회사와 상해보험계약을 체결했습니다. 이 계약의 보험기간은 2007년 6월 9일까지입니다. 그런데 이 사람이 2005년 5월 7일 버스에서 내리던 중 완전히 내리기도 전에 버스가 출발하면서 좌측 무릎 관절을 다쳤고 그 이후 다친 부위에 복합부위통증증후군이 발생했습니다. 이때부터 좌측 다리 기능의 장해가 시작되었는데, 그 후 상태가 계속 악화되어서 보험기간이 끝난 뒤인 2008년 12월 2일 신체 감정을 통하여 '좌측 하지 전체 및 좌측 상지 일부에 있는 통증으로 말미암아 좌측 하지의 기능이 하지 절단 후 보조기를 착용한 환자보다 못한 상태이므로 맥브라이드 장해평가 방법을 준용하면 노동능력상실률은 40%로 판단된다'라는 진단을 받았습니다. 장해진단을 받은 후 관련 보험금을 청구하자 보험회사는 보험기간이 만료된 이후에 장해진단을 받았으므로 장해보험금을 지급할 수 없다며 소비자에게 오히려 채무부존재확인소송을 걸었습니다.

당시 대법원은 해당 보험약관에서 정하고 있는 후유장해 보험금의 지급사유는 '사고일로부터 180일 이내에 장해상태가 된 것'이

지 '장해로 진단확정된 것'이 아님을 지적했습니다. 즉 사고일에서 180일 이내에 피보험자가 장해상태가 되기만 하면 후유장해 보험금의 지급사유가 발생한 것이고, 장해의 진단확정에 대해서는 별다른 기한을 정하고 있지 않으므로 보험기간이 지난 후에 장해진단이 이루어져도 상관없다는 것입니다. 실제로 사고나 질병이 발생하고 꾸준히 치료하면서 오랜 시간이 지난 이후 장해진단을 받고 장해보험금을 청구하는 경우를 종종 볼 수 있습니다. 환자의 상태는 사고나 질병이 발생한 직후부터 보험약관에서 정하는 장해상태이기는 했지만, 장해진단은 더 이상 치료 효과가 없다고 판단되는 시점에 내려지는 때가 많습니다. 이런 상황에도 보험기간 중에 장해진단을 받지 않았다는 이유만으로 장해급여금을 받을 수 없다면 소비자에게 너무 불리하므로 대법원은 위와 같은 판단을 한 것입니다.

금융분쟁조정위원회는 이 대법원판결을 인용하면서 예초기 사고로 눈을 다친 농민이 가입한 농어업인안전재해보험의 약관에서 재해장해급여금의 지급사유로 정하고 있는 기준이 위 대법원판결 속 상해보험 약관의 그것과 별반 다르지 않음을 지적합니다. 해당 약관에서는 보험기간 중 재해로 인하여 피보험자가 3~100%의 '장해상태가 되었을 때' 재해장해급여금을 지급한다고 밝히고 있습니다. 앞의 판례 속 보험약관과는 다르게 사고일로부터 180일 이내에 장해상태가 되어야 한다는 조건도 없습니다. 보험기간 중에 사고로 인하여 장해상태가 되기만 하면(장해의 진단확정이 아니라) 재해장해급여금의 지급사유를 충족한다는 의미입니다.

농어업인안전재해보험 약관 중 '보험금의 지급사유'

즉, 약관에서 정하고 있는 재해장해급여금의 지급사유는 '장해의 진단확정'이 아니라 '장해상태가 되었을 때'입니다. 그런데 얼마의 장해급여금을 지급할지 결정하기 위해서는 몇 %의 장해지급률에 해당하는지를 확인해야 합니다. 그것은 장해의 진단확정을 통해 할 수 있는데, 그 진단확정은 약관에서 특별히 정해 놓은 기간이 없으니 보험기간이 만료된 후에 이루어져도 상관없다는 뜻입니다. 재해장해급여금의 지급사유는 '보험기간 중에 장해상태가 되었을 때'이지 '보험기간 중에 장해로 진단확정까지 받는 것'이 아님을 명확히 한 것입니다.

눈을 다친 농민은 사고 직후부터 보험기간 동안 계속해서 '안전수동'이라는 장해상태였습니다. 그리고 보험기간이 만료된 이후에 최종적으로 '광각무'라는 장해진단을 받았습니다. 이에 대해 보험회사는 해당 약관 제10조 3항에서 '보험계약의 효력이 없어진 경우에는 재해일로부터 1년 이내에 장해상태가 더 악화한 경우 그 악화한 장해상태를 기준으로 장해지급률을 결정한다'라고 되어 있다며, 예초기 사고로 눈을 다친 농민도 중간에 보험계약기간의 만료로 그 효력이 없어졌으니 재해일에서 1년 이내에 장해진단을 받아야 했는데, 그 기간을 한참이나 지나서 장해진단을 받았으니 장해급여금을 지급할 책임이 없다는 주장도 했습니다.

제10조 【보험금 지급에 관한 세부규정】

② 제9조(보험금의 지급사유) 제3호에서 제8호까지 장해지급률이 농업작업안전재해일 또는 농업작업안전질병의 진단확정일부터 180일 이내에 확정되지 않는 경우에는 농업작업 안전재해일 또는 농업작업안전질병의 진단확정일부터 180일이 되는 날의 의사 진단에 기초하여 고정될 것으로 인정되는 상태를 장해지급률로 결정합니다. 다만, 장해분류표 ([별표 4] 참조)에 장해판정시기를 별도로 정한 경우에는 그에 따릅니다.

③ 제2항에 따라 장해지급률이 결정되었으나 그 이후 보장을 받을 수 있는 기간(계약의 효력이 없어진 경우에는 농업작업안전재해일 또는 농업작업안전질병의 진단확정일부터 1년 이내)에 장해상태가 더 악화된 때에는 그 악화된 장해상태를 기준으로 장해지급률을 결정합니다.

농업인안전재해보험 약관 중 '보험금 지급에 관한 세부규정'

금융분쟁조정위원회는 보험회사의 이 주장이 해당 약관 제10조 3항을 잘못 해석한 것임을 지적합니다. 해당 약관 제10조 2항은 장해지급률이 농업작업안전재해일부터 180일 이내에 확정되지 않을 때에는 180일이 되는 날의 의사 진단에 기초해서 고정될 것으로 인정되는 상태를 장해지급률로 결정한다고 정하고 있습니다. 또한

해당 약관 제10조 3항은 '2항에 따라 장해지급률이 결정되었으나' 그 이후 계약의 효력이 없어진 경우에는 농업작업안전재해일부터 1년 이내에 장해상태가 악화한 경우에 그 악화한 장해상태를 기준으로 최종 장해지급률을 결정한다고 정하고 있습니다.

그런데 눈을 다친 이 농민의 경우는 농업작업안전재해일부터 180일이 되는 날에는 치료에 전념하느라 의사에게 장해진단을 받지 않았고, 그래서 보험기간 중에는 장해지급률이 결정되지 않았습니다. 제10조 2항대로 진행되지 않은 것이죠. 그러니 제10조 2항을 전제로 하는 제10조 3항은 이 농민의 경우에 적용할 수 없다는 것이 금융분쟁조정위원회의 판단입니다.

이렇게 사안을 꼼꼼히 살펴본 금융분쟁조정위원회는 최종적으로 보험회사가 광각무(장해지급률 50%)에 해당하는 재해장해급여금을 지급해야 한다는 조정결정을 내립니다.

금 융 분 쟁 조 정 위 원 회

조 정 결 정 서

조정일자 : 2021. 7. 19.

조정번호 : 제2021 - 14호

안 건 명   보험계약 종료 후 장해진단 시 재해장해급여금 지급 여부

신 청 인   X

피 신 청 인   Y생명보험㈜

이 사건에서 신청인은 2016. 9. 9. 농업작업 중 사고로 인해 우안에 상해를 입고 수술을 받은 후 장해상태가 되었고, 그 증상이 고정되지 않은 상황에서 지속적으로 치료를 받던 중 2019. 5. 16. 우안시력이 광각무로 최초 진단확정 되었으므로 신청인이 이 사건 보험계약의 보험기간이 만료된 이후 농업작업안전재해일로부터 4년을 경과하여 장해진단을 받았다는 이유로 보험금을 지급할 책임이 없다는 피신청인의 주장은 받아들일 수 없다.

– 금융분쟁조정위원회 조정결정 2021. 7. 19. 제2021-14호

이 분쟁조정결정은 중요한 의미를 갖습니다. 사고나 질병으로 장해를 입은 사람들을 보면, 치료에 전념하느라 장해진단을 받을 경황도 없고 또 설사 장해진단을 받으려고 해도 환자를 치료하는 의사들이 '아직 수술이나 재활치료도 다 끝나지 않았는데 무슨 장해진단을 하냐'며 장해진단을 해주지 않는 경우도 많습니다. 아무리 큰 사고를 당한 경우라도 사고일에서 180일 되는 시점에 의사가 자발적으로 장해진단을 내려주는 사례도 보지 못했습니다. 이런 의료 현실 속에서 보험약관도 모르고 관련 판례도 모르는 보험소비자들은 보험계약이 만기가 될 때까지도 장해진단을 받지 않고 있다가 보험회사로부터 장해급여금의 지급을 거부당하는 일이 많습니다.

그런데 2021년 7월 19일에 나온 분쟁조정결정(제2021-14호)은 재해장해급여금의 지급사유가 '보험기간 중에 장해상태가 되었을

때'이지 '보험기간 중에 장해로 진단확정까지 받는 것'이 아니므로 장해 진단확정은 보험기간이 만료된 후에 받아도 상관없다는 것을 다시 확인해준 결정입니다. 수많은 보험소비자들이 이 조정결정 덕분에 보호받을 수 있게 됐습니다.

혹시나 하는 노파심에 말씀드립니다. 장해보험금과 관련한 이 기준은 농어업인안전재해보험에만 적용되는 것이 아니라 현재 판매하고 있는 모든 생명보험계약과 손해보험계약에도 그대로 적용됩니다.

 약관 읽어주는 남자의 한마디

금융분쟁조정위원회에 박수를 보냅니다. 보험소비자를 보호하는 매우 중요한 분쟁조정결정을 내렸습니다. 하지만 아직도 대부분 보험소비자와 보험인은 이 조정결정의 존재 자체를 모릅니다. 언론에서 보도조차 하지 않기 때문입니다. 그런데 보험회사의 보험금 심사 담당자들은 이 조정결정을 알고 있을까요? 아마도 핵심 관리자들을 제외한 보험금 심사 담당자들은 이 조정결정을 모르고 있을 겁니다. 그러니 아직도 보험기간이 만료된 후 장해진단을 받으면 장해보험금 지급을 거부하는 것이겠죠.

금융분쟁조정위원회가 아무리 의미 있는 조정결정을 내놓아도 보험회사가 그 조정결정을 인정하고, 그것을 보험금 심사 기준에 적용하지 않는 한 보험소비자들은 여전히 보호받지 못합니다. 금융감독원은 정기적으로 보험회사의 업무를 검사합니다. 이미 판례가 나왔음에도 보험금 심사 기준에 반영하지 않아서 보험금 지급을 거부하는 사례를 많이 적발합니다. 그런데도 시정 권고에 그칠 뿐 보험회사가 떼먹은 보험금만큼 과태료나 과징금을 부과했다는 소식은 듣기 어렵습니다. 그러니 보험회사가 금융감독원을 우습게 아는 겁니다.

돈으로 죄지은 놈들에게는 돈으로 벌을 줘야 합니다. 그래야 무서워합니다.

⑤ 존엄사는 자살도 아니고 타살도 아닙니다

예전에는 더 이상 치료 효과를 기대할 수 없고, 단기간에 사망할 것이 예상되는 환자에게도 단지 임종 기간을 연장하기 위한 연명의료를 무조건 제공했습니다. 하지만 이제는 이런 연명의료를 거부하고 본인의 의지로 '존엄사'를 선택하는 사람들이 늘어나고 있습니다. 보건복지부의 최근 발표를 보면, 존엄사를 선택하는 사람들이 얼마나 많은지 알 수 있습니다.

보건복지부 보도참고자료 2021. 8월 11일 배포

  보건복지부는 2021년 8월 11일 배포한 보도자료에서 연명의료 결정제도 참여자가 100만 명을 돌파했다고 알렸습니다. 제도가 시행된 지 3년 6개월밖에 지나지 않은 시점임을 감안하면 국민들에게 매우 큰 호응을 얻고 있다고 볼 수 있습니다. 생을 마감하는 과정에서도 자기결정권을 존중하는 사회문화가 확산됐고, 무의미한 치료비로 자녀들에게 경제적인 고통을 남겨 주기 싫어하는 부모님들의 마음이 이 제도가 호응을 얻고 있는 이유라고 생각됩니다.

  연명의료결정제도는 이미 많은 나라에서 적극적으로 시행하고 있습니다. 대한민국에서는 그동안 관련 입법이 없어서 무의미한 연명의료를 중단하고 싶은 환자 본인이나 보호자의 요구에도 의료진은 그 요구를 들어줄 수 없었습니다. 생명유지의무를 위반하면 의사가 처벌받기 때문입니다. 상황이 이렇다 보니 병원은 환자의 생명이 얼마 유지되지 못할 것을 알면서도 연명의료를 계속 제공했고, 그에 따른 의료비 부담은 고스란히 가족에게 돌아갔습니다. 우리 사회가 고령사회로 진입하면서 이런 일은 점점 더 잦아졌습니다. 생을 마감하는 과정에서 사랑하는 가족에게 경제적 부담을 남기고, 존엄하게 죽을 수 있는 권리마저 박탈당해야 했던 우리의 삶은 2008년 '김 할머니 사건'이라 불리는 일을 통해 큰 변화를 겪게 됩니다.

2008년 70대 후반의 여성이 폐암 발병 여부를 확인하기 위해 세브란스병원에서 조직검사를 받던 중 과다 출혈로 심정지가 되면서 저산소성 뇌 손상을 입고 식물인간 상태가 되는 사고가 발생했습니다. 이 여성의 가족은 '평소 어머니께서 연명의료를 거부해오셨고, 정갈하게 삶을 마감하고 싶다는 생각을 자주 말씀하셨다며 인공호흡기를 제거해달라'라고 병원에 요구했습니다. 하지만 병원이 생명유지의무를 이유로 이 요구를 거부하자 가족은 병원을 상대로 인공호흡기를 제거해달라는 소송을 제기했습니다. 이 소송은 결국 2009년 5월 대법원에서 가족의 승소로 마무리되었고 그제야 인공호흡기는 제거되었습니다.

대 법 원
제 1 부
판 결

사 건	2015다9769 진료비
원고, 피상고인	학교법인 연세대학교
	소송대리인 변호사 최종백 외 2인
피고, 상고인	별지 피고 명단 기재와 같다.
	소송대리인 변호사 신현호 외 4인
원 심 판 결	서울서부지방법원 2015. 1. 23. 선고 2014나2536 판결
판 결 선 고	2016. 1. 28.

이미 의식의 회복가능성을 상실하여 더 이상 인격체로서의 활동을 기대할 수 없고 자연적으로는 이미 죽음의 과정이 시작되었다고 볼 수 있는 회복 불가능한 사망의 단계에 이른 후에는, 의학적으로 무의미한 신체침해 행위에 해당하는 연명치료를 환자에게 강요하는 것이 오히려 인간의 존엄과 가치를 해하게 되므로, 이와 같은 예외적인 상황에서 죽음을 맞이하려는 환자의 의사결정을 존중하여 환자의 인간으로서의 존엄과 가치 및 행복추구권을 보호하는 것이 사회상규에 부합되고 헌법정신에도 어긋나지 아니한다고 할 것이다.

그러므로 회복 불가능한 사망의 단계에 이른 후에 환자가 인간으로서의 존엄과 가치 및 행복추구권에 기초하여 자기결정권을 행사하는 것으로 인정되는 경우에는 특별한 사정이 없는 한 연명치료의 중단이 허용될 수 있다(대법원 2009. 5. 21. 선고 2009다17417 전원합의체 판결 참조)

– 대법원 2016. 1. 28. 선고 2015다9769 판결

대법원판결로 인공호흡기가 제거될 수 있었던 '김 할머니 사건'을 통해 연명의료 중단이 사회적 이슈로 등장했습니다. 그 후 2016년 2월 「호스피스·완화의료 및 임종과정에 있는 환자의 연명의료결정에 관한 법률」(이하 '연명의료결정법')이 제정되었습니다.

호스피스·완화의료 및 임종과정에 있는 환자의 연명의료결정에 관한 법률 (약칭: 연명의료결정법)

[시행 2018. 3. 27.] [법률 제15542호, 2018. 3. 27., 일부개정]

보건복지부 (생명윤리정책과 - 연명의료결정) 044 - 202 - 2942
보건복지부 (질병정책과 - 호스피스 완화의료) 044 - 202 - 2517

제1장 총칙

제1조(목적) 이 법은 호스피스·완화의료와 임종과정에 있는 환자의 연명의료와 연명의료중단등결정 및 그 이행에 필요한 사항을 규정함으로써 환자의 최선의 이익을 보장하고 자기결정을 존중하여 인간으로서의 존엄과 가치를 보호하는 것을 목적으로 한다.

'연명의료결정법'은 사람의 죽음과 직결된 법이기에 이 법의 제정과 시행으로 인해 보험약관에도 이 법의 입법 취지를 반영해야 했습니다. 환자가 연명의료를 거부하고 죽음을 받아들인다고 해서 그 행위를 고의적인 자살로 판단하거나, 사망에 이르게 된 원인을 판단하는 데 잘못된 영향을 미쳐서는 안 되기 때문입니다. 그래서 2018년 10월 1일부로 보험약관도 개정됐습니다.

[별표 15]

표준약관(제5-13조제1항관련)

□ **생명보험** <개정 2005.2.15., 2008.3.26., 2010.1.29. 2011.1.19., 2013.12.17.,
2014.12.26., 2015.8.31., 2015.12.29., 2018.3.2., 2018.7.10.>

제 2 관 보험금의 지급

② 「호스피스·완화의료 및 임종과정에 있는 환자의 연명의료 결정에 관한 법률」에 따른 연명의료중단등결정 및 그 이행으로 피보험자가 사망하는 경우 연명의료중단등결정 및 그 이행은 제3조(보험금의 지급사유) 제3호 '사망'의 원인 및 '사망보험금' 지급에 영향을 미치지 않습니다. <신설 2018.7.10.>

2018년 10월 1일 개정된 생명보험 표준약관

□ **질병·상해보험(손해보험 회사용)** <개정 2010.1.29., 2011.1.19., 2013.12.17.,
2014.12.26., 2015.8.31., 2015.12.29., 2018.3.2., 2018.7.10.>

제 2 관 보험금의 지급

② 「호스피스·완화의료 및 임종과정에 있는 환자의 연명의료 결정에 관한 법률」에 따른 연명의료중단등결정 및 그 이행으로 피보험자가 사망하는 경우 연명의료중단등결정 및 그 이행은 제3조(보험금의 지급사유) 제1호 '사망'의 원인 및 '사망보험금' 지급에 영향을 미치지 않습니다. <신설 2018.7.10.>

2018년 10월 1일 개정된 질병·상해보험 표준약관

　　생명보험 약관과 손해보험사가 판매하는 질병·상해보험 약관 모두 '연명의료결정법'에 따른 사망인 경우 사망의 원인을 판단하는 데 영향을 미치지 않음을 명확히 밝혔습니다. 즉, 말기 암환자가 연명의료를 중단하기로 해서 암에 대한 적극적인 치료뿐 아니라 연명치료까지 하지 않아 결국 사망한다고 하더라도, 이 사망을 고의에 의한 자살로 보지 않고 암에 의한 사망으로 인정한다는 뜻입니다. 마찬가지로 상해를 입어 위중한 상황에서 '연명의료결정법'에 따른 절차를 통해 연명의료 행위를 중단해서 결국 사망에 이르렀다고 하더라도, 그 사망을 고의적 자살이 아닌 상해에 의한 사망으로 인정하겠다는 취지입니다.

 약관 읽어주는 남자의 한마디

　　사는 동안 아프지 않으면 좋겠지만, 그게 마음대로 되지 않기에 사람들은 보험에 가입합니다. 그런데 보험은 존엄사를 선택하는 순간에도 제 몫을 합니다. 어떤 금융상품도 삶의 마지막까지 곁에서 지켜주지 못합니다. 오직 보험만이 그 일을 묵묵히 해냅니다. 보험은 마땅히 그런 것이어야 합니다.

6 그때는 아니었지만, 지금은 암이다?

2004년 한 대형 생명보험사에 CI 종신보험을 가입한 청년이 있었습니다. 그는 2008년에 '랑게르한스세포조직구증(Langer-hans cell histiocy) D76.0'이라는 진단을 받았습니다. 이 질병은 면역세포의 일종인 랑게르한스세포가 뼈, 피부, 폐 등의 장기에서 비정상적으로 종양성 증식을 하며 손상을 일으키는 희소 질환이며 최근에는 혈액암으로 분류되고 있지만, 2008년 당시에는 '행동양식불명 또는 미상의 신생물(보험약관에서는 경계성종양이라고 부름)'로 분류되고 있었습니다.

청년이 가입한 보험은 '행동양식불명 또는 미상의 신생물'에 대해 '경계성종양 진단 보험금'을 지급하는 상품인데요. 가입 당시 보험약관을 보면 '제4차 한국표준질병·사인분류'의 다양한 질병들 중에서 이 약관에 있는 '행동양식불명 또는 미상의 신생물 분류표'에 포함된 질병들에 대해서만 암진단금의 20%를 경계성종양 진단 보험금으로 지급합니다. 그런데 가입 당시 약관의 분류표에는 아래 그림처럼 '랑게르한스세포조직구증(Langerhans cell histiocytosis) D76.0'이 없었습니다.

행동양식불명 또는 미상의 신생물 분류표

약관에 규정하는 한국표준질병·사인분류에 있어서, 행동양식불명 또는 미상의 신생물로 분류되는 질병은 제4차 개정 한국표준질병·사인분류 (통계청 고시 제2002-1호, 2003.1.1 시행) 중 다음에 적은 질병을 말합니다.

분류항목	분류번호
1. 구강 및 소화기관의 행동양식 불명 또는 미상의 신생물	D37
2. 가운데 귀, 호흡기, 가슴내 장기의 행동양식불명 또는 미상의 신생물	D38
3. 여성생식기관의 행동양식 불명 또는 미상의 신생물	D39
4. 남성생식기관의 행동양식 불명 또는 미상의 신생물	D40
5. 비뇨기관의 행동양식 불명 또는 미상의 신생물	D41
6. 수막의 행동양식 불명 또는 미상의 신생물	D42
7. 뇌 및 중추신경계통의 행동양식 불명 또는 미상의 신생물	D43
8. 내분비샘의 행동양식 불명 또는 미상의 신생물	D44
9. 진성 적혈구 증다증	D45
10. 골수 형성이상 증후군	D46
11. 림프, 조혈 및 관련조직의 행동양식 불명 또는 미상의 기타 신생물	D47
12. 기타 및 상세불명 부위의 행동양식 불명 또는 미상의 신생물	D48

※ 제5차 개정 이후 한국표준질병·사인분류에 있어서 상기 질병 이외에 약관에서 정하는 질병이 있는 경우는 그 질병도 포함하는 것으로 합니다.

2004년 보험 가입 당시 CI 종신보험 약관

그러면 이 청년은 경계성종양 진단 보험금을 받을 수 없는 걸까요? 그렇지 않습니다. 청년이 가입한 보험약관을 자세히 살펴보면 '제5차 개정 이후 한국표준질병·사인분류에 있어서 상기 질병 이외에 약관에서 정한 질병이 있는 경우는 그 질병도 포함하는 것으로 합니다'라고 되어 있습니다.

행동양식불명 또는 미상의 신생물 분류표

약관에 규정하는 한국표준질병·사인분류에 있어서, 행동양식불명 또는 미상의 신생물로 분류되는 질병은 제4차 개정 한국표준질병·사인분류 (통계청 고시 제2002-1호, 2003.1.1 시행) 중 다음에 적은 질병을 말합니다.

분류항목	분류번호
1. 구강 및 소화기관의 행동양식 불명 또는 미상의 신생물	D37
2. 가운데 귀, 호흡기, 가슴내 장기의 행동양식불명 또는 미상의 신생물	D38
3. 여성생식기관의 행동양식 불명 또는 미상의 신생물	D39
4. 남성생식기관의 행동양식 불명 또는 미상의 신생물	D40
5. 비뇨기관의 행동양식 불명 또는 미상의 신생물	D41
6. 수막의 행동양식 불명 또는 미상의 신생물	D42
7. 뇌 및 중추신경계통의 행동양식 불명 또는 미상의 신생물	D43
8. 내분비샘의 행동양식 불명 또는 미상의 신생물	D44
9. 진성 적혈구 증다증	D45
10. 골수 형성이상 증후군	D46
11. 림프, 조혈 및 관련조직의 행동양식 불명 또는 미상의 기타 신생물	D47
12. 기타 및 상세불명 부위의 행동양식 불명 또는 미상의 신생물	D48

※ 제5차 개정 이후 한국표준질병·사인분류에 있어서 상기 질병 이외에 약관에서 정하는 질병이 있는 경우는 그 질병도 포함하는 것으로 합니다.

2004년 보험 가입 당시 CI 종신보험 약관

그러니까 가입 당시 약관의 분류표(제4차 한국표준질병·사인분류 적용)에는 없는 질병이더라도, 제5차 개정 이후(앞으로 개정되는) 한국표준질병·사인분류에서 '행동양식불명 또는 미상의 신생물'로 분류되는 질병이 있다면 그 질병에 대해서도 경계성종양 진단보험금을 지급하겠다는 뜻입니다. 실제로 2008년에 '랑게르한스세포조직구증'으로 진단받고 보험금을 청구한 이 청년은 해당 보험회사에서 암보험금의 20%를 경계성종양 진단금으로 받았습니다. 2008년 당시 사용되고 있던 한국표준질병·사인분류에서 이 질병을 경계성종양으로 분류하고 있었기 때문입니다. 여기까지는 아무런 문제가 발생하지 않았습니다. 문제는 이 청년이 2016년 추적 관찰을 위해 병원에서 몇 가지 검사 후 다시 진단서를 받았을 때 발생했습니다.

해당 진단서에는 2008년 치료 이후 재발하지 않고 안정적인 상태가 유지되고 있다는 주치의 의견과 '랑게르한스세포조직구증(Langerhans cell histiocytosis)'이라는 병명이 그대로 적혀 있었습니다. 그런데 이상한 점이 발견됐습니다. 질병분류코드가 'D76.0'이 아니라 'C96.6'으로 바뀌어 있었습니다. C로 시작하는 질병코드는 한국표준질병·사인분류에서 '악성신생물', 즉 암에 부여하는 코드입니다. 그러니까 진단서의 질병명은 그대로이지만 질병분류코드는 이 질병이 '행동양식불명 또는 미상의 신생물'이 아니라 '악성신생물', 즉 암이라고 말하고 있었습니다. 놀란 청년이 의사에게 물어보니 의사는 청년을 안심시키며 다음과 같은 설명을 해줬습니다. '랑게르한스세포조직구증'을 예전에는 '행동양식불명 또는 미상의 신생물'로 분류했는데 제6차 한국표준질병·사인분류가 적용된 2011년 1월 1일 이후부터는 '악성신생물'로 분류하도록 그 기준이 변경됐다는 설명이었습니다. 그래서 진단서의 질병명은 '랑게르한스세포조직구증' 그대로였지만 분류코드는 'C96.6'으로 변경된 것이었습니다.

어쨌든 청년의 입장에서는 '암'이라는 진단서를 받았으므로 해당 보험사에 전화를 걸어 추가로 암보험금을 받을 수 있는지 물어봤습니다. 콜센터 직원은 심사를 통해 한 번 지급된 보험금은 나중에 다시 청구한다 하더라도 추가로 지급되지 않는다고 안내했습니다. 이 답변을 믿을 수 없었던 청년은 담당 설계사 A씨에게 도움을 요청했고, 설계사 A씨는 보험금 심사 부서 담당자와 통화하며 암보험금이 지급될 수 있는지 물었습니다. 보험금 심사 부서 담당자 역시 콜센터 직원과 같은 대답을 했습니다. 보험금 심사가 이미 완료된 건이라서 추가로 보험금을 지급할 수 없고, 보험금은 가입 당시 약관을 기준으로 심사하므로 '경계성종양 진단 보험금'을 받았으면 더 이상 받을 보험금이 없다고 말했습니다. 담당 설계사 A씨도, 청년도 보험회사의 일관된 답변에 더는 알아볼 생각을 하지 못했습니다.

그렇게 시간이 흘러 2018년 여름이 됐습니다. 청년도 '랑게르한스세포조직구증'의 재발 없이 건강하게 지내고 있었고, 그의 담당 설계사 A씨도 열심히 일하고 있었습니다. 그러던 어느 날 A씨는 보험약관을 가르치는 교육업체(약관교실WHY)에서 강의를 들었습니다. 그런데 그 강의를 통해 '랑게르한스세포조직구증'과 관련한 분쟁조정결정에 관해 배우고 깜짝 놀랐습니다. 자신의 고객과 똑

같은 상황인데 금융분쟁조정위원회는 암보험금을 추가로 지급하라는 결정을 내렸기 때문입니다. 그것도 2011년 5월에 말이죠.

금융분쟁조정위원회
조 정 결 정 서(안)

결정일자 : 2011. 5. 31.
조정번호 : 제2011-35호

1. 안 건 명 : 랑게르한스세포 조직구증의 다발성 소아암 인정 여부

2. 당 사 자

신 청 인 : 갑

피신청인 : 을 화재보험(주)

동 보험약관 '다발성 소아암 분류표' 하단에는 '제5차 개정 이후 한국표준질병·사인분류에 있어서 상기 질병 이외에 추가로 상기 질병 분류표에 해당하는 질병이 있는 경우에는 그 질병도 포함하는 것으로 합니다'라고 규정하고 있을 뿐 적용시점이 명확하지 아니하여 제5차 개정 이후에 추가로 담보내용에 포함되는 질병이 한국표준질병·사인분류 개정 이후에 발생한 것에 한하여 보상한다는 의미인지 아니면 본 건과 같이 한국표준질병사인분류 개정 이전에 이미 발생한 질병의 분류코드가 변경된 경우에도 소급하여 보상한다는 의미인지 약관의 뜻이 명확하지 아니하여 다의적으로 해석될 여지가 있으므로 작성자 불이익의 원칙에 따라 고객에

게 유리하게 해석할 필요가 있는 점.

- 금융분쟁조정결정 2011. 5. 3'. 제2011-35호

이 조정결정문을 보면 해당 소비자는 2010년 '랑게르한스세포조직구증(D76.0)'으로 진단받고 보험회사에서 경계성종양 진단 보험금 400만 원을 받았습니다. 그런데 2011년 1월 1일부터 한국표준질병·사인분류(이후 KCD라고 함)가 제6차 KCD로 개정되면서 해당 질병이 암(C96.6)으로 분류되자 2011년 1월 진단을 다시 받아 보험금 4600만 원(이 계약의 암진단보험금은 5000만 원입니다)을 추가로 청구했습니다. 보험회사는 암진단보험금 지급을 거부했지만, 금융분쟁조정위원회는 KCD가 변경되면 보험금을 심사할 때 새롭게 추가된 질병분류코드까지 포함하는 것으로 보고 보험금 해당 여부를 판단해야 한다고 결정했습니다.

이 조정결정문대로라면 청년에게 '보험금은 가입 당시 약관을 기준으로 심사하기 때문에 경계성종양 진단금을 받았으면 다 받은 것'이라고 말한 보험금 심사 담당자는 거짓말을 한 셈입니다. 설계사 A씨는 자신의 고객에게 이 같은 정황을 설명하고 다시 보험금을 청구하자고 권유했습니다. 당연히 받을 수 있는 보험금이었는데도 받지 못한 것에 대한 담당 설계사로서 느끼는 미안함 때문이었습니다.

A씨의 권유로 청년은 분쟁조정결정문까지 첨부해서 다시 암보험금을 청구했지만, 보험회사 측은 보험금을 추가로 지급할 수 없

다는 태도를 굽히지 않았습니다. 결국 청년은 금융감독원에 민원을 접수하고 6개월이 지나서야 금융감독원에서 회신서를 받았습니다. 금융감독원이 해당 보험회사에 물어봤더니 암에 해당하는 보험금을 추가로 지급하는 것이 맞지만, 이미 보험금청구권 소멸시효가 완성되어서 지급할 수 없다는 답변을 받았다며 각종 판례를 참작했을 때 해당 보험회사에 암보험금 지급을 강제할 수 없다는 내용이 적혀 있었습니다. 애초 보험금 심사 담당자가 청년에게 하던 이야기와 보험회사가 금융감독원에 답변한 이야기는 완전히 달랐습니다.

청년은 2016년에 병원에서 암으로 다시 진단받기 전까지는 자신이 암보험금을 청구할 수 있다는 사실조차 몰랐으므로 청구권 소멸시효가 문제될 거라고는 상상도 하지 못했습니다. 하지만 금융감독원이 보낸 회신서에는 '이 사건의 암보험금 청구권은 랑게르한스세포조직구증(D76.0)으로 진단받은 2008년이 아니라 한국표준질병·사인분류가 제6차 KCD로 개정되면서 해당 질병이 암(C96.6)으로 재분류된 2011년 1월 1일부터 발생하는 것이고, 그날로부터 2년(상법 662조 개정으로 2015년 1월 1일 이전에 체결된 보험계약이면 보험사고가 2015년 3월 12일 이전에 발생한 경우 보험금청구권 소멸시효는 2년을 적용하고, 그 이후에 발생하면 3년을 적용합니다) 이 훨씬 지난 2016년에 암보험금을 청구했으니 이미 암보험금에 대한 청구권 소멸시효가 완성되었다고 판단됩니다'라고 적혀 있었습니다.

청년은 보험회사와 금융감독원의 이와 같은 주장을 믿을 수 없어서 손해사정사와 변호사에게 조언을 받아봤지만, 각종 판례를 고려하면 금융감독원의 판단이 맞다는 이야기를 들을 수 있었습니다. 약관대로 하면 보험회사가 암보험금을 지급하는 것이 맞지만, 2011년 한국표준질병·사인분류가 개정됐다는 사실을 몰라서 암보험금을 제때 청구하지 않았다는 이유로 청년은 암보험금 수천만 원을 끝내 받을 수 없었습니다. '그때는 암이 아니고 지금은 암이 맞지만, 이런 변화를 몰랐던 소비자 잘못이니 당신은 보험금을 받을 수 없어!' 보험회사와 금융감독원의 이런 태도, 정말 옳은 걸까요?

약관 읽어주는 남자의 한마디

일반 보험소비자 중에서 '랑게르한스세포조직구증'이 어떤 질병인지 아는 사람은 없습니다. 아마도 이 병명조차 처음 들어보는 사람이 훨씬 더 많을 겁니다. 이 질병이 2011년부터 그전과는 다르게 혈액암의 한 종류로 인정되고 있음을 아는 사람 역시 거의 없습니다. 보험설계사들도 모릅니다. 보험회사에서 이런 내용을 전혀 배우지 못하기 때문이죠. 그래서 보험소비자와 그들의 담당 설계사는 2011년 이전에 '랑게르한스세포조직구증(D76.0)'으로 진단받은 사람이 2011년 1월 1일 이후 다시 보험금을 청구하면 암보험금을 받을 수 있다는 사실을 몰랐습니다. 모르니까 당연히 보험금을 청구하지 못하는 것이죠.

그런데 2011년 한국표준질병·사인분류가 변경되기 전에 '랑게르한스세포조직구증(D76.0)'으로 보험금을 청구했던 사람들을 해당 보험회사는 알고 있었습니다. 워낙 희소한 난치질환이라 그 수가 많지 않았을 겁니다. 그렇다면 암보험금 지급 기준에 이런 중대한 변화가 생긴 때에는 고객 보호 차원에서라도 이전에 보험금을 청구했다가 경계성종양 해당 보험금만 받은 고객들에게 연락해서 다시 보험금을 청구하도록 안내하는 것이 맞지 않을까요? 영리를 목적으로 운영하는 보험회사에 너무 무리한 바람인가요? 그렇다면 금융감독원이라도 이런 조치를 보험회사에 미리 강제했어야 하지 않을까요? 금융감독원이 그렇게까지 해야 하냐고요? 물론이죠. 그게 금융감독원의 설립 목적이니까요.

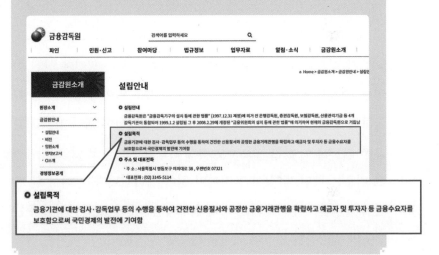

7 그때 가봐야 아는 보험

2014년 9월 개봉된 영화 〈메이즈 러너 (원제: The Maze Run-ner)〉가 생각납니다. 기억이 지워진 채 알 수 없는 공간에 갇힌 아이들. 그것만으로도 매우 혼란스럽고 두려운 일이지만, 그곳을 탈출하기 위해서는 미로 속으로 들어가 길을 찾아야 합니다. 하지만 그곳에는 알 수 없는 죽음의 존재가 이들을 기다리고 있고, 게다가 그 미로는 매일 밤 살아 움직이며 길이 달라집니다. 그래서 한 번 들어가면 살아서 나오기를 기대하기 어렵습니다. 불확실성이 주는 공포와 절망감이 얼마나 인간을 압도할 수 있는지 잘 보여준 작품입니다. 이처럼 불확실성은 기본적으로 인간을 불안하게 합니다. 그런데 불확실한 위험에 대비하기 위해 가입하는 금융상품인 보험이, 마치 영화 속 미로처럼 불확실성을 더 확대한다면 우리는 이것을 보험이라고 부를 수 있을까요? 이런 이상한 일이 2020년 4월 1일 대한민국에서 벌어졌습니다.

　금융감독원과 보험연구원, 보험회사들은 보험금 지급 평가기준에 있어서 '불확실성'을 더 확대하기로 의견을 모았습니다. 2020년 4월 1일 이후 판매한 보험상품은 보험금 지급 여부를 심사할 때 보험 가입 당시 약관에 반영된 '한국표준질병·사인분류(이하 KCD)'를 기준으로 하는 것이 아니라 진단 시점에 사용되고 있는 최신의 'KCD'를 기준으로 판단하도록 보험약관을 개정했습니다.

　한국표준질병·사인분류(Korean Standard Classification of Diseases, KCD)는 대한민국에서 의무기록자료 및 사망원인통계조사 등 질병이환 및 사망자료를 그 성질의 유사성에 따라 체계적으로 유형화한 것으로, 모든 형태의 보건 및 인구동태 기록에 기재되어 있는 질병 및 기타 보건문제를 분류하는데 이용하기 위하여 설정한 것이다.

　- 출처: 위키백과

현재 대한민국에서 판매하고 있는 생명보험, 암보험을 포함한 질병·상해보험, 실비보험 등 대부분의 보험상품들은 KCD를 기준으로 보험금을 지급하고 있습니다. 즉, 어떤 질병이나 사고(상해 또는 재해)가 보험금 지급 대상에 해당하려면 기본적으로 해당 약관에서 정하고 있는 KCD상의 분류코드(흔히 질병코드라고 부릅니다)와 맞아야만 합니다. 소비자가 의료기관에서 발급받은 진단서의 KCD코드가 가입하고 있는 해당 보험의 약관에서 보험금 지급 대상으로 정하고 있는 KCD코드와 일치하지 않으면 보험금을 받지 못하는 것이죠.

그런데 이 KCD는 계속해서 개정되어왔습니다. 질병이나 사고에 대한 분류코드가 달라지는 것이죠. 그럴 수밖에 없는 이유가 있습니다. 과학과 의학의 발전 속도가 점점 더 빨라지고 있습니다. 그래서 과거에는 잘 알지 못했던 질병의 정체에 대해 인류는 과거와는 비교할 수 없을 정도로 많은 정보를 얻고 있습니다. 그래서 대한민국 통계청은 약 5년에 한 번씩 KCD를 개정하고 있지만, KCD의 원본 데이터라 할 수 있는 ICD(국제질병분류)는 최근 1년마다 업데이트되고 있습니다. 그 정도로 의학 정보가 빠르게 변화하다 보니 10년, 20년 전 KCD는 최신 의학 정보와 괴리가 있을 수밖에 없습니다. 이런 점을 고려하면 KCD는 시간이 흐르면서 당연히 개정되는 것이 맞습니다. 그런데 이 당연한 개정이 보험이라는 영역으로 오면 골치 아픈 문제를 일으킵니다.

보험에 가입하면 가입 당시 통용되는 KCD를 기준으로 만든 약관이 소비자에게 제공됩니다. 그런데 보장성 보험의 보험기간은 대부분 수십 년이라서 보험에 가입한 직후뿐 아니라 10년, 15년 후에도 소비자가 아프거나 다치면 보험금을 지급해야 합니다.

그런데 다음과 같은 문제가 발생할 수 있습니다. 만약 보험 가입 후 10년이 지난 시점에 소비자가 어떤 질병으로 진단을 받았습니다. 그런데 진단받은 질병의 KCD 분류코드가 보험에 가입했던 당시(약관에 있는 KCD 코드)와 달라져 있다면 보험회사는 무엇을 기준으로 보험금 지급을 판단해야 할까요?

여기 20년 전 암보험에 가입한 사람이 있습니다. 이 사람이 2022년 어느 날 병원에서 진료를 받고 현재 사용하고 있는 '제8차 개정 KCD'를 기준으로 암이라는 진단을 받았습니다. 그런데 그 질병이 20년 전 보험 가입 당시 약관에 반영된 '제3차 개정 KCD'에서는 암이 아니라 경계성종양으로 분류되던 질병이라면, 보험회사는 지금 어떤 보험금을 지급하는 것이 맞을까요? 보험회사들은 보험 가입 당시 약관에 반영된 KCD를 기준으로 경계성종양에 해당하는 보험금을 지급하고 싶겠지만, 소비자들은 현재 사용되고 있는 '제8차 개정 KCD'를 기준으로 암보험금을 받고 싶어 합니다. 그래서 분쟁이 발생할 수밖에 없는데요. 이렇게 KCD가 개정되면서 발생하는 분쟁과 관련하여 그동안 법원과 금융감독원은 2020년 4월 이전까지 판매한 보험약관 조항을 근거로 경계성종양이 아닌 암보험금을 지급하는 것이 맞다고 판단해왔습니다.

대상이 되는 악성신생물(암) 분류표

(기타피부암, 갑상선암 및 대장점막내암 제외)

약관에 규정하는 악성신생물(암)로 분류되는 질병은 제7차 한국표준질병·사인분류(통계청 고시 제2015-309호, 2016.1.1. 시행) 중 다음에 적은 질병을 말합니다.

대상이 되는 악성신생물(암)	분류번호
1. 입술, 구강 및 인두의 악성신생물	C00 ~ C14
2. 소화기관의 악성신생물	C15 ~ C26
<중략>	
22. 만성 호산구성 백혈병[과호산구증후군]	D47.5

주) 1. 제8차 개정 이후 한국표준질병·사인분류에서 상기 질병 이외에 추가로 상기 분류번호에 해당하는 질병이 있는 경우에는 그 질병도 포함하는 것으로 합니다.

○○생명 암진단특약 약관, 2020년 4월 1일 이전 버전

금융감독원과 법원은 이 조항(위 이미지에서 아래쪽 상자 안)을 다음과 같이 해석했습니다. 보험 가입 당시 약관은 7차 KCD를 기준으로 만들었지만, 미래에 KCD가 개정되어서 이 특약의 보험금 지급 조건인 '암'에 해당하는 질병이 추가되는 때에는 그 질병의 코드가 가입 당시 약관에 없는 것이라고 하더라도, 암보험금을 지급하겠다는 뜻으로 해석해야 한다고 판단했습니다. 그런데 보험회사는 이 조항의 해석이 반대로는 적용되지 않는다는 점이 못마땅했습니다. 즉, 위 경우와는 반대로 가입 당시 약관에서 암으로 분류됐지만, 미래 진단 시점에 사용하는 최신의 KCD에서는 경계성종양으로 분류가 변경된 질병에 대해서도 경계성종양이 아니라 암보험금을 지급하라는 법원과 금융감독원의 판단(추가는 되지만 배제는할 수 없다는)이 싫었습니다. 그래서 2020년 4월 1일 약관을 다음과

같이 개정했습니다.

대상이 되는 악성신생물(암) 분류표(기타피부암 및 갑상선암 제외)

Ⅰ. 약관에서 규정하는 "악성신생물(암)"로 분류되는 질병은 제7차 개정 한국표준질병·사인분류(통계청 고시 제2015-309호, 2016.1.1시행) 중 다음에 적은 질병을 말하며, 이후 한국표준질병·사인분류가 개정되는 경우는 개정된 기준에 따라 이 약관에서 보장하는 질병 해당 여부를 판단합니다.

분 류 항 목	분류번호
1. 입술, 구강 및 인두의 악성신생물(암)	C00 - C14
2. 소화기관의 악성신생물(암)	C15 - C26
3. 호흡기 및 흉곽내기관의 악성신생물(암)	C30 - C39
4. 골 및 관절연골의 악성신생물(암)	C40 - C41
18. 골수형성이상 증후군	D46
19. 만성 골수증식질환	D47.1
20. 본태성(출혈성) 혈소판혈증	D47.3
21. 골수섬유증	D47.4
22. 만성 호산구성 백혈병[과호산구증후군]	D47.5

㈜ 1. 제8차 개정 이후 이 약관에서 보장하는 질병 해당 여부는 진단확정일 당시 시행되고 있는 한국표준질병·사인분류에 따라 판단합니다.

○○생명 암진단특약 약관, 2020년 4월 1일 이후 버전

2020년 4월 1일 이후 판매되고 있는 생명보험과 손해보험의 약관을 살펴보면 위 그림에서 밑줄 친 부분이 새롭게 추가된 것을 확인할 수 있습니다. 2020년에 판매한 보험약관에 반영된 것은 '제7차 개정 KCD'입니다. 그러므로 가입 당시는 당연히 '제7차 개정 KCD'를 적용해서 보험금을 심사합니다. 그런데 향후 세월이 흘러 KCD가 개정될 때에는 약관에 적혀 있는 '제7차 개정 KCD'가 아니라 진단 시점에 사용하는 최신의 KCD를 적용해서 보험금을 심사하겠다는 의도입니다. 이렇게 되면 미래에는 보험금을 받는 기준이 가입 당시 약관에 적혀 있는 내용과 달라질 수 있으므로 보장

조건이 불분명해집니다. '그때 가봐야 아는 보험'이 된 것이죠.

그렇다면 2020년 4월 1일 이후 보험에 가입하는 소비자들은 그 이전에 가입한 사람들에 비해 많이 불리해진 것일까요? 그렇지는 않습니다. 대한민국에서 KCD를 사용하기 시작한 1973년부터 약 50년 가까이 지난 지금에 이르기까지, 보험 가입 당시의 KCD가 진단 시점의 KCD와 일치하지 않아 보험금 분쟁이 발생한 경우는 아래와 같이 크게 세 가지 예입니다.

① 특정 난소암이 경계성종양으로 질병분류가 변경된 것.
② 경계성종양으로 분류되던 랑게르한스세포조직구증이 암으로 질병분류가 변경된 것.
③ KCD가 개정되면서 불규칙하게 경계성종양과 암의 경계를 넘나들다가 최근 암으로 정리된 직장의 신경내분비종양(직장유암종).

처음 사용하기 시작한 후 약 50년이 지나는 동안 8차례나 KCD가 개정되었지만, 그 과정에서 유발된 보험금 분쟁이 크게 세 종류 뿐이고 모두 암보험금과 관련된 것이라는 점은 2020년 4월 1일 약관개정으로 예상되는 미래의 혼란이 그다지 심하지 않을 것임을 예측하게 합니다. 암에 대해서 아직 인류는 그 치료법을 잘 알지 못합니다. 하지만 암의 정체에 대해서는 과학과 의학 분야에 많은 진전이 있었습니다. 암에 대한 KCD 분류기준은 앞으로도 조금씩 변할 수 있습니다. 하지만 그 폭은 매우 제한적일 것입니다. 어느 한 질병이 가진 '악성(생명을 위협하거나 장해를 일으키는 성격)'을 파악하는 것은 이제 그리 어려운 일이 아니니까요. 그리고 암을 제외한 다른 질병들은 KCD상의 분류 코드가 변경될 가능성이 매우 적습니다. 그렇다면 이번 2020년 4월 1일 약관 개정(가입 시점이 아니라 진단 시점 KCD 적용)은 그 이전 약관에 비하면 상대적으로 소비자에게 조금 더 불리할 수 있지만, 그 여파는 매우 제한적일 것이라는 결론에 도달할 수 있습니다.

그런데 이 같은 약관 개정의 맥락을 잘못 이해해서 2020년 4월 직전 어이없는 절판 마케팅을 진행한 보험설계사들이 있습니다. 그들은 '2020년 4월 1일 이후부터는 유방암(C50)을 '남녀특정암'으로 분류해서 3000만 원의 보험금을 지급하는 암보험에 가입했다 하더라도, 훗날 유방암으로 진단받은 시점에 판매되는 암보험 상품들이 유방암(C50)을 '소액암'으로 분류해서 200만 원의 보험금만 지급한다면, 그렇게 상품구조가 변경되기 전에 암보험에 가입한 사람이라 하더라도 '소액암'에 해당하는 200만 원만 받게 됩니다'라고 홍보했습니다. 2020년 4월 1일이 되면 소비자에게 너무 불리한 암보험만 판매하게 되므로 그 전에 암보험에 추가로 가입해야 한다는 궤변을 떠들고 다녔습니다.

2020년 4월 1일의 약관 개정이 의미하는 것은 앞에서 살펴봤듯이 보험 가입 당시에는 '암'으로 분류되던 질병이 훗날 소비자에게 발병했는데, 그 당시에 통용되는 최신의 KCD에서는 그 질병을 '경계성종양'으로 분류하고 있다면 이 소비자에게 암보험금이 아니라 경계성종양에 해당하는 보험금을 지급하겠다는 말입니다(반대 경우도 있을 수 있습니다). 절판 마케팅에 열을 올렸던 설계사들은 이런 KCD 분류체계의 변경과 보험회사가 자의적으로 변경할 수 있는 보험금 급부(암보험금, 특정암보험금, 소액암보험금 등)의 변경을 혼동한 것입니다.

유방암 사례를 가지고 조금 더 설명해보겠습니다. 2020년 4월 1일 가입 당시 유방암이 '남녀특정암(보험금 3000만 원)'으로 분류되는 암보험에 가입한 사람이 2040년 5월 1일에 유방암 진단을 받았습니다. 그런데 그때 해당 보험사는 유방암을 '소액암(보험금 200만 원)'으로 분류하는 암보험을 판매하고 있습니다. 그렇다 하더라도 보험회사는 이 소비자에게 남녀특정암 보험금을 지급해야 합니다. KCD가 변경된다고 해서 보험계약의 지급 조건 자체를 다르게 적용할 수 없기 때문입니다. 이것은 2020년 4월 1일 이전 체결한 보험계약이든 이후에 채결한 보험계약이든 마찬가지입니다. 만약, 2040년 5월에 사용하는 KCD에서 유방암을 경계성종양으로 분류하고 있고, 소비자가 2020년 4월 1일 가입한 보험에서 경계성종양을 소액암(보험금 200만 원)으로 분류하고 있다면, 이런 경우에는 2040년 유방암으로 진단받은 소비자는 소액암보험금 200만 원만 받을 수 있을 것입니다.

그런데 유방암이 20년이 지나고 30년이 지나면 암이 아니라 경계성종양으로 그 분류기준이 변경되는 일이 있을까요? 의학과 과학기술의 발전으로 인해 유방암에 있는 악성의 성격이 이미 확인되었는데도 미래 시점의 KCD가 유방암을 암이 아닌 경계성종양으로 분류를 변경하는 일은 일어나지 않을 겁니다. 오히려 그 반대는 조금씩 생길 수 있습니다. 과학과 의학이 발전하면 할수록 예전에는 미처 몰랐던 질병의 정체를 분명히 확인하는 경우가 늘어날 테니까요. 이런 추측의 합리성은 과거 KCD 개정 과정을 보아도 확인할 수 있습니다. 아래 질병들은 제4차 개정 KCD까지는 경계성종양으로 분류되던 질병이지만, 제5차 개정 KCD부터 악성신생물 즉, 암으로 분류되는 질병들이며 이런 변화는 보험약관에도 반영되었습니다.

- D45 진성 적혈구 증가증
- D46 골수 형성 이상 증후군
- D47.1 만성 골수증식성 질환
- D47.3 본태성(출혈성) 혈소판 증가증

보험업계가 2020년 4월 1일 암보험 약관을 개정한 이유가 바로 이 때문입니다. 2020년 4월 1일 이전 약관을 그대로 사용한다면, 어떤 질병이 경계성종양으로 분류될 때 그 질병으로 진단받고 경계성종양에 해당하는 보험금을 받은 사람이 그 후 KCD 개정으로 해당 질병이 암으로 분류가 변경되어서 암보험금을 청구하면, 보험회사는 암보험금에서 먼저 지급한 경계성종양 보험금을 차감한 나머지 보험금을 추가로 지급해야 합니다. 보험회사는 바로 이 부분을 막고 싶었던 겁니다. 아래 약관처럼 한 번 보험금 지급 여부가 판단되면 그 후 한국 표준질병·사인분류가 개정된다고 하더라도 다시 보험금을 평가하지 않는다는 조항을 약관에 넣고 싶어서 2020년 4월 1일 약관 개정을 추진한 것입니다.

> ## 대상이 되는 악성신생물 (암) 분류표
> ## ("기타피부암", "갑상선암", "대장점막내암"
> ## 및 "유방암 또는 남녀생식기관련암" 제외)
>
> ① 약관에 규정하는 악성신생물 (암) 로 분류되는 질병은 제 8 차 개정 한국표준질병·사인분류 (통계청 고시 제2020-175호, 2021.1.1시행) 중 다음에 적은 질병을 말하며, 이후 한국표준질병·사인분류가 개정되는 경우에는 <u>개정된 기준에 따라 이 약관에서 보장하는 악성신생물 (암) 해당 여부를 판단합니다.</u>
>
> | 대상악성신생물(암) | 분류번호 |
> |---|---|
> | 1) 입술, 구강 및 인두의 악성신생물(암) | C00-C14 |
> | 2) 소화기관의 악성신생물(암) | C15-C26 |
> | | |
> | 18) 골수섬유증 | D47.4 |
> | 19) 만성 호산구성 백혈병 [과호산구증후군] | D47.5 |
>
> ② 진단 당시의 한국표준질병·사인분류에 따라 이 약관에서 보장하는 질병에 대한 보험금 지급여부가 판단된 경우, 이후 한국표준질병·사인분류 개정으로 질병분류가 변경되더라도 이 약관에서 보장하는 질병 해당 여부를 다시 판단하지 않습니다.

2012년 1월에 가입한 실비보험 약관

여기서 한 가지 더 확인하고 넘어가야 할 부분이 있습니다. 2020년

4월 1일부터 적용되는 '보험 가입 시점이 아니라 질병의 진단 시점에 통용되는 최신 KCD를 기준으로 보험금을 평가한다'라는 이 조항은 암보험 약관에만 들어온 것이 아니라 KCD를 기준으로 보험금을 지급하는 모든 보험상품의 약관에 반영되었습니다. 게다가 상해(재해) 관련 보험금에도 같은 기준이 적용됩니다.

중대한 특정상해 분류표

① 약관에서 규정하는 '중대한 특정상해'로 분류되는 상병은 제8차 개정 한국표준질병사인분류(통계청 고시 제2020-175호, 2021.1.1 시행)중 다음에 적은 상병을 말하며, 이후 한국표준질병사인분류가 개정되는 경우에는 개정된 기준에 따라 해당 여부를 판단합니다.

구분	대상이 되는 상병	분류번호
뇌손상	두개내 손상	S06
내장손상	심장의 손상 기타 및 상세불명의 흉곽내 기관의 손상 복강내기관의 손상 비뇨 및 골반 기관의 손상	S26 S27 S36 S37

② 제9차 개정이후 한국표준질병사인분류에 있어서 상기 상병 또는 질병 해당 여부는 피보험자가 진단확정된 당시 시행하고 있는 한국표준질병사인분류에 따라 판단합니다.

③ 다만, 진단확정 당시의 한국표준질병사인분류에 따라 상기 상병 또는 질병에 대한 보험금 지급여부를 판단한 경우에는, 이후에 한국표준질병사인분류가 개정되더라도 상기 상병 또는 질병 해당 여부를 다시 판단하지 않습니다.

B 손해보험의 어린이종합보험 약관

암보험으로 2020년 4월 직전 이상한 절판 마케팅을 벌였던 일부 보험설계사에게 묻고 싶습니다. 암보험뿐만 아니라 모든 특약과 주계약에서도 이 조건이 적용되는데요. 당신들 주장이 옳다고 한다면, 2020년 4월 1일부터 보험 세일즈를 접어야 마땅하지 않을까요? 그런데 그 설계사들 아직도 보험 세일즈 잘하고 있습니다. 심지어 암보험도 잘 팝니다.

 약관 읽어주는 남자의 한마디

지난 50여 년 동안 'KCD'도 많이 개정됐지만, 보험약관은 더 많이 개정됐습니다. 그때마다 비이성적 절판 마케팅의 광풍이 보험업계와 보험시장을 휩쓸었습니다. 팩트를 확인하는 수고보다는 불확실성의 공포에 취하기가 더 쉽기 때문이죠. 하지만 태풍이 잦아든 후 차분히 돌아보면 가로수 몇 개 뽑히고, 유리창 몇 장 깨진 것 말고는 그다지 변한 것 없는 세상이었고 보험이었습니다. 보험금 지급 조건과 관련된 약관 개정은 언제나 관심을 두고 지켜봐야 합니다만, 보험사와 감독당국에 혐오를 쏟아내며 섣부른 단정으로, 안 그래도 불안한 소비자를 더 불안하게 만드는 일은 삼가야 합니다.

8 전 생애 최초 1회만 보장한다는 엽기 암보험

어느 날 이메일을 받았습니다. 제가 운영하는 유튜브 채널 〈윤용찬 TV〉에서 영상을 본 분이 보낸 메일이었는데요. 자신은 40 대 남성인데 7년 전에 림프종(암)으로 진단받고 치료받았으며 5년 전부터는 입원, 수술, 투약 등 어떤 치료도 받지 않았다고 합니다. 지금은 1년에 한 번씩 병원에 가서 혹시 재발하지는 않았는지 상 태를 확인하고 있다고 했습니다. 이분은 7년 전 림프종으로 진단받 았을 당시 한 생명보험 상품에 가입되어 있었는데 3000만 원의 암 진단보험금을 받을 수 있는 특약에도 가입되어 있었답니다. 다행 히 그 보험에서 3000만 원 전부를 받았고 그 후 암진단특약은 삭 제되었습니다. 여기까지는 사실 흔하게 접할 수 있는 사연이었습 니다. 그런데 그 아래 흔하지 않은 질문이 적혀 있었습니다.

"저는 다시 보험에 가입할 수 있을까요? 그리고 그 보험은 제가 예 전에 앓았던 림프종이 재발해도 암보험금을 줄까요?"

금융감독원은 2007년 3월 19일 아래와 같은 보도참고자료를 배포한 일이 있습니다. 이 자료를 보면 보험회사가 사용 중인 보험약관에서 민원 및 분쟁을 유발할 소지가 있거나 불합리하다고 판단되는 내용을, 합리적으로 정비하고 개선함으로써, 보험소비자의 권익을 보호하겠다고 밝히고 있습니다. 그래서 2007년 4월 1일부터는 개선된 보험약관을 보험회사들이 사용하게 하겠다고 예고했습니다. 이 자료는 총 8개의 개선사항에 관해서 설명하고 있는데요. 그중에는 계약일로부터 과거 5년 이전에 치료된 질병이 보험기간 중 재발한 때도 보험금이 지급되도록 약관을 개선하겠다는 내용도 들어 있었습니다.

"신뢰받는 금융감독 세계적인 금융시장"

보 도 참 고 자 료

2007. 3. 20(화) 석간부터 보도 가능

금융감독원

작성부서	금융감독원 보험감독국 보험계리실			
책 임 자	조병진 실장 (3786-8260)	담 당 자	김동성 팀장(3786-8230) 진태국 팀장(3786-8262)	
배 포 일	2007. 3. 19(월)	배포부서	공보실(3771-5788~91)	총 7매

제 목 : 소비자 권익 제고를 위한 보험약관 개선

금융감독원은 보험소비자의 권익을 보호하고자 보험회사가 사용하는 보험약관중 민원 및 분쟁을 유발할 소지가 있거나 불합리하다고 판단되는 내용을 정비·개선하여 오는 2007.4.1.부터 시행할 계획이라고 밝혔다.

개선내용으로는 계약일로부터 과거 5년 이전에 발생된 질병*이 보험기간중 재발되는 경우에도 해당 보험금을 지급하도록 하는 등 모두 8개 사항을 보험회사로 하여금 약관 등에 반영하도록 하였다.

* 계약체결시 보험계약자 등이 보험회사에 알려야 할 고지대상이 아님

< 개선 내용 >

①계약일로부터 과거 5년 이전에 치료된 질병이 보험기간중 재발한 경우 해당 보험금을 불지급 → 지급

금융감독원은 일부 보험회사가 약관에 '보험기간 중 최초로 발생된 질병으로 인한 입원(또는 진단)을 보상'한다는 조항을 넣어 놓고 그것을 근거로 고지 대상 기간(최근 5년) 이전에 치료한 질병이 보험기간 중 재발한 때에도 입원보험금 또는 암진단보험금 지급을 거부하는 예가 있다고 설명하면서, 보험에 가입하기 5년 이전에 발병해서 치료된 질병의 치료 경력은 청약서상 고지사항이 아닌데도 이를 이유로 보험금을 지급하지 않는 것은 현행 고지제도에 비추어 볼 때 불합리하다고 보았습니다. 그래서 보험약관에 있는 '최초로' 또는 '처음으로' 등의 표현을 삭제하라고 보험회사에 요구했습니다.

제16조(보험금의 종류 및 지급사유)

회사는 이 특약의 보험대상자(피보험자)에게 제9조(제1회 특약보험료 및 특약의 보장개시일) 제2항에 정한 암에 대한 보장개시일 및 기타피부암, 상피내암 및 경계성종양에 대한 보장개시일 이후에 다음 사항 중 어느 한가지의 경우에 해당되는 사유가 발생한 때에는 보험금을 받는 자(보험수익자)에게 보험가입구좌 1구좌 기준으로 아래와 같이 약정한 보험금을 지급합니다. 그러나 암에 대한 보장개시일의 전일 이전에 암으로 진단확정된 경우에는 암진단급여금을 지급하지 않습니다.

구 분	지 급 사 유	지 급 금 액
암진단급여금	보험대상자(피보험자)가 특약의 보험기간중 암에 대한 보장개시일 이후 최초로 "암"으로 진단이 확정되었을 때(다만, 1회에 한하여 지급합니다.)	1,000만원
	보험대상자(피보험자)가 특약의 보험기간중 최초로 "기타피부암"으로 진단이 확정되었을 때(다만, 1회에 한하여 지급합니다.)	200만원
	보험대상자(피보험자)가 특약의 보험기간중 최초로 "상피내암" 또는 "경계성종양"으로 진단이 확정되었을 때(다만, 각각 1회에 한하여 지급합니다.)	200만원

2007년 4월 이전에 판매된 한 생명보험회사의 암진단특약 약관

암 치료 후
5년이 지나서 재발했는데,
보험금이 안 나와요!

　　2007년 4월 이전에는 많은 보험회사 약관에 금융감독원이 지적했듯이 '최초로', '처음으로'라는 표현이 들어 있었습니다. 해당 보험회사는 이 보험에 가입하기 5년 전에 이미 치료가 끝났으므로 청약서 고지사항에 해당하는 것이 없는 사람이라 하더라도, 그 사람이 보험에 가입한 후 5년 전 치료했던 질병이 재발하면 약관에 있는 이 부분을 근거로 제시하며 보험금 지급을 거부했습니다. 보험기간 중 '최초로' 진단된 암(질병)에 대해서만 암진단급여금을 지급하는 것인데, 소비자는 보험에 가입하기 전에 같은 암으로 이미 진단받은 적이 있어서 '최초로 암으로 진단이 확정되었을 때'에 해당하지 않는다는 것이죠. 이 불합리한 약관은 금융감독원이 보도참고자료를 통해 예고했듯이 2007년 4월 1일부로 개선되었습니다.

제16조(보험금의 종류 및 지급사유)

회사는 이 특약의 보험대상자(피보험자)에게 제9조(제1회 특약보험료 및 특약의 보장개시일) 제2항에 정한 암에 대한 보장개시일 및 기타피부암, 상피내암 및 경계성종양에 대한 보장개시일 이후에 다음 사항 중 어느 한가지의 경우에 해당되는 사유가 발생한 때에는 보험금을 받는 자(보험수익자)에게 보험가입구좌 1구좌 기준으로 아래와 같이 약정한 보험금을 지급합니다. 그러나 암에 대한 보장개시일의 전일 이전에 암으로 진단확정된 경우에는 암진단급여금을 지급하지 않습니다.

구분	지급사유	지급금액
암 진 단 급 여 금	보험대상자(피보험자)가 특약의 보험기간중 암에 대한 보장개시일 이후 "암"으로 진단이 확정되었을 때(다만, 최초 1회에 한하여 지급합니다.)	1,000만원
	보험대상자(피보험자)가 특약의 보험기간중 "기타피부암"으로 진단이 확정되었을 때(다만, 최초 1회에 한하여 지급합니다.)	200만원
	보험대상자(피보험자)가 특약의 보험기간중 "상피내암" 또는 "경계성종양"으로 진단이 확정되었을 때(다만, 각각 최초 1회에 한하여 지급합니다.)	200만원

2007년 4월 이후에 판매된 위 생명보험회사의 같은 암진단특약 약관

2007년 4월 1일 이후부터는 암진단특약 약관의 지급사유 본 조항에서 '최초로', '처음으로'라는 표현을 삭제함으로써 보험에 가입하기 5년 전 치료가 끝난 질병이 보험에 가입한 후 재발하더라도 보험금을 지급한다는 점을 분명히 했습니다. 다만, 괄호 안에 '최초 1회에 한하여 지급합니다'라는 문구를 넣어서 혼동의 여지가 있습니다만, 이 괄호 안의 문구는 암진단보험금은 1회만 지급되고 진단받을 때마다 1회당 지급되는 것이 아니라는 의미입니다.

그런데 약관이 이렇게 개정된 맥락을 모르는 일부 보험금 심사자는 2022년 지금도 보험 가입 전에 치료된 질병이 보험 가입 후 재발하면, 당연하다는 듯이 보험금 지급을 거부합니다. 보험의 기

본 원리상 지급이 안 되는 게 맞다는 등 궤변을 늘어놓기도 합니다. 그런 무식한 심사자들은 2017년 7월에 나온 아래의 분쟁조정 결정서를 어떻게 받아들일지 궁금합니다.

한 소비자가 14년 전에 고환암으로 치료받았습니다. 그 후 13년이 흘러 새롭게 보험에 가입했는데요. 이 보험에 가입하기 5년 이내에는 고환암으로 어떠한 치료도 받은 적이 없습니다. 그런데 새로운 보험에 가입하고 1년이 지났을 때 14년 전에 진단받고 치료받았던 그 고환암이 재발했습니다. 소비자는 보험회사에 암진단보험금을 청구했는데, 보험회사가 지급을 거부하자 금융분쟁조정위원회에 조정신청을 했습니다. 금융분쟁조정위원회는 다음과 같은 판단을 내렸습니다.

금 융 분 쟁 조 정 위 원 회
조 정 결 정 서

조정일자 : 2017. 7. 25.
조정번호 : 제2017-16호

안 건 명   14년 전 진단받은 암과 동일한 암으로 진단확정된 경우 단체보험계약상
              암진단보험금 지급책임

이 사건 특약 제1조는 '회사는 피보험자가 보험기간 중 암으로 진단확정된 경우 암진단보험금을 1회에 한하여 지급하여 드립니다.'라고 정하는

데, 피보험자는 보험기간 중이던 2016. 12. 5. 아주대학교 병원에서 같은 약관 제3조의 암에 해당하는 하강고환의 악성신생물(C62.1)로 진단받은 사실에는 다툼이 없다.

다만, 피신청인은 과거 암이 재발하였다면 약관상 '보험기간 중 진단확정된 경우'에 해당하지 않는다는 취지로 주장하므로 이에 대해 살펴본다. 피신청인의 이러한 주장은 보험기간 중 최초 암으로 진단확정 된 경우에 한하여 암진단보험금이 지급되어야 한다는 것으로 선해할 수 있다. 그런데 이 사건 특약은 보험기간 중 고환암 등으로 진단확정된 경우에 1회에 한하여 암진단보험금을 지급한다고 정하고 있을 뿐, 전 생애 기간 중 최초로 진단확정된 암에 대하여만 보험금을 지급한다거나, 암이 재발한 경우에는 면책된다는 조항이 포함되어 있지 않는 등 이 사건 특약으로부터 보험기간 중 최초 암으로 진단확정된 경우에 한하여 보험금 지급사유가 발생한다고 제한적으로 해석할 만한 근거를 도출해낼 수가 없다.

오히려 이 사건 특약상 암진단보험금은 암의 발생시기, 해당 암이 기존 암의 재발인지 여부, 기존 암에 대하여 보험금이 지급되었는지 여부 등과 무관하게 해당 암의 진단확정이 보험기간 중에 이루어진 경우 그 지급사유가 발생한 것으로 봄이 상당하다.

- 금융분쟁조정위원회 조정결정 2017. 7. 25. 제2017-16호

분쟁조정결정문에서 언급한 보험계약 체결 시점은 2014년 12월이고, 피보험자가 이 보험계약(단체보험)에 추가된 것은 2015년 12월입니다. 어쨌든 해당 보험계약이 체결된 시점이 2014년이므로

보험약관에서 '최초', '처음으로'라는 표현이 사라진 뒤입니다. 그런데도 보험회사 측은 최초 진단확정된 암이 아니라서 보험금을 지급하지 못하겠다는 주장입니다. 보험약관이 왜 이렇게 개정됐는지를 보험금 심사자에게 가르치지 않으니까 이런 어이없는 일이 계속 발생합니다.

< 암치료비 특별약관 >

제1조 (보험금의 지급사유)
① 회사는 피보험자가 보험기간중 암에 대한 보장개시일 이후에 암, 제자리암(상피내암) 또는 경계성종양으로 진단확정된 경우 아래에 정한 금액을 각각 1회에 한하여 지급하여 드립니다.

구분	암진단보험금
암(기타피부암 및 갑상선암 제외)	20,000,000[1]

② 제1항의 암(기타피부암 및 갑상선암 제외)에 대한 보장개시일은 이 특별약관의 보험기간의 첫날부터 그날을 포함하여 (0[2])일이 지난 날의 다음날로 하며, 기타피부암, 갑상선암, 제자리암(상피내암), 경계성종양은 보험기간의 첫날부터 합니다. (…)

고환암이 재발한 소비자가 피보험자로 추가된 2014 계약의 암 치료비특약 약관

금융분쟁조정위원회는 이 보험약관에서는 '보험기간 중 고환암 등으로 진단확정된 경우에 1회에 한하여 암진단보험금을 지급한다고 정하고 있을 뿐, 전 생애 기간 중 최초로 진단확정된 암에 대하여만 보험금을 지급한다거나, 암이 재발한 경우에는 면책된다는 조항이 포함되어 있지 않다'라고 지적했습니다. 당연합니다. 금융감독원이 2007년 4월부로 그 불합리함을 개선한 이후의 암보험 약관이니까요.

결국 금융분쟁조정위원회는 14년 만에 재발한 고환암으로 진단 확정된 이 사건에서 보험회사는 암진단보험금 2000만 원을 지급하라고 결정했습니다.

 약관 읽어주는 남자의 한마디

　　금융감독원 직원들과 통화하다가 금융감독원은 왜 적극적으로 금융회사를 감시하지 않는지 물어보면 항상 '인력이 부족해서'라는 말을 되풀이합니다. 금융회사들의 분담금으로 금융감독원을 운영하는 기형적인 구조이므로 인력을 채용할 예산이 부족하다면, 이제라도 국민의 세금을 투입해서 충분한 인력이 근무하며 금융회사들을 늘 감시하는 금융감독원을 만들어야 합니다.

문제의 근원은 고양이에게 생선을 맡기는 데 있습니다. 제 밥그릇 외에는 아무 생각도 없는 국회의원들이 대부분이지만, 금융감독원을 개혁해야 한다는 대의에 동의하는 사람들이 국회를 압박해서 새로운 시스템을 법으로 만들어야 합니다. 금융감독원을 국민의 세금으로 운영해야 금융회사와의 유착을 막을 수 있습니다.

9 이차암 분쟁의
새로운 국면

"말하지 않아도 알~아요. 눈빛만 보아도 알~아

그냥 바라보면~ 음~ 마음속에 있다는 걸

마음을 나누어요. ○○○ 초코파이"

이제는 대한민국을 넘어 러시아의 국민 간식이 된 초코파이의 CM 송입니다. 과자의 인기 덕에 세대 구분 없이 많은 사람이 알고 있는 노래죠. 노래 가사처럼 모든 사람이 서로 말하지 않아도 알고, 눈빛만 보아도 마음을 안다면 서운하거나 오해하는 일은 많이 없을 겁니다. 하지만 현실은 그렇지 않죠. 사람들은 말해주지 않으면 알 수 없습니다. 일상에서는 단지 '말해주지 않았다는 것'만으로 큰 문제가 발생하지는 않습니다만, 보험계약에서는 그렇지 않습니다. 보험계약을 체결할 때 보험회사가 소비자에게 중요한 사실을 '말해주지 않았다는 것'은 엄청난 결과를 초래하기도 합니다.

아직도 많은 분이 모르고 있지만, 금융감독원의 결정으로 2011

년 4월부터 모든 생명보험과 손해보험의 암보험(암특약)약관에 아래와 같은 '유의사항'이 추가되었습니다(그런데 어떤 회사는 이와 유사한 규정이 2009년 약관부터 들어 있으니 정확한 내용은 반드시 보험가입 당시 약관을 확인하세요).

[유의사항]

한국표준질병사인분류 지침서의 '사망 및 질병이환의 분류번호 부여를 위한 선정준칙과 지침'에 따라 C77~C80(이차성 및 상세불명 부위의 악성신생물(암))의 경우 일차성 악성신생물(암)이 확인되는 경우에는 원발부위(최초 발생한 부위)를 기준으로 분류합니다.

바로 이것이 암보험과 관련해서 수많은 분쟁을 유발하고 있는 '원발부위 기준 분류' 규정인데요. 일반적인 보험소비자에게는 원발부위, 이차성 악성신생물, 일차성 악성신생물이라는 용어 자체도 매우 생소해서 누군가 자세히 설명해주지 않는 한 도무지 이해할 수 없는 내용입니다. 이렇게 어려운 내용을 보험약관에 추가한 이유가 뭘까요? 암보험금 지급을 막기 위해서입니다.

암은 전이되는 질병입니다. 신체 한 장기에만 머물러 있으면 그나마 다행인데, 다른 장기로 퍼져나갈 수 있죠. 예를 들어 갑상선암이 전이하여 림프에도 암이 생길 수 있습니다. 그런데 보험회사는 이럴 때 갑상선암으로 보고 보험금을 지급할 것인지, 아니면 림프에 있는 암을 기준으로 보험금을 지급할 것인지가 문제입니다.

일반적인 보장조건을 가진 보험계약이라면 갑상선암(일차암)을 기준으로 보험금을 지급하면 2~300만 원만 지급하면 되지만, 림프에 있는 암(이차암)을 기준으로 보험금을 지급하면 수천만 원의 보험금을 지급해야 하기 때문이죠. 그래서 금융감독원과 보험회사는 2011년 4월 1일부터 모든 생명보험과 손해보험의 암보험(암특약) 약관에 '원발부위 기준 분류' 규정을 추가해서 이차암(전이된 부위의 암)의 경우 일차암(최초 암이 발생한 부위의 암)이 확인되는 때에는 일차암을 기준으로 보험금이 지급되도록 했습니다.

"금융은 믿음가득, 국민은 희망가득 - 금융감독원의 약속입니다."

보 도 자 료

2011. 3. 14.[월] 조간부터 보도 가능

작성부서	금융감독원 보험계리실 손해보험팀/생명보험팀		
책임자	서창석 팀장(3145-8240) 재희성 팀장(3145-8230)	담당자	김현중 선임조사역 (3145-8243) 김철영 선임조사역 (3145-8227)
배포일	2011. 3. 14.(월)	배포부서	공보실(3145-5789~92) 총 9매

제목 : 소비자 권익 보호를 위한 보험약관 개선

□ 금융감독원은 보험소비자의 권익을 보호하고자 보험회사가 사용하는 보험약관 중 불합리하거나 민원을 유발할 소지가 있다고 판단되는 내용을 개선하여 오는 2011. 4. 1.부터* 시행할 계획이라고 밝혔다.

8 이차성 암에 대한 보험금 지급기준 합리화

⇨ 진단받은 질병이 이차성 암으로 판정되는 경우

○ 일차성(원발부위) 암 발생부위를 알 수 없거나 상세불명인 경우에는 진단받은 표준질병사인분류대로 보험금을 지급하고

○ 일차성 암 발생부위를 알 수 있는 경우에 한하여 일차성 암에 따라 보험금을 결정하고 해당 위험률에 반영*

• 예) 갑상선의 악성신생물(C73)과 림프절의 이차성 및 상세불명의 악성신생물(C77) 중 갑상선을 원발부위로 하는 경우를 갑상선암에 모두 포함한 위험률을 적용

금융감독원 보도자료 2011. 3. 14

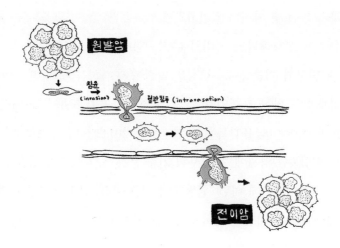

앞에서 언급한 사례로 설명하자면, 갑상선암이 림프로 전이되면 '원발부위 기준 분류' 규정을 적용해 갑상선암에 대해서만 보험금이 지급됩니다. 림프에 전이된 암에 대해서는 한 푼의 보험금도 지급되지 않는 거죠. 그런데 이 규정은 '갑상선암과 림프전이'의 경우에만 적용되는 것이 아니라 일차암이 소액암(보험금을 '암'에 비해 적게 지급하는 암)이고 이차암이 '암'인 모든 상황에 해당하기에 더 문제가 심각합니다. 2022년 현재 보험회사가 판매하고 있는 암보험(또는 암특약)을 보면 유방암, 전립선암, 남녀 생식기암 등을 소액암 또는 특정암이라는 범주로 묶어서 간암, 폐암, 위암 같은 '암'에 비해 보험금을 적게 지급하는 경우가 많습니다. 만약 2011년 4월 이후에 이런 암보험에 가입한 소비자가 '유방암에서 전이된 폐암' 진단을 받는다면 유방암에 해당하는 소액암 보험금은 받을 수 있지만, 폐암 보험금은 받을 수 없습니다. 이걸 받아들일 수 있는 소비자가 과연 몇 명이나 될까요?

잠깐만 생각해봐도 소비자에게는 엄청난 독소조항으로 보이는 이 '원발부위 기준 분류' 규정을 약관에 추가하는 것이 왜 '소비자 권익보호를 위한 보험약관 개선'에 해당하는지 도무지 이해할 수 없지만 어쨌든 금융감독원의 결정으로 2011년 4월 1일부로 모든 암보험(암특약)약관에 '원발부위 기준 분류' 규정이 포함됐습니다.

그렇다면 약관에 이런 '원발부위 기준 분류' 규정이 추가되기 전에 보험계약을 체결한 소비자에게는 어떻게 보험금을 지급해야 할까요? 상식적으로 생각해보면 2011년 4월 1일 이후 판매된 보험상품의 약관부터 추가된 내용이니까 2011년 4월 1일 이전에 판매된 보험계약에 적용할 수는 없지 않을까요? 그런데 보험회사들은 그런 단순한 상식마저 뒤집었습니다.

2008년 암보험에 가입한 사람이 2015년 어느 날 몸에 이상을 느껴 병원에 갔습니다. 진찰 후 갑상선암을 의심한 의사는 조직검사를 했고 그 결과 '갑상선암 C73'과 '목림프절 전이 C77.0' 두 개의 코드가 적힌 진단서를 발급했습니다. 그래서 소비자는 갑상선암과 림프암에 해당하는 보험금 모두를 지급하라고 보험사에 요구했습니다.

해당 보험계약은 갑상선암에 대해서는 600만 원의 진단보험금을 지급하고, 그 외의 '암'에 대해서는 3000만 원을 지급하도록 설계되어 있었습니다. 보험회사 측은 '암은 원발부위를 기준으로 분류하는 것'이라며 림프에 전이된 암에 대한 보험금 3000만 원은

갑상선암이 목 림프절로 전이된 환자의 진단서

지급하지 않고 갑상선암에 대해서만 600만 원의 보험금을 지급했습니다. 하지만 소비자는 '원발부위 기준 분류' 규정은 2011년에 보험약관에 포함된 것이고, 자신은 그 이전인 2008년에 보험에 가입했으니 자신의 계약에 '원발부위 기준 분류' 규정을 적용할 수 없으므로 갑상선암에 대한 보험금 600만 원 외에 림프에 전이된 암에 대한 보험금 3000만 원도 모두 지급해야 한다고 재차 주장했습니다.

결국 보험사는 지급할 보험금이 없다는 것을 확인해달라며 소비자를 대상으로 '채무부존재확인소송'을 냅니다. 보험에 가입하고 암으로 진단받아 보험금을 청구했을 뿐인 이 소비자는 갑자기 보험회사로부터 소송을 당합니다. 그런데 1심과 2심법원 모두 소비자의 손을 들어줬습니다. 소비자는 약관을 기준으로 보험회사와 계약을 체결한 것이므로 의학적 맥락을 핑계로 해당 계약 약관에는 아직 반영되지도 않은 '원발부위 기준 분류' 규정을 적용해 보험금을 판단하는 것은 있을 수 없다는 소비자 측 주장을 법원이 인정했습니다. 또한 소비자가 가입한 보험약관의 암진단특약에 첨부된 '악성신생물분류표'를 보면 '목림프절 전이 C77.0'도 'C76-C80' 범위 안에 포함되어 있어서 이 보험약관에서 '암'으로 인정하고 있으므로 암보험금을 지급해야 마땅하다는 판결이었습니다.

결국 보험회사가 항소를 포기하면서 재판은 2심에서 마무리됐고 보험회사는 재판 결과에 따라 갑상선암에 해당하는 600만 원(소송 전에 이미 지급했습니다) 외에 림프에 전이된 암에 해당하는 보험금 3000만 원, 거기에 3000만 원을 지급하지 않으려고 소송 등으로 시간을 끌었으므로 이에 대한 지연이자까지 모두 지급했습니다.

그 후로도 '원발부위 기준 분류' 규정을 둘러싼 소송은 계속됐습니다. 하지만 각급 법원은 위 판결과 같은 판단을 유지했고, 그 덕에 이제는 약관에 '원발부위 기준 분류' 규정이 없을 때 체결된 보험계약이면 소비자가 C73(갑상선암)과 C77(목림프절 전이)을 함께 진단받았을 때 보험회사는 C73(갑상선암)에 해당하는 보험금과 C77(목림프절 전이)에 해당하는 보험금을 모두 지급하고 있습니다.

이차암 분쟁은 이렇게 마무리되는 듯했습니다. 2011년 4월부터

<별표6>

대상이 되는 악성 신생물 분류표
(기타피부암 제외)

약관에 규정하는 악성신생물로 분류되는 질병은 제5차 개정 한국표준질병사인분류(통계청 고시 제2007-4호, 2008.1.1 시행) 중 다음에 적은 질병을 말합니다.

대상악성신생물	분류번호
1. 입술, 구강 및 인두의 악성신생물	C00-C14
2. 소화기관의 악성신생물	C15-C26
3. 호흡기 및 가슴내 장기의 악성신생물	C30-C39
4. 뼈 및 관절연골의 악성신생물	C40-C41
5. 피부의 악성흑색종	C43
6. 중피성 및 연조직의 악성신생물	C45-C49
7. 유방의 악성신생물	C50
8. 여성 생식기관의 악성신생물	C51-C58
9. 남성 생식기관의 악성신생물	C60-C63
10. 요로의 악성신생물	C64-C68
11. 눈, 뇌 및 중추신경계통의 기타부위의 악성신생물	C69-C72
12. 갑상샘 및 기타 내분비샘의 악성신생물	C73-C75
13. 불명확한 속발성 및 상세불명 부위의 악성신생물	C76-C80
14. 림프, 조혈 및 관련조직의 악성신생물	C81-C96
15. 독립된(원발성) 다발성 부위의 악성신생물	C97
16. 진성 적혈구 증가증	D45
17. 골수 형성이상 증후군	D46
18. 만성 골수증식성 질환	D47.1
19. 본태성(출혈성) 혈소판 증가증	D47.3
20. 림프종모양 구진증	L41.2

㈜ 1. 제6차 개정 이후 한국표준질병사인분류에서 상기 질병 이외에 추가로 상기 분류번호에 해당하는 질병이 있는 경우에는 그 질병도 포함하는 것으로 합니다.
2. 기타 피부의 악성신생물(분류번호 C44)은 상기 분류표에서 제외됩니다.

해당 보험계약 암진단특약의 〈별표6〉 대상이 되는 악성 신생물 분류표

는 암보험 약관에 '원발부위 기준 분류' 규정이 추가됐으므로 그이후 체결된 보험계약이라면 당연히 보험회사는 C77(목림프절 전이)에 대해서는 보험금을 지급하지 않고 C73(갑상선암)에 대해서만 보험금을 지급하면 되는 것이니까요. 그런데 최근 이상한 판결들이 줄을 잇고 있습니다.

2011년 4월 이후 체결된 보험계약임에도 계약 당시 보험회사가 소비자에게 '원발부위 기준 분류' 규정을 설명하지 않았다는 이유로 C73(갑상선암)에 해당하는 보험금과 C77.0(목림프절 전이)에 해당하는 보험금 모두를 지급하라는 법원의 판결이 이어지고 있습니다.

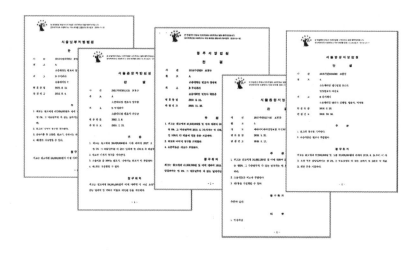

법원은 '원발부위 기준 분류' 규정은 소비자 입장에서는 보험금을 못 받거나 적게 받을 수 있는 불리한 조항이므로 보험계약을 체결할 당시 보험회사 측이 소비자에게 반드시 설명해야만 하는 중요한 내용이 맞는데, 이 중요한 내용을 소비자에게 설명했다는 증거가 없으므로 보험회사는 '원발부위 기준 분류' 규정을 이 보험계약의 내용으로 주장할 수 없으니 목림프 전이에 대해서도 '암'보험금을 지급하라고 판결했습니다.

이처럼 보험계약을 체결할 때 보험회사 측이 소비자에게 '원발 부위 기준 분류' 규정을 반드시 설명해야 한다고 법원이 판단한 이 유는, 그것이 법이 정한 보험회사의 의무이기 때문입니다. 상법에 서는 보험회사(보험자)가 보험계약을 체결할 때 보험계약자에게 약관의 중요한 내용을 설명해야 하고, 만약 보험회사가 이를 지키 지 않으면 보험계약자는 3개월 이내에 계약을 취소할 수 있다고 정하고 있습니다.

상법

제638조의3(보험약관의 교부·설명 의무)

① 보험자는 보험계약을 체결할 때에 보험계약자에게 보험약관을 교부 하고 그 약관의 중요한 내용을 설명하여야 한다.

② 보험자가 제1항을 위반한 경우 보험계약자는 보험계약이 성립한 날 부터 3개월 이내에 그 계약을 취소할 수 있다.

또한 약관의 규제에 관한 법률에서는 보험회사(사업자)는 약관 의 중요한 내용을 고객이 이해할 수 있도록 설명해야 한다고 하면 서, 만약 이것을 위반하여 보험계약을 체결하면 해당 약관을 이 보 험계약의 내용으로 주장할 수 없다고 정하고 있습니다.

약관의 규제에 관한 법률

제3조(약관의 작성 및 설명의무 등)

③ 사업자는 약관에 정하여져 있는 중요한 내용을 고객이 이해할 수 있도록 설명하여야 한다. 다만, 계약의 성질상 설명하는 것이 현저하게 곤란한 경우에는 그러하지 아니하다.

④ 사업자가 제2항 및 제3항을 위반하여 계약을 체결한 경우에는 해당 약관을 계약의 내용으로 주장할 수 없다.

대법원 역시 보험계약을 체결하는 데 있어 보험회사가 지켜야 할 '설명의무'의 중요성을 다음과 같이 밝히고 있습니다.

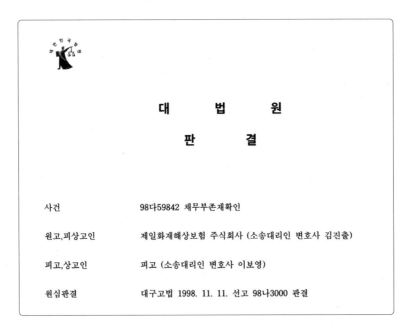

대 법 원
판 결

사건	98다59842 채무부존재확인
원고,피상고인	제일화재해상보험 주식회사 (소송대리인 변호사 김진출)
피고,상고인	피고 (소송대리인 변호사 이보영)
원심판결	대구고법 1998. 11. 11. 선고 98나3000 판결

보험자는 보험계약을 체결함에 있어서 보험계약자가 알고 있거나 거래

상 일반적이고 공통된 것이어서 별도의 설명이 없더라도 충분히 예상할 수 있었던 사항 또는 이미 법령에 의하여 정하여진 것을 되풀이하거나 부연하는 정도에 불과한 사항이 아니라면 보험상품의 내용이나 보험요율의 체계 등 보험약관에 기재되어 있는 중요한 내용에 대하여 구체적이고 상세하게 명시·설명하여야 하고, 보험자가 이러한 보험약관의 명시·설명의무를 위반하여 보험계약을 체결한 때에는 그 약관의 내용을 보험계약의 내용으로 주장할 수 없다.

– 대법원 1999. 5. 11. 선고 98다59842 판결

이렇게 상법과 약관의 규제에 관한 법률, 기존 대법원판례를 근거로 최근 법원들은 암보험 약관의 '원발부위 기준 분류' 규정은 소비자가 만약 그와 같은 내용을 알았더라면 보험계약을 체결하지 않을 수도 있는 중요한 내용이 맞고, 중요한 내용을 계약 당시 소비자에게 설명하지 않았다면 그 내용을 이 계약의 내용으로 주장할 수 없으므로 비록 약관에 '원발부위 기준 분류' 규정이 들어 있다고 하더라도 보험회사 측이 그 내용을 설명하지 않아서 '설명의무'를 위반했다면, '원발부위 기준 분류' 규정은 이 보험계약의 내용이라고 주장할 수 없다고 판단하고 있습니다.

서 울 중 앙 지 방 법 원

판 결

사 건	2017가단5011615 보험금
원 고	A
	소송대리인 변호사 방수환
피 고	B 주식회사
	소송대리인 변호사 차승균
변론종결	2018. 2. 8.
판결선고	2018. 3. 15.

원발암 기준 분류특약은 그 특약이 없다면 일반암으로 인정할 수 있는

전이암을 원발부위 암으로 간주하여 보험금 지급범위를 축소하는 내용

인 점 등에 비추어 보면, 이차성 및 상세불명의 악성신생물의 경우 원발

부위를 기준으로 분류하여 일반암에서 제외하는 것을 이 사건 보험계약

체결 당시 원고가 알고 있었거나 거래상 일반적으로 공통된 것이어서 별

도의 설명이 없더라도 충분히 예상할 수 있었던 사항 또는 단순히 의학적

판단 기준을 부연하는 정도에 불과한 사항이라 할 수 없으며, 피고의 주

장에 따르더라도 전이암 분류 방법에 관하여 종래 혼선이 컸다는 것이므

로, 2011. 4.경 이후 보험약관에 원발암 기준 분류특약을 신설하였다면

보험계약자가 이를 알지 못한 채 보험계약을 체결하여 예측하지 못한 불

이익을 받는 상황을 피하기 위해 그 내용을 구체적으로 설명할 필요성이

더욱 절실하였다고 보아야 하고, 다른 보험회사들의 보험약관에 유사한 내용의 특약이 포함되어 있었다고 하더라도 보험업계 전문가가 아닌 통상적인 보험계약자들이 상식 수준에서 이러한 분류특약의 존재를 인식할 수 있었다는 점 등을 인정할 만한 증거가 없는 이상 별도로 설명할 필요성이 있으며…

– 서울중앙지방법원 2018. 3. 15. 선고 2017가단5011615 판결

그런데 주의할 점이 있습니다. '설명의무 위반'을 둘러싼 이차암 보험금 분쟁에 있어서 소비자가 이긴 판결만 있는 것이 아니라 보험회사가 이긴 판결도 다수 존재한다는 사실입니다. 그중 한 가지를 살펴보면 다음과 같습니다.

서 울 중 앙 지 방 법 원
판 결

사건	2018가단5038488 보험금
원고	A
	소송대리인 법무법인 유스트
	담당변호사 이준호
피고	B 주식회사
	소송대리인 변호사 김혜영, 황윤숙, 박지현
변론종결	2018. 9. 20.
판결선고	2018. 10. 18.

3) G(보험설계사)은 원고(소비자)로부터 제1, 2 각 보험을 모집하는 과정에서 원고에게 원발암 기준 분류특약이 포함된 보험약관과 상품설명서를 교부하였고, 원고는 그 상품설명서 수령확인서에 G로부터 충분한 설명을 들었음을 확인하는 서명을 하였다.

<중략>

따라서 피고(보험회사)가 원발암 기준 분류특약에 관한 설명의무를 불이행하였음을 전제로 하는 원고의 주장은 나아가 살필 필요 없이 이유 없다.

– 서울중앙지방법원 2018. 10. 18. 선고 2018가단5038488 판결

위 판결에서 보험회사 소속 설계사가 소비자에게 '원발부위 기준 분류' 규정을 설명했다고 법원이 판단한 가장 중요한 근거는 상품설명서 수령확인서에 소비자가 작성한 서명입니다. 상품설명서와 약관에 '원발부위 기준 분류' 규정이 들어 있고 이것을 보험설계사가 보험계약 체결 당시 소비자에게 교부하였으며, '원발부위 기준 분류' 규정이 들어 있는 상품설명서에 대해 보험설계사에게 설명을 들었다고 확인하는 서명을 소비자 본인이 한 이상 보험회사가 '원발부위 기준 분류' 규정에 대한 설명의무를 위반했다고 볼 수 없다는 내용입니다.

그럼 앞에서 살펴본 소비자들이 이긴 판결에서의 보험계약은 어떤 것일까요? 그 계약은 '원발부위 기준 분류' 규정이 약관에 들어갔지만, 상품설명서에는 아직 추가되기 전(회사마다 다릅니다만, 대

략 2011년 4월부터 2012년 4월 이전)에 체결된 것들이 대부분입니다. 그리고 TM조직(텔레마케팅 조직: 전화로 보험을 판매함)이 판매한 상품도 있습니다. 이럴 때 전화로 보험계약의 중요한 내용을 소비자에게 설명하고 그것을 녹취해서 설명의무를 이행했음을 증명해야 하는데요. 그 녹취에 '원발부위 기준 분류' 규정을 설명하는 내용이 들어 있지 않았던 계약들입니다. 어쨌든 이런 계약은 보험회사 측이 보험계약 체결 당시 '원발부위 기준 분류' 규정을 소비자에게 설명했음을 입증할 수 없기 때문에 법원은 보험회사 측이 약관의 중요한 내용에 대한 설명의무를 위반했다고 판단한 것입니다.

이 같은 이유로 보험회사가 패소하는 일이 잦아지자 보험회사들은 대략 2012년 초부터(보험회사마다 시기가 모두 다릅니다) 상품설명서에 '원발부위 기준 분류' 규정을 추가했습니다. TM조직에서는 많이 늦었지만 대부분 2020년 1월부터 소비자와 전화로 암보험을 체결할 때 '원발부위 기준 분류' 규정을 읽어주고 그걸 녹음합니다. 워낙 빠른 속도로 읽어주므로 소비자는 '원발부위 기준 분류' 규정에 대해 전혀 이해하지 못한 채 '네, 네, 네'만 하다가 보험 가입이 되어버리지만, 법원은 어쨌든 보험회사 측이 설명의무를 이행했다고 판단합니다.

법원의 이 같은 판단은 매우 유감스러운 일입니다. 보험업계에서 오래 일한 사람들은 모두 알고 있지만, 아무리 오랫동안 보험설계사로 활동한 사람이더라도 '원발부위 기준 분류' 규정에 대해 이해하지 못하고 있는 경우가 대부분입니다. 보험회사가 가르쳐주지 않는 약관 조항을 보험설계사가 혼자 공부하기란 너무 어려운 일이기 때문이죠.

게다가 40페이지가 훨씬 넘는 분량의 상품설명서에 깨알 같은 글씨로 '원발부위 기준 분류' 규정이 들어 있어서 그 내용이 어디 있는지 확인하기도 어렵지만, 그런 내용이 상품설명서에 들어 있다는 사실 자체를 모르는 보험설계사가 대부분인데 어떻게 그 조항을 보험계약체결 당시 소비자에게 설명할 수 있겠습니까? 그건 TM조직도 마찬가지입니다. '원발부위 기준 분류' 조건을 이해하고 소비자에게 설명해주는 것이 아니라 그저 회사가 제공한 스크립트를 읽어줄 뿐입니다.

이 설명서는 보험소비자의 권익 보호 및 보험상품에 대한 이해 증진을 위하여 보험상품의 핵심내용을 알기 쉽게 작성한 것입니다. 이 설명서를 통해 상품내용을 충분히 이해하시고 보다 자세한 사항은 약관을 반드시 확인하시기 바랍니다. '상품설명서'의 내용을 이해하지 못하고 보험에 가입할 경우 불이익을 받을 수 있으므로, 동 내용을 반드시 이해하시고 계약여부를 결정하시기 바랍니다.

(무) 암진단특약

(가입금액 : 3,000만원, 보험기간 : 100 세만기)

급부명	지급금액		지급사유
	전환나이 전	전환나이 이후	
암진단보험금	3,000만원 (1년 미만 진단확정시 1,500만원)	6,000만원	피보험자가 보험기간 중 보장개시일 이후에 "암"("갑상선암", "기타피부암", "대장점막내암" 및 "유방암 또는 남녀생식기관련암"은 제외)으로 진단확정되었을 때 (최초 1회에 한함)

· 주계약의 보험료 납입이 면제되었을 경우 또는 "유방암 또는 남녀생식기관련암"으로 진단확정 되었을 때에는 이 특약의 보험료 납입을 면제하여 드립니다.
· 암(다만, "갑상선암", "기타피부암", "대장점막내암", "제자리암", "경계성 종양" 및 "유방암 또는 남녀생식기관련암"은 제외)에 대한 보장개시일은 이 특약의 계약일 또는 부활(효력회복)일부터 그날을 포함하여 90일이 지난 날의 다음날로 하며, 그 날로부터 이 약관이 정한 바에 따라 보장을 합니다.
· 피보험자가 암보장개시일 전에 "암"(갑상선암, 기타피부암 및 대장점막내암 제외)으로 진단확정되는 경우에는 암보장개시일 이후 보험금의 지급사유 및 납입면제사유가 발생하더라도, 동 지급사유 및 납입면제사유가 암보장개시일 이전에 발생한 "암"(갑상선암, 기타피부암 및 대장점막내암 제외)과 동일하거나 다른 신체기관에 재발 또는 전이된 "암"(갑상선암, 기타피부암 및 대장점막내암 제외)인 경우에는 해당 보험금을 지급하지 아니하고 보험료납입을 면제하지 않습니다.
· 한국표준질병 · 사인분류 지침서의 "사망 및 질병이환의 분류번호부여를 위한 선정준칙과 지침"에 따라 C77~C80(이차성 및 상세불명 부위의 악성신생물(암))의 경우 원발성 악성신생물 (암)이 확인되는 경우에는 C77~C80(이차성 및 상세불명 부위의 악성신생물(암))으로 분류하지 않고, 원발부위(최초 발생한 부위)를 기준으로 분류합니다.

한 보험상품의 상품설명서. 여러 페이지 중 한 페이지에 작은 글씨로 '원발부위 기준 조항'이 들어 있음

소비자는 보험계약 체결과정에서 상품설명서에 들어 있는 '원발부위 기준 분류' 조건의 존재 자체를 모른 채 상품설명서 맨 마지막에 있는 소비자 확인란의 글씨(설명 듣고 이해)를 따라 쓰고 서명할 뿐입니다.

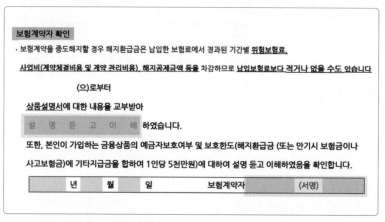

보험계약자 확인
· 보험계약을 중도해지할 경우 해지환급금은 납입한 보험료에서 경과된 기간별 <u>위험보험료,</u>

<u>사업비(계약체결비용 및 계약 관리비용), 해지공제금액 등을</u> 차감하므로 <u>납입보험료보다 적거나 없을 수도 있습니다</u>

(으)로부터

<u>상품설명서에 대한 내용을 교부받아</u>

설 명 듣 고 이 해 하였습니다.

또한, 본인이 가입하는 금융상품의 예금자보호여부 및 보호한도(해지환급금 (또는 만기시 보험금이나

사고보험금)에 기타지급금을 합하여 1인당 5천만원)에 대하여 설명 듣고 이해하였음을 확인합니다.

년	월	일	보험계약자	(서명)

한 보험상품의 상품설명서 마지막 부분

이렇게 된 상품설명서에 소비자가 서명하고 '설명 듣고 이해' 부분을 따라 썼다고 해서 '원발부위 기준 분류' 규정에 관해 설명을 듣고 이해했다는 의미로 받아들일 수 있을까요? 소비자는 이 보험계약을 체결하는 데 꼭 필요하다고 하니까 따라 쓰고 서명한 것이지, '원발부위 기준 분류' 규정에 관해 설명을 듣고 이해했다는 의미로 서명한 것이 아닙니다. 만약 보험회사가 '원발부위 기준 분류' 규정을 소비자에게 정확히 설명하려 한다면 L생명보험사처럼 상품설명서를 만들어야 합니다.

L생명보험사가 2020년 4월 1일부터 사용하고 있는 상품설명서 중 일부

이 상품설명서에는 소비자가 설명을 듣고 이해하였다고 따라 쓰기 전에 이차성(전이) 암은 최초 발생 암을 기준으로 1회만 보험금을 지급하며, 전이된 부위는 보험금을 지급하지 않는다는 점을 명확히 하고 그중 '1회 보장'과 '않습니다'를 따라 쓰게 유도합니다. 만약 소비자가 이 상품설명서 확인란을 직접 작성한다면, 소비자 대부분은 이차암이 무엇인지 보험설계사에게 물어볼 것입니다. 전이된 부위는 보장하지 않는다는 것이 무슨 의미인지도 물어보겠죠.

이렇게 된 상품설명서에 소비자가 정상적으로 따라 쓰기를 하고 서명한 경우라면 저 역시 법원의 판단에 동의합니다. 이 소비자는 보험회사 측에서 '원발부위 기준 분류' 규정을 설명 듣고 이해한 것으로 간주할 수밖에 없죠. 하지만 다른 보험회사들의 상품설명서에 소비자가 서명했다고 해서 소비자가 '원발부위 기준 분류' 규정을 설명 듣고 이해했다고 받아들이는 것은 상식적이지 않은 판단입니다. 판사들은 어떻게 보험에 가입하는지, 그들은 상품설명서의 모든 내용을 설명 듣고 이해한 후 서명하는지 직접 만나서 물어보고 싶을 정도입니다.

그렇다면 왜 L생명보험만 상품설명서를 이렇게 만들었을까요? 다른 보험회사는 왜 상품설명서를 이렇게 만들지 않을까요? 그 이유는 바로 돈 때문입니다. 보험회사는 지금도 '원발부위 기준 분류' 규정을 소비자들이 모르고 보험에 가입하기를 바랍니다. 그래서 상품설명서를 L생명보험처럼 만들지 않습니다. 그럼 L생명보험은 왜 혼자만 상품설명서를 이렇게 변경했을까요? 그 회사가 주력으로 판매하는 상품이 '암보험'이기 때문입니다. 각급 법원이 '원발부위 기준 분류' 규정에 대한 보험회사 측의 설명의무 위반을 이유로 전이된 이차암에 대해서도 암보험금을 지급하라고 판결하는 경우가 늘어나자 이 회사는 두려웠을 겁니다. 암보험 판매가 위축되더라도 '원발부위 기준 분류' 규정에 대한 설명의무를 이행했음을 증명하는 장치를 더 꼼꼼하게 만들어야겠다고 판단한 것이죠. 모든 금융회사는 막대한 손해가 예상될 때만 소비자 보호에 동참합니다.

　　보험회사를 대신해 약관의 중요한 내용을 소비자에게 설명해야 할 보험설계사에게조차 보험회사는 '원발부위 기준 분류' 규정을 가르치지 않았고, 그런 규정이 있다는 사실조차 몰랐던 보험설계사는 소비자에게 그 규정을 설명할 수 없었음이 재판 과정에서 계속 드러나고 있습니다. 하지만 보험회사는 지금도 소속 보험설계사에게 '원발부위 기준 분류' 규정을 가르치지 않고 있습니다. 보험회사에서 배우지 못한 설계사는 암보험(암특약)을 판매할 때 소비자에게 '원발부위 기준 분류' 규정을 설명하지 못합니다. 그래서 대한민국의 보험소비자들은 일차암이 소액암(갑상선암처럼 보험금이 적게 책정된 암)이면 림프, 위, 폐, 대장 등에 전이되어도 수천만 원의 암보험금을 받을 수 없다는 사실을 모르고 암보험(암특약)에 가입하고 있습니다. 심각한 문제입니다.

보험은 '말하지 않아도 알고 눈빛만 보아도 아는' 초코파이가 아닙니다. 약관은 설명해주지 않으면 알 수 없습니다. 보험계약에서 '설명의무' 준수를 강조하는 법원의 최근 경향에 박수를 보냅니다만, 소송이라는 적극적인 의사 표현으로 자신의 권리를 지킬 수 있는 소비자들이 극히 소수라는 점을 고려한다면 감독당국의 적극적인 대응이 절실해 보입니다. 금융감독원이 그 설립목적과 다르게 소비자 보호를 위해 아무것도 하기 싫다면, 다른 생명보험사와 손해보험사 모두 L생명처럼 상품설명서를 만들도록 강제하는 것, 이것 하나만이라도 해주기를 바라봅니다.

⑩ 땅 위를 달리는 새(Bird)와 과일(Lime)

2018년 여름 MDRT 연차총회(in LA)에서 강연한 후 산타모니카 해변 근처를 산책할 때 공유서비스를 통해 이용되는 전동킥보드를 처음 봤습니다. 현지인들은 1인 모빌리티 공유서비스업체 중에 'Bird'라는 업체가 있어서도 그렇지만, 보행자 옆을 새처럼 빠른 속도로 지나간다고 해서 전동 킥보드를 'Bird'라고 부르더군요. 나이 드신 분들은 사고를 유발하는 그 '전기새'를 몹시 못마땅하게 여기고 있었습니다. 2022년 현재 저는 지하철 9호선 봉은사역에서 내려 2호선 삼성역 쪽으로 걸어서 출근하는데요. 젊은 직장인을 태우고 빠른 속도로 달려가는 '전기새'를 자주 목격합니다. 그리고 그때마다 혼자 중얼거립니다.

'저 새 타고 다니면 안 되는데… 잘못하면 정말 새되는데…'

1인 모빌리티 공유서비스는 이제 대한민국에서도 낯설지 않습니다. Bird, Lime 같은 외국업체뿐만 아니라 킥고잉, 고고씽, 스윙, 씽씽 같은 국내 업체도 성업 중이죠. 한국교통연구원에 따르면 국내 1인 모빌리티 시장은 2022년까지 20만 대로 증가할 것이라고 예상됩니다. 이렇게 급격히 늘어나는 전동 킥보드와 전동 휠(바퀴가 하나인 이동장치)은 그에 따라 사고도 함께 증가하고 있습니다.

2017년 4월, 출퇴근용으로 전동 휠을 타고 다니던 분이 교통사고를 당해 사망한 사건이 있었습니다. 사망한 분은 한 손해보험사에 4개의 보험상품에 가입하고 있었지만, 해당 보험사는 4억 원에 달하는 사망보험금 지급을 거부했습니다. 사망한 분이 전동 휠을 계속 타게 되었음을 보험회사에 알리지 않았다며 '통지의무 위반'

을 근거로 보험금 지급을 거부한 것이죠. 이에 유족이 보험사와 소송을 벌였는데요. 1심에서는 유족이 이겼지만, 2심에서는 보험사가 승소했고(서울고등법원 2019. 2. 22. 판결 2018나2029885) 대법원에서는 보험회사가 이긴 2심판결이 확정됐습니다(대법원 2019. 6. 13. 판결 2019다221154).

본 판결문은 판결서 인터넷열람 사이트에서 열람·출력되었습니다.
영리목적으로 이용하거나 무단 배포를 금합니다.게시일자 : 2019-07-17

서 울 고 등 법 원

제 6 민 사 부

판   결

사 건	2018나2029885 보험금
원고, 피항소인	1. A
	2. B
	원고들 소송대리인 변호사 전경근
피고, 항소인	C 주식회사(변경 전 상호: D 주식회사)
	소송대리인 법무법인 소명(담당변호사 이명현)
제 1 심 판 결	서울중앙지방법원 2018. 5. 17. 선고 2017가합555186 판결
변 론 종 결	2018. 12. 21.
판 결 선 고	2019. 2. 22.

이 사건 약관 중 '계약 후 알릴 의무' 제1항 및 '알릴 의무 위반의 효과' 제1항(이하 통틀어 '이 사건 약관조항')은 이 사건 각 보험계약의 체결 후 피보험자가 이륜자동차 등을 직접 사용하게 된 경우 보험계약자 등은 지

체 없이 피고에게 서면으로 알려야 하고, 보험계약자 등이 이를 이행하지 아니하였을 때에는 피고가 보험계약을 해지할 수 있다고 규정하고 있다. 그러나 망인은 이 사건 각 보험계약을 체결한 후에 이륜자동차 등에 해당하는 이 사건 전동휠을 사용하게 되었는데도, 이를 피고에게 서면으로 알리지 아니함으로써 약관상 통지의무를 위반하였다.

– 서울고등법원 2019. 2. 22. 판결 2018나2029885

보험계약은 보험사와 소비자 사이의 상거래이므로 상법의 영향을 받습니다. 상법에서는 보험에 가입한 사람이 자신에게 사고 발생의 위험이 현저히 증가한 사실을 안 때에는 지체 없이 보험회사에 알려야 한다고 규정하고 있습니다. 이것을 '통지의무(계약 후 알릴 의무)'라고 합니다. 만약 보험에 가입한 사람이 '통지의무'를 위반하고 보험회사에 증가한 위험을 알리지 않은 상태에서 사고가 발생했다면, 보험회사는 보험계약을 강제로 해지할 수 있고 보험금도 지급하지 않을 수 있습니다. 현재 이 '통지의무'는 생명보험계약에는 적용되지 않고 손해보험계약에만 적용되고 있습니다.

제28조(계약 후 알릴 의무)

1. 계약자 또는 피보험자는 계약을 맺은 후 피보험자가 그 직업 또는 직무를 변경(자가용 운전자가 영업용 운전자로 직업 또는 직무를 변경하는 등의 경우를 포함합니다)하거나 이륜자동차 또는 원동기장치 자전거를 직접 사용하게 된 경우에는 지체없이 서면으로 회사에 알리고 보험가

입증서(보험증권)에 확인을 받아야 합니다.

제29조(알릴 의무 위반의 효과)

1. 회사는 아래와 같은 사실이 있을 경우에는 손해의 발생 여부에 관계 없이 이 계약을 해지할 수 있습니다.

   ① 계약자, 피보험자 또는 이들의 대리인이 고의 또는 중대한 과실로 제27조(계약 전 알릴 의무)를 위반하고 그 의무가 중요한 사항에 해당하는 경우.

   ② 뚜렷한 위험의 증가와 관련된 제28조(계약 후 알릴 의무) 제1항에 서 정한 계약 후 알릴 의무를 이행하지 아니하였을 때.

   - 손해보험 약관 중 일부 발췌

'통지의무'와 관련하여 손해보험 약관을 살펴보면 보험계약을 체결한 후라 하더라도 보험 가입자가 '이륜자동차나 원동기장치 자전거'를 계속 사용하게 된 경우 보험사에 지체 없이 이를 알려야 한다고 되어 있는데요. 이번에 사고를 당한 분은 전동 킥보드나 전동 휠이 손해보험 약관에서 말하는 '이륜자동차나 원동기장치 자전거'에 해당한다는 사실을 몰랐고, 또한 전동 휠을 타는 것이 약관과 상법에서 말하는 '통지의무' 대상이라는 것을 계약 당시 설명 듣지 못했으므로 통지의무 위반이 아니라고 유족 측은 주장했습니다. 하지만 법원은 보험계약 체결 당시 계약자가 보험회사 측으로부터 약관의 중요한 내용을 설명 듣고 이해했다는 취지로 자필로

서명한 상품설명서를 근거로 보험회사의 손을 들어주었습니다.

실무에서 보면 이런 '통지의무'를 보험계약 체결 당시 소비자에게 설명하는 보험설계사도 적지만, 특히나 전동 킥보드, 전동 휠을 타는 경우 이것이 손해보험 가입자가 꼭 지켜야 할 '통지의무'에 해당한다는 걸 알고 판매하는 설계사도 적습니다. 그런데도 계약자가 상품설명서에 자필로 서명했다는 이유만으로 계약자가 '통지의무'에 대해 제대로 설명 듣고 이해한 상태에서 보험계약을 체결했다고 본 법원의 판단은 매우 유감스럽습니다.

어쨌든 유감스러운 이 판결이 대법원판결이기에 이제는 손해보험을 판매하는 보험설계사의 처지나 가입하는 소비자 입장에서도 보험계약 체결 이후에 전동 킥보드나 전동 휠을 직업이나 직무 또는 동호회 활동 목적으로 계속 사용하게 되면(출퇴근 용도로만 1인 모빌리티를 사용하는 때도 계속 사용하는 것으로 간주합니다), 그 사실을 반드시 보험회사에 알려야 한다는 것을 인식하고 있어야 합니다.

 약관 읽어주는 남자의 한마디

코로나가 창궐한 이후 인간의 이동은 많이 줄었습니다. 그래서인지 하늘은 미세먼지 하나 없이 매일매일 파란 하늘입니다. 그 파란 하늘을 날고 있는 새를 보면 한 폭의 그림 같죠. 새는 역시 하늘을 날 때 아름답고 라임은 모히또에 들어갈 때 제맛입니다. 땅 위를 달리는 새(Bird)나 과일(Lime)은 위험할 수 있습니다.

11 히말라야 원정대는
동호회 활동이 아니랍니다

2015년 12월 개봉된 〈히말라야〉는 히말라야산맥 에베레스트 등정 중 사망한 동료의 시신을 찾기 위해 또다시 히말라야에 오른 희망원정대의 실화를 바탕으로 만든 영화입니다. 영화 포스터의 카피는 이렇습니다. '기록도 명예도 보상도 없는 가슴 뜨거운 도전이 시작된다!' 정상에 오르기 위한 원정이 아니기에 인정받을 기록도 없고, 등정 성공이라는 명예도 주어지지 않습니다. 그런 상징적인 타이틀이 없기에 당연히 어떤 대가나 보상도 받을 수 없습니다. 하지만 동료의 시신을 히말라야에 방치한 채 살아가는 자신을 용납할 수 없었던 산악인들은 동료의 시신을 데리고 오기 위해 원정대를 꾸려 히말라야로 떠납니다. 죽은 자를 데려오기 위해 산 자들이 목숨을 걸고 설산을 오르는 모습은 그 결과와 상관없이 깊은 울림을 주기에 충분했습니다. 어쩌면 영원히 히말라야에 묻힌 산악인은 동료들의 희망원정대에 가장 큰 보상을 받았는지도 모르겠습니다.

죽은 자를 위해 산 자들이 책임을 다하는 것은 산악인의 세계에만 존재하는 것은 아닙니다. 보험의 영역에서도 죽은 자를 위한 책임은 반드시 지켜져야 할 가치입니다. 하지만 현실에서는 그 가치가 보험회사에 의해 훼손되는 예가 많습니다. 산악인 A씨를 등반대장으로 하는 칸첸중가봉 등반팀은 2013년 3월 네팔로 출국하여 현지에서 약 두 달 동안 산악 적응훈련을 거친 후 2013년 5월 21일 히말라야 칸첸중가봉 등반에 도전했습니다. 그런데 칸첸중가봉 등정에 성공하고 하산하던 도중 A씨가 실족하여 사망하는 사고가 발생했습니다. 고인은 2005년 히말라야의 낭가파르바트 루팔벽, 2007년에는 히말라야의 에베레스트와 로체, 2011년에는 역시 히말라야의 마나슬루를 등반했던 전문 산악인이었습니다. 그런데 A씨는 본인이 상해로 사망하면 상해사망보험금을 지급하는 보험계약을 2007년 한 손해보험사와 체결한 상태였습니다. A씨의 유족은 해당 보험사에 상해사망보험금을 청구했는데요. 그때부터 악몽이 시작됐습니다. 해당 보험사가 상해사망보험금을 지급하지 않기 위해 A씨의 유족을 대상으로 '채무부존재확인소송'을 제기한 것입니다. 불의의 사고로 가장을 잃은 유족들이 보험회사에 사망보험금을 청구했을 뿐인데 소송까지 당하는 일이 벌어졌습니다. 보험회사는 다음과 같은 주장을 했습니다.

이 사건 면책약관조항에 따르면, 원고(보험회사)는 피보험자가 직업, 직무 또는 동호회 활동 목적으로 전문 등반을 하는 동안 손해가 발생하였을 때 면책되는데, 고인은 전문 등반인으로서 직업 또는 직무로 칸첸중가를 등반하다가 또는 동호회 활동 목적으로 칸첸중가를 등반하다가 사망하였으므로, 원고는 피고들(유족들)에게 보험금을 지급할 의무가 없다.

보험회사가 보험금을 지급할 의무가 없다고 주장하는 근거인 이 계약의 면책조항은 모든 손해보험 약관에 동일하게 적용되는 것이며, 그 전문은 다음과 같습니다.

제5조 (보험금을 지급하지 않는 사유)

② 회사는 다른 약정이 없으면 <u>피보험자가 직업, 직무 또는 동호회 활동목적으로 아래에 열거된 행위로 인하여 제3조(보험금의 지급사유)의 상해관련 보험금 지급사유가 발생한 때에는 해당 보험금을 지급하지 않습니다.</u>

1. 전문등반(전문적인 등산용구를 사용하여 암벽 또는 빙벽을 오르내리거나 특수한 기술, 경험, 사전훈련을 필요로 하는 등반을 말합니다), 글라이더 조종, 스카이다이빙, 스쿠버다이빙, 행글라이딩, 수상보트, 패러글라이딩
2. 모터보트, 자동차 또는 오토바이에 의한 경기, 시범, 흥행(이를 위한 연습을 포함합니다) 또는 시운전(다만, 공용도로상에서 시운전을 하는 동안 보험금 지급사유가 발생한 경우에는 보장합니다)
3. 선박승무원, 어부, 사공, 그 밖에 선박에 탑승하는 것을 직무로 하는 사람이 직무상 선박에 탑승하고 있는 동안

손해보험계약 보통약관 중 '보험금을 지급하지 않는 사유'

보험회사 입장에서 생각해보면 고인은 히말라야의 낭가파르바트 루팔벽, 에베레스트와 로체, 마나슬루를 등반할 정도로 전문 산악인입니다. 또한 히말라야의 다른 많은 봉우리처럼 칸첸중가봉 역시 오랫동안 훈련을 받은 전문 산악인만 등반이 가능한 곳입니

다. 그런 곳을 등반하다가 사고를 당한 만큼 이번 사고는 전문 등반이라는 행위를 하는 동안 발생한 것이므로 보상하지 아니하는 손해에 해당한다는 것입니다. 또한 고인은 동료 산악인들과 칸첸중가 등반팀을 꾸려 몇 달간 현지 적응훈련까지 한 상태였기에 이번 사고는 '직업, 직무 또는 동호회 활동 목적으로 전문 등반을 하는 동안에 생긴 손해'에 해당하므로 보험금을 지급할 의무가 없다고 주장한 것이죠. 1심법원은 보험회사 측 주장이 옳다고 판단했습니다. 하지만 2심법원(광주고등법원)과 대법원은 1심법원의 판결을 뒤집고 보험회사가 유족에게 상해사망보험금을 지급하는 것이 맞다는 판결을 내립니다. 고인이 직업, 직무 또는 동호회 활동 목적으로 전문 등반을 한 것은 아니라고 봤기 때문입니다.

광주 고등법원은 이번 판결문에서 '직업은 생계를 유지하기 위하여 자신의 적성과 능력에 따라 일정한 기간 계속하여 종사하는 일을 뜻하고, 직무는 직업상의 임무를 뜻하므로, 「직업 또는 직무로 전문 등반을 한다」라는 것은 생계유지를 위한 방편으로 일정한 기간 계속하여 전문 등반을 하거나 직업상 맡게 된 임무를 위하여 전문 등반을 하는 것이라고 할 수 있다. 그리고 그 전형적인 예로는 '브랜드클라이밍팀(등산 장비 제조업체가 브랜드 홍보를 위하여 유명 산악인을 고용한 후 이들로 하여금 자사의 등산 장비를 사용하여 전문 등반을 하게 만든 팀), 실업팀(직장 내 직무가 등반인 산악팀), 개인 등산학교(유명 산악인이 개설한 사설 학교) 등을 들 수 있다'라고 하면서 고인은 등산 장비 판매업을 하고 있었고, 칸첸중가를 등반한 것은 생계유지를 위한 방편이 아니기에 이번 사고가 직업 또는 직무로 전문 등반을 하다가 발생한 것은 아니라고 보았습니다. 또한 '동호회 활동'과 관련해서도 다음과 같이 판단하였습니다.

본 판결문은 판결서 인터넷열람 사이트에서 열람·출력되었습니다.
영리목적으로 이용하거나 무단 배포를 금합니다.게시일자 : 2019-11-13

광 주 고 등 법 원

제 2 민 사 부

판   결

사 건	2016나1365 채무부존재확인
원고, 피항소인	A 주식회사
	소송대리인 법무법인 무등
	담당변호사 오수원
피고, 항소인	1. B
	2. C
	3. D
	피고 3은 미성년자이므로 법정대리인 친권자 모 B
	피고들 소송대리인 변호사 정찬원
	소송복대리인 변호사 박석순
제1심 판결	광주지방법원 2016. 8. 26. 선고 2014가합5731 판결
변 론 종 결	2017. 7. 19.
판 결 선 고	2017. 9. 26.

일반적으로 '동호회'는 같은 취미 내지 기호를 가진 사람들이 집단적으

로 그 취미활동을 하기 위하여 만든 모임을 뜻하는 바, 동호회의 본질은 취미활동을 함께 한다는 목적과 실제로 그 취미활동을 함께 하는 것이므로, 「동호회 활동목적으로 전문등반을 한다」는 것은 전문등반을 함께 하는 것이 목적인 동호회에 가입하고, 실제로 다른 동호회 회원들과 함께 전문등반을 하는 것이라고 할 것이다.

이에 더하여 이 사건 면책약관조항에서 '직업, 직무'와 함께 '동호회 활동목적'을 병렬적으로 열거하고 있는 이유는 직업 또는 직무처럼 동호회의 활동 또한 일정한 기간 계속하여 반복적으로 이루어진다는 점에 착안한 것이므로, 단순히 일회성으로 모임을 구성하여 함께 취미활동을 한 것을 동호회의 활동이라고 할 수 없다.

<중략>

칸첸중가봉 등반팀은 광주광역시와 전남지역 여러 산악회 소속 산악인들이 칸첸중가를 등정하기 위하여 일회성으로 모여 구성된 것에 불과하고, 그 대원들이 칸첸중가 등반 이후에도 계속적이고 반복적으로 전문등반을 할 예정이었음을 인정할 증거도 없다… 따라서 앞서 본 사정만으로는 칸첸중가봉 등반팀을 동호회라고 할 수 없으므로, 고인이 칸첸중가봉 등반팀이라는 동호회 활동목적으로 칸첸중가를 등반하였다고 할 수 없다.

- 광주고등법원 2017. 9. 26. 선고 2016나1365 판결

비록 수개월 동안 해외에서 현지 적응훈련을 하기도 했지만, 이같은 행위가 칸첸중가봉 등반 이후에 일회성으로 끝나지 않고 지

속해서 이루어질 예정이었다는 증거도 없고, 등반팀이 서로 다른
여러 산악회에 소속되어 있었기에 칸첸중가봉 등반팀을 동호회라
고 볼 수 없다고 판단했습니다. 그러니 당연히 동호회 활동을 면책
조건으로 정하고 있는 약관조항에 해당하지 않는다는 것이죠. 광
주고등법원의 이 판단에 보험사가 항소하면서 대법원까지 소송이
이어졌습니다만, 대법원 역시 광주고등법원의 판단이 옳다고 보았
고 고인의 유족이 최종 승소하였습니다.

대 법 원
제 2 부
판 결

사 건	2017다48706 채무부존재확인
원고, 상고인	AA 주식회사(변경 전 상호: A 주식회사)
	소송대리인 법무법인 소명 담당변호사 전재중
피고, 피상고인	1. B
	2. C
	3. D
	피고들 소송대리인 변호사 정찬원, 박신영
원 심 판 결	광주고등법원 2017. 9. 26. 선고 2016나1365 판결
판 결 선 고	2019. 9. 26.

상해보험계약에서 면책약관으로 '피보험자가 직업, 직무 또는 동호회 활동목적으로 전문등반을 하는 동안에 생긴 손해'에 대하여는 보상하지 않는다고 규정한 경우, 여기에서 말하는 '동호회'라 함은 특별한 사정이 없는 한 같은 취미를 가지고 함께 즐기는 사람들의 모임으로서 계속적·반복적인 활동이 예상되는 모임을 의미한다고 보아야 한다.

- 대법원 2019. 9. 26. 선고 2017다48706 판결

전문 산악인이 히말라야에서 당한 불의의 사고에 관해 약관의 면책조항을 무리하게 적용하여 사망보험금 지급을 거부한 보험회

사 그리고 이에 맞서 대법원까지 가는 긴 싸움을 피하지 않은 유족들 덕분에 손해보험 약관의 면책조항에서 말하는 '직업, 직무 또는 동호회 활동 목적'이 의미하는 바가 분명해졌습니다. 앞으로는 일회성 취미활동 중 발생한 사고까지 무조건 '동호회 활동 목적'이라 주장하며 보험금 지급을 거부하는 보험회사가 없기를 바랍니다.

그런데 히말라야산맥 칸첸중가봉 등반은 누가 봐도 '전문 등반'이 맞습니다. 그래서 보험회사도 면책조항에 해당한다고 판단했을 가능성이 크고, 2심법원과 대법원도 이 부분에 대해서는 보험회사 측 주장이 틀렸다고 판단하지 않았습니다. 하지만 '직업, 직무 또는 동호회 활동 목적'으로 '전문 등반'을 한 것은 아니라고 본 것이죠. 그렇다면 인공암벽을 오르는 스포츠클라이밍은 손해보험 면책조건에서 말하는 '전문 등반'이 맞을까요?

2015년 8월 성남시 분당구 E공원에 있는 인공암벽시설에서 스포츠클라이밍을 하던 사람이 추락해 요추가 골절되는 사고가 발생했습니다. 마침 가입한 손해보험계약이 있어서 후유장해보험금과 실비보험금을 청구했지만, 보험회사는 면책조항인 '동호회 활동 목적으로 전문 등반을 하던 중 발생한 사고'에 해당한다며 보험금 지급을 거부했고, 결국 법정 다툼으로 이어졌습니다.

사고를 당한 사람은 대학교 산악부 출신으로, 졸업 후에도 OB회원으로 활동하면서 남극 최고봉인 빈슨메시프를 제외하고 세계 7대륙 최고봉 모두를 등정할 정도로 전문 산악인이었습니다. 하지만 법원은 사고 당시의 등반을 전문 등반으로 보기도 어렵고, 동호회 활동 목적으로 등반했다는 것도 인정하지 않았습니다.

서 울 중 앙 지 방 법 원

판   결

사 건	2016가단5080232 보험금	
원 고	A	
	소송대리인 법무법인 유일	
	담당변호사 심상한	
피 고	B 주식회사	
	소송대리인 변호사 박지현	
변 론 종 결	2018. 10. 2.	
판 결 선 고	2018. 10. 30.	

이 사건 등반을 위해 전문적인 장비가 필요하기는 하나, 이 사건 인공암벽은 자연암벽과 달리 손으로 잡거나 발을 딛기 위한 인공 확보물, 추락 시 충격을 완화해줄 탄성매트 등의 시설이 이미 되어 있다. 이 사건 인공암벽은 단독등반이 금지되어 있지만, 초보자라도 숙련자를 동반하거나 사전에 등반교육을 받으면 등반이 가능하다.

<중략>

「동호회 활동목적으로 전문등반을 한다」는 것은 전문등반을 함께 하는

것이 목적인 동호회에 가입하고, 실제로 다른 동호회 회원들과 함께 전문 등반을 하는 것이라고 할 수 있다. 이 사건 사고는 원고가 초보자인 I의 장비를 밑에서 잡아주다가 발생하였는데, 당시 원고가 동호회 활동목적으로 이 사건 등반을 하였다고 인정할 만한 자료가 없다.

– 서울중앙지방법원 2018. 10. 30 선고 2016가단5080232 판결

히말라야의 험준한 봉우리와 비교하며 생각해보면 쉽게 이해할 수 있는 판결입니다. 인공암벽시설은 초보자도 등반 교육을 받으면 등반이 가능할 정도로 각종 안전장치가 마련되어 있습니다. 이런 곳을 오르는 등반을 '전문 등반'이라고 볼 수 없다는 판결입니다. 또한 전문 등반을 목적으로 하는 동호회 회원들과 함께 전문적인 등반을 하다가 다친 것이 아니라 초보자의 인공암벽등반을 도와주다가 발생한 사고를 '동호회 활동 목적의 등반'을 하다가 발생한 사고로 볼 수 없다는 것이죠. 그래서 사고를 당한 사람은 후유장해보험금과 실비보험금을 모두 받을 수 있었습니다.

 약관 읽어주는 남자의 한마디

이 두 건의 분쟁을 통해 알 수 있듯이 보험회사는 지금도 사고를 당한 사람이 전문 산악인이면 그 등반이 어떤 관계의 사람들이 어떤 목적으로 함께 한 것인지, 지속적인 활동인지 일회성 활동인지, 그 공간이 안전장치가 있어서 초

보자도 쉽게 등반할 수 있는 곳인지 등을 따져보지 않고 '동호회 활동 목적으로 전문 등반을 하던 중 발생한 사고'라고 주장하며 보험금 지급을 거부하고 있습니다.

그런데 놀랍게도 보험회사에서 제작하는 모든 보험약관에는 아래와 같은 내용이 들어 있습니다. 보험회사는 자신이 만든 약관규정을 왜 지키지 않는 걸까요?

제42조(약관의 해석)

① 회사는 신의성실의 원칙에 따라 공정하게 약관을 해석하여야 하며 계약자에 따라 다르게 해석하지 않습니다.

② 회사는 약관의 뜻이 명백하지 않은 경우에는 계약자에게 유리하게 해석합니다.

③ 회사는 보험금을 지급하지 않는 사유 등 계약자나 피보험자에게 불리하거나 부담을 주는 내용은 확대하여 해석하지 않습니다.

3

아직도 명확하게 정리되지 않은
보험금 분쟁들

1 코로나19에 의한 사망은 '재해사망'이지만 '상해사망'은 아니다?

2022년 8월 현재 전 세계 인류는 '코로나19'보다 '코로나19가 유발한 불확실성'이라는 공포에서 벗어나지 못하고 있습니다. 2년 전 코로나19 바이러스에 감염된 사람이 무증상 상태에서도 타인에게 바이러스를 감염시킬 수 있다는 사실이 알려지면서 인간은 인간과의 접촉을 최대한 피해야 하는 상황에 내몰렸습니다. 다국적 제약기업들에 의해 백신이 개발되고 접종자가 늘어나면서 꿈꿨던 일상의 회복은 변종 바이러스에 의해 기약도 할 수 없게 멀어졌습니다. 언제 코로나바이러스를 이겨낼 수 있을지 아무도 예측할 수 없는 상황입니다. 한 치 앞도 내다볼 수 없는 불확실성의 공포가 아직도 전 세계를 뒤덮고 있습니다.

2021년 코로나19에 의한 사망자 수가 점차 늘어나자 많은 사람들이 '코로나19'와 '재해사망보험금'의 관계에 대해 말했습니다. 출처를 알 수 없는 기사도 많았고, 수많은 보험전문가가 앞다투어 본인의 의견을 SNS에 올리거나 인터넷 신문에 기고했습니다. '신종

감염병으로 목숨을 잃으면 재해사망보험금이 지급되는지, 지급되지 않는지'가 감염병의 확산을 막기 위한 방역 당국의 수고와 시민들의 노력보다 더 중요한 관심사가 되었습니다. 적어도 보험업계에서는 그랬는데요. 이렇게 말이 많았던 근본적인 이유는 관련 법이 개정된 줄도 모르고 개정 전 법 조항을 약관에 담아 소비자들에게 제공한 생명보험회사들 때문입니다.

'코로나19'에 의한 사망이 생명보험에서 '재해사망'으로 인정될 수 있다는 주장은 생명보험 약관에 있는 '재해분류표'를 근거로 시작됐습니다.

재해분류표

1. 보장대상이 되는 재해

다음 각 호에 해당하는 재해는 이 보험의 약관에 따라 보험금을 지급합니다.

① 한국표준질병·사인분류상의 (S00~Y84)에 해당하는 우발적인 외래의 사고

② 감염병의 예방 및 관리에 관한 법률 제2조 제2호에 규정한 감염병

> **[감염병의 예방 및 관리에 관한 법률 제2조 제2호]**
>
> "제1군감염병"이란 마시는 물 또는 식품을 매개로 발생하고 집단 발생의 우려가 커서 발생 또는 유행 즉시 방역대책을 수립하여야 하는 다음 각 목의 감염병을 말합니다.
> 가. 콜레라, 나. 장티푸스, 다. 파라티푸스, 라. 세균성이질, 마. 장출혈성대장균감염증,
> 바. A형간염

주) 1. ( ) 안은 제7차 한국표준질병·사인분류(통계청 고시 제2015-309호, 2016.1.1. 시행)상의 분류번호이며, 제8차 개정 이후 상기 재해 이외에 추가로 위 1 및 2 의 각 호에 해당하는 재해가 있는 경우에는 그 재해도 포함되는 것으로 합니다.
2. 감염병에 관한 법률이 제·개정될 경우, 보험사고 발생 당시 제·개정된 법률을 적용합니다.

한 생명보험사가 2020년 3월까지 사용하던 약관의 재해분류표

이 '재해분류표'를 보면 생명보험에서는 '감염병의 예방 및 관리에 관한 법률 제2조 제2호'에 규정한 6종의 감염병(콜레라, 장티푸스, 파라티푸스, 세균성이질, 장출혈성대장균감염증, A형간염)을 '재해'로 인정하고 있습니다. 그런데 '재해분류표'의 '주) 2'를 보면 감염병에 관한 법률이 제·개정될 경우, 보험사고 발생 당시 제·개정된 법률을 적용한다고 되어 있습니다. 그러니 미래에 '감염병의 예방 및 관리에 관한 법률 제2조 제2호'가 개정되면 현재 약관에서 재해로 보상하는 6종의 감염병 외에 새로운 감염병이 추가될 수도 있고, 제외되는 것도 있을 수 있습니다. 그래서 이 약관으로 보험에 가입한 소비자들이 '코로나19'에 감염되었다면 생명보험계약에서 재해로 인정해서 보상해야 한다는 주장이 나오기 시작한 것인데요. 이런 일은 과거에도 있었습니다.

전염병 예방법은 2009년 12월 29일 '감염병의 예방 및 관리에 관한 법률'로 개정되었고 이때 '1군전염병'이 '1군감염병'으로 변경되었는데, 기존의 1군전염병 중에서 페스트가 빠지고 대신 A형간염이 새롭게 1군감염병에 포함되었습니다. 그런데 개정된 법이 2010년 12월 30일부터 시행되면서 전염병 예방법이 존재하지 않는데도 불구하고 생명보험회사들은 보험약관을 개정하지 않고 2012년 3월까지 그대로 사용했습니다. 생명보험사들의 이런 무성의 탓에 2009년 12월 30일부터 2012년 3월까지 체결된 생명보험계약이라면 재해분류표 적용기준이 불분명합니다. 이럴 때는 소비자에게 불리하게 약관을 해석할 수 없으므로 '페스트'와 'A형간염'

모두 생명보험계약에서 재해로 보상받을 수 있습니다.

```
<별표 2>
                    재 해 분 류 표

1. 보장대상이 되는 재해

   다음 각 호에 해당하는 재해는 이 보험의 약관에 따라 보험금을 지급하여 드립니다.

   ① 한국표준질병·사인분류상의 (S00~Y84)에 해당하는 우발적인 외래의 사고
   ② 전염병 예방법 제2조 제1항 제1호에 규정한 전염병
```

2012년 3월까지 사용된 생명보험 약관의 재해분류표

전염병예방법	감염병의 예방 및 관리에 관한 법률
가. 콜레라	가. 콜레라
나. 페스트	나. 장티푸스
다. 장티푸스	다. 파라티푸스
라. 파라티푸스	라. 세균성이질
마. 세균성이질	마. 장출혈성대장균감염증
바. 장출혈성대장균감염증	바. A형감염

법 개정 전후 비교표

  그런데 2015년 대한민국은 큰 혼란에 빠집니다. 중동 호흡기 증후군(메르스) 때문입니다. 이 병은 바이러스 감염으로 인한 중증 급성 호흡기 질환입니다. 당시 정부는 메르스에 적절한 대응을 하지 못했습니다. 대통령 탄핵 이후 들어선 정부는 사스와 메르스 때 적절하게 대응하지 못했던 국가방역시스템을 정비합니다. 2020년 1월 1일 감염병 분류체계를 근본적으로 수정한 '감염병의 예방 및

관리에 관한 법률'이 시행된 것이죠. 만약 이 법이 시행되지 않았다면 '코로나19'가 2020년 1월 대한민국에 상륙했을 때 우리 사회는 그 감염병을 제4군감염병으로 정하고 있었을 것이고, 그랬다면 신속하고 강력한 대응을 할 수 없었을 것입니다. 당시 정부의 혜안이 놀라울 뿐입니다.

2020년 1월 '감염병의 예방 및 관리에 관한 법률'이 시행되면서 기존의 제1군~제5군감염병의 '군 체계'에서 제1급~제4급감염병의 '급 체계'로 변경되었으며, 과거 1군감염병으로 지정되었던 6종의 감염병(콜레라, 장티푸스, 파라티푸스, 세균성이질, 장출혈성대장균감염증, A형간염)은 개정된 법률에서 모두 '2급감염병'으로 분류되었습니다. 또한 개정된 법률의 제2조 제2호는 '1급감염병'에 대해 나열하고 있는데, 여기에 포함되는 감염병은 총 17종에 달하고 그 중에는 신종 감염병 증후군('코로나19'가 여기에 해당합니다)이 포함되어 있습니다.

참고2 **법정 감염병 분류체계 개정 전후 비교**

개정 전		개정 후	
구분	감염병 종류	구분	감염병 종류
제1군 감염병 (6종)	콜레라, 장티푸스, 파라티푸스, 세균성이질, 장출혈성대장균감염증, A형간염	제1급 감염병 (17종)	에볼라바이러스병, 마버그열, 라싸열, 크리미안콩고출혈열, 남아메리카출혈열, 리프트밸리열, 두창, 페스트, 탄저, 보툴리눔독소증, 야토병, 신종감염병증후군, 중증급성호흡기증후군(SARS), 중동호흡기증후군(MERS), 동물인플루엔자인체감염증, 신종인플루엔자, 디프테리아
제2군 감염병 (12종)	디프테리아, 백일해, 파상풍, 홍역, 유행성이하선염, 풍진, 폴리오, B형간염, 일본뇌염, 수두, b형헤모필루스인플루엔자, 폐렴구균	제2급 감염병 (20종)	결핵, 수두, 홍역, 콜레라, 장티푸스, 파라티푸스, 세균성이질, 장출혈성대장균감염증, A형간염, 백일해, 유행성이하선염, 풍진, 폴리오, 수막구균 감염증, b형헤모필루스인플루엔자, 폐렴구균 감염증, 한센병, 성홍열, 반코마이신내성황색포도알균(VRSA)감염증, 카바페넴내성장내세균속균종(CRE)감염증
제3군 감염병 (22종)	말라리아, 결핵, 한센병, 성홍열, 수막구균성수막염, 레지오넬라증, 비브리오패혈증, 발진티푸스, 발진열, 쯔쯔가무시증, 렙토스피라증, 브루셀라증, 탄저, 공수병, 신증후군출혈열, 인플루엔자, 후천성면역결핍증(AIDS), 매독, 크로이츠펠트-야콥병(CJD) 및 변종크로이츠펠트-야콥병(vCJD), C형간염, 반코마이신내성황색포도알균(VRSA) 감염증, 카바페넴내성장내세균속균종(CRE) 감염증		

보건복지부 보도자료, 2019년 12월 27일

관련 법률이 이렇게 개정되었는데도 생명보험회사들은 약관을 개정하지 않았습니다. 당시 약관의 재해분류표에서는 아직도 콜레라, 장티푸스, 파라티푸스, 세균성이질, 장출혈성대장균감염증, A형간염 이렇게 6종의 '1군감염병'을 재해로 보상한다고 명시하고 있었습니다. 관련 법에서는 '1군감염병'이라는 개념 자체가 없어졌는데도 말이죠.

재해분류표

1. 보장대상이 되는 재해

다음 각 호에 해당하는 재해는 이 보험의 약관에 따라 보험금을 지급합니다.

① 한국표준질병·사인분류상의 (S00~Y84)에 해당하는 우발적인 외래의 사고

② 감염병의 예방 및 관리에 관한 법률 제2조 제2호에 규정한 감염병

[감염병의 예방 및 관리에 관한 법률 제2조 제2호]

"제1군감염병"이란 마시는 물 또는 식품을 매개로 발생하고 집단 발생의 우려가 커서 발생 또는 유행 즉시 방역대책을 수립하여야 하는 다음 각 목의 감염병을 말합니다.
가. 콜레라, 나. 장티푸스, 다. 파라티푸스, 라. 세균성이질, 마. 장출혈성대장균감염증,
바. A형간염

주) 1. ( ) 안은 제7차 한국표준질병·사인분류(통계청 고시 제2015-309호, 2016.1.1. 시행)상의 분류번호이며, 제8차 개정 이후 상기 재해 이외에 추가로 위 1 및 2 의 각 호에 해당하는 재해가 있는 경우에는 그 재해도 포함되는 것으로 합니다.
　2. 감염병에 관한 법률이 제·개정될 경우, 보험사고 발생 당시 제·개정된 법률을 적용합니다.

2020년 3월까지 사용되던 한 생명보험 약관의 재해분류표

이렇게 관련 법이 개정되었음에도 개정되기 전 법을 기준으로 제작한 보험약관을 소비자에게 배포했으니 혼란이 발생하지 않을 수 없습니다. 생명보험 약관의 재해분류표 규정(감염병에 관한 법률이 제·개정될 경우 보험사고 발생 당시의 제·개정된 법률을 적용합니다)을 기계적으로 해석한 사람들은, 생명보험 약관에서 재해로 인정하는 '감염병의 예방 및 관리에 관한 법률 제2조 제2호'는 개정된 법에서는 '1군감염병'이 아니라 '1급감염병'에 대해 나열하고 있는 것이므로 2020년 1월 1일부로 새롭게 시행된 법률을 약관에 적용하면 '제1급감염병'을 생명보험에서 재해로 보상하는 것이 맞다고 주장합니다. 그러니까 1급감염병 중 하나인 '코로나19'는 생

명보험계약에서 당연히 '재해'로 인정되어야 하고 코로나19로 사망하면 '재해사망보험금'이 지급되어야 한다고 주장했습니다.

하지만 이 같은 의견에 동의하지 않는 보험전문 변호사와 손해사정사들도 많았습니다. 그들은 약관을 기계적으로 해석하면 안 된다고 생각했습니다. 대법원판례에 의하면 약관은 '목적'과 '취지'를 고려하여 공정하게 해석해야 합니다. 무조건 소비자에게 유리하도록 해석하면 안 되는 것이죠. 그렇다면 '제2조 제2호'라는 순번에 집착해서 '1군감염병'이 '1급감염병'으로 대체되었다고 기계적으로 해석하기보다는 '1군감염병'의 목적을 고려해서 개정된 법률과의 관계를 검토하는 게 맞다고 보았습니다.

> '약관의 해석은, 신의성실의 원칙에 따라 당해 약관의 목적과 취지를 고려하여 공정하고 합리적으로 해석하되, 개개 계약 당사자가 기도한 목적이나 의사를 참작함이 없이 평균적 고객의 이해가능성을 기준으로 객관적·획일적으로 해석하여야 하며, 위와 같은 해석을 거친 후에도 약관 조항이 객관적으로 다의적으로 해석되고 그 각각의 해석이 합리성이 있는 등 당해 약관의 뜻이 명백하지 아니한 경우에는 고객에게 유리하게 해석하여야 한다'
>
> – 대법원, 2009다60305, 2010. 12. 9.

전염병 예방법에서 '1군감염병'은 '마시는 물 또는 식품을 매개로 발생하고 집단 발생의 우려가 커서 발생 또는 유행 즉시 방역대책을 수립하여야 하는' 특성을 가진 6종의 감염병을 지정한 것입니다. 이와는 달리 개정된 법률은 '감염병의 심각도, 전파력 등에 근거하여 신고 시기, 격리 수준 등을 국민과 의료인이 쉽게 이해할 수 있게 할 목적'으로 체계를 나눈 것이며, 이들 감염병 중 '생물테러감염병 또는 치명률이 높거나 집단발생 우려가 커서 발생 또는 유행 즉시 신고하고 음압격리가 필요한 감염병' 17종을 '1급감염병'으로 지정한 것입니다. 이렇듯 법 개정 전 '1군감염병'과 개정 후 '1급감염병'은 그 지정 목적과 취지가 서로 다릅니다. 그래서 '1군감염병' 6종과 '1급감염병'으로 지정된 17종의 감염병은 한 종의 감염병도 일치하지 않습니다.

이런 이유로 일부의 보험전문 변호사들과 손해사정사들은 서로 완전히 다른 내용을 담고 있는 개정 전·후 법률을 단지 순번이 일치(감염병의 예방 및 관리에 관한 법률 제2조 제2호)한다는 이유로 동일시해서 17종의 '1급감염병'을 생명보험에서 재해로 보상해야 한다고 판단하는 것은 공정한 약관해석이 아니라고 보았습니다.

그런데 '코로나19'를 생명보험에서 재해로 보상할 수 없다는 주장의 근거는 이뿐만이 아닙니다. '코로나19'의 질병분류코드가 'U07.1'이기 때문입니다. 한국 표준질병·사인분류에서 U코드는 '특수목적코드'여서 신종 감염병들은 일단 모두 U코드로 분류됩니다. 그래서 사스와 메르스의 질병분류코드도 모두 U코드입니다(SARS U04, MERS U19.9). 그런데 생명보험 약관 '재해분류표'에서는 U코드에 해당하는 질병 전체를 '보험금을 지급하지 않는 재해'

로 규정하고 있습니다.

<별표 2>

재 해 분 류 표

1. 보장대상이 되는 재해

다음 각 호에 해당하는 재해는 이 보험의 약관에 따라 보험금을 지급합니다.

① 한국표준질병·사인분류상의 (S00~Y84)에 해당하는 우발적인 외래의 사고
② 감염병의 예방 및 관리에 관한 법률 제2조 제2호에 규정한 감염병

2. 보험금을 지급하지 않는 재해

다음 각 호에 해당하는 경우에는 재해분류에서 제외하여 보험금을 지급하지 않습니다.

① 질병 또는 체질적 요인이 있는 자로서 경미한 외부 요인으로 발병하거나 그 증상이 더욱
악화된 경우

⑥ 한국표준질병·사인분류상의 (U00~U99)에 해당하는 질병

㈜ 1. ( ) 안은 제6차 개정 한국표준질병·사인분류(통계청고시 제2010-246호, 2011.1.1시행)상
의 분류번호이며, 제7차 개정 이후 상기 재해 이외에 추가로 위 1 및 2 의 각 호에 해당
하는 재해가 있는 경우에는 그 재해도 포함되는 것으로 합니다.
2. 감염병에 관한 법률이 제·개정될 경우, 보험사고 발생 당시 제·개정된 법률을 적용합니다.

2020년 3월 사용되고 있던 한 생명보험 약관의 재해분류표

이렇듯 '코로나19'가 포함된 U코드 전체를 생명보험 약관에서 '보험금을 지급하지 않는 재해'로 규정하고 있다면, '코로나19'가 생명보험에서 '재해'에 해당하는지 또는 해당하지 않는지 따질 필요 없이 재해 관련 보험금은 지급되지는 않는다는 해석도 그 타당성을 인정할 수 있습니다.

하지만 또 어떤 사람들은 개정된 법을 따라가지 못하는 약관의

문제를 지적하면서 '작성자 불이익의 원칙(약관의 뜻이 명백하지 아니한 경우에는 고객에게 유리하게 해석하여야 한다)' 때문에 소비자에게 유리하게 약관을 해석해야 하므로 생명보험에서는 '코로나19', '메르스', '사스' 모두가 U코드에 해당하더라도 재해로 보상해야 한다고 주장합니다.

이처럼 많은 사람들이 서로 옳다며 '코로나19'에 대한 재해보상 논쟁을 계속했는데요. 그러던 중 생명보험회사 몇 곳이 약관의 해석과 상관없이 '코로나19'로 사망한 고객들 모두에게 '재해사망보험금'을 지급하겠다고 발표합니다. 이와 같은 입장 발표는 다분히 보험회사의 이미지 개선을 위한 마케팅 행위이지 약관해석의 기준을 제시한 것은 아니었습니다만, 끝끝내 그런 발표를 하지 않은 손해보험회사와는 차별화한 모습이었습니다. 결국 나머지 모든 생명보험회사도 '코로나19로 사망한 경우 재해사망보험금을 지급하겠다'고 밝히면서 이를 둘러싼 논쟁은 일단 수면 아래로 내려갈 수 있었습니다. 그리고 2022년 8월 현재 생명보험 업계는 아래와 같은 재해분류표를 약관에 포함하고 있습니다. 이 재해분류표에서는 '감염병의 예방 및 관리에 관한 법률'에서 제1급감염병으로 정하고 있는 감염병이 '보장 대상이 되는 재해'임을 명확히 했습니다. 그리고 U코드에 해당하는 감염병이라도 보장 대상에서 제외하지 않는다는 것도 명확히 했습니다.

2022년 8월 현재 생명보험 약관에서 사용하는 재해분류표

　

이렇게 '코로나19'와 '재해사망보험금'의 관계에 대한 논란이 일단락되는 것 같았지만 새로운 문제가 또 발생합니다. 질병관리청이 2022년 4월 25일부로 제1급감염병인 코로나바이러스감염증-19를 제2급감염병으로 새롭게 분류하여 고시한 것입니다. 이렇게 되면 2022년 4월 25일부터는 코로나바이러스감염증-19에 의해 사망한 경우 '제1급감염병'으로 사망한 것이 아니라서 생명보험계약에서 재해사망으로 인정되지 않습니다. 이런 경우에도 약관의 해석과 상관없이 재해사망보험금을 지급하겠다고 했던 생명보험업계가 그 약속을 지킬지는 두고 봐야 알겠습니다.

'코로나19'로인한 보험금 분쟁은 손해보험계약에서도 존재합니다. 손해보험에 가입하고 있던 소비자 한 분이 '코로나19'에 의해 감염되어 사망했는데, 유족이 보험회사에 '상해사망보험금'을 청구하자 보험회사는 질병에 의한 사망을 주장하며 '상해사망보험금' 지급을 거부했습니다. 이에 유족이 보험회사를 상대로 소송을 제기했는데요, 이 소송에서 해당 재판부는 다음과 같은 판결을 내립니다.

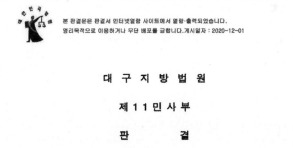

대 구 지 방 법 원

제 1 1 민 사 부

판 결

사 건	2020가합753 보험금	
원 고	1. A	
	2. B	
피 고	C 주식회사	
	소송대리인 변호사 박성원	
변론종결	2020. 9. 24.	
판결선고	2020. 10. 22.	

2) 코로나19 바이러스 감염자중 무증상 감염자도 존재하고 증상이 나타나는 경우에도 발열, 권태감, 기침, 호흡곤란 및 폐렴 등 경증에서 중증까지 다양한 호흡기감염증이 나타나고, 특히 고령, 면역기능이

저하된 환자, 기저질환을 가진 환자가 주로 중증으로 나타날 가능성
이 높은 점에 비추어 보면 코로나19 바이러스가 체내에 침투한 이후
폐혈증으로까지 이르게 되는 데에는 신체조건, 체력, 면역력 등이 상
당한 영향력을 미칠 것으로 보이는 바, 망인은 60세를 넘은 사람으로
당뇨와 고혈압의 기저질환을 가지고 있었던 점을 고려하면 망인이 코
로나19 바이러스에 감염되어 사망에까지 이르렀다 하여도 망인의 내
재적 요인인 위 기저질환 등이 코로나19 바이러스에 의하여 악화되어
사망하였을 가능성을 배제할 수 없다.

3) 코로나19 바이러스에 의한 감염은 감염병의 예방 및 관리에 관한 법
률 제2조 제2호 타목 '제1급감염병 신종감염병증후군'에 해당하는
점 등을 종합하면, 코로나19바이러스에 의해 패혈증에 이르게 된 것
을 두고 '급격한 외래의 사고로 입은 상해'라고 보기는 어렵고, 감염병
에 해당하는 질병으로 봄이 타당하다.

- 대구지방법원 2020. 10. 22. 선고 2020가합753 판결

대구지방법원 제11민사부는 '기저질환이 있었던 사람이 코로나
19로 인해 그 기저질환이 악화되어 사망했을 가능성을 배제할 수
없다는 점'도 지적했지만, 결국 법률에서 인정하는 '감염병'이라는
점을 근거로 '코로나19'는 '질병'이지 상해가 아니라고 판단했습니
다. 이 판결이 나오자 보험전문 변호사들과 손해사정사들, 그 외에
도 많은 보험전문가들이 '손해보험에서의 '상해'라는 개념에 대해
무지한 판사들이 일으킨 참사'라는 등 격앙된 비판을 쏟아냈습니

다. '상해'라는 개념에 대해 그동안 법원과 금융감독원이 유지해왔던 아래와 같은 시각과는 너무 다른 것이었기 때문입니다.

대 법 원

제 3 부

판 결

사   건   2010다12241   채무부존재확인
                     2010다12258(반소)   보험금

원고(반소피고), 상고인

                     원고 주식회사

                     소송대리인 변호사 서정일

피고(반소원고), 피상고인

                     피고

                     소송대리인 한밭법무법인   담당변호사 명을식

원 심 판 결   대전지방법원 2010. 1. 13. 선고 2009나5115,
                                       2009나5122(반소) 판결

판 결 선 고   2010. 9. 30.

이 사건 보험약관에서 정한 보험사고의 요건인 '급격하고도 우연한 외래의 사고' 중 '외래의 사고'라는 것은 상해 또는 사망의 원인이 피보험자의 신체적 결함 즉 질병이나 체질적 요인 등에 기인한 것이 아닌 외부적 요인에 의해 초래된 모든 것을 의미하고, 이러한 사고의 외래성 및 상해 또는 사망이라는 결과와 사이의 인과관계에 관하여는 보험금청구자에게 그 증명책임이 있다(대법원 1998. 10. 13. 선고 98다28114 판결, 대법원 2001. 8. 21. 선고 2001다27579 판결 등 참조).

한편, 민사 분쟁에서의 인과관계는 의학적·자연과학적 인과관계가 아니라 사회적·법적 인과관계이므로, 그 인과관계가 반드시 의학적·자연과학적으로 명백히 증명되어야 하는 것은 아니고, 이 사건과 같이 망인이 이 사건 보험약관에 정한 '우발적인 외래의 사고'로 인하여 사망하였는지를 판단함에 있어서도 마찬가지이나 (대법원 2008. 4. 24. 선고 2006다72734 판결 등 참조), 문제된 사고와 사망이라는 결과 사이에는 상당한 인과관계가 있어야 한다.

– 대법원 2010. 9. 30. 선고 2010다12241, 2010다12258 판결

대법원도, 금융감독원도 손해보험에서 규정하는 '상해'는 '피보험자의 질병이나 체질적 요인 등에 기인한 것이 아닌 외부적 요인에 의해 초래된 모든 것'이라고 판단하고 있습니다. 단순히 '코로나19'는 법에서 정한 '질병'이니까 '상해'에 해당할 수 없다는 주장은 그대로 받아들일 수 없는 매우 낮은 수준의 인식이 아닐 수 없습니다. 생명보험 약관에서 과거에는 1군전염병을, 지금은 1급감염병을 '재해'로 인정하고 보상하는 맥락과 비교해보아도 쉽게 이해하기 힘듭니다.

이 판결은 금융감독원마저 당황하게 만들었지만, 소송에서 패한 소비자가 항소하지 않아서 그대로 확정됐습니다. 대구지방법원의 이 판결로 손해보험회사들은 코로나19로 사망한 사람들에게 '상

해사망보험금'을 지급하지 않을 수 있는 명분이 생겼습니다. 아직 이와 관련한 다른 판결은 나오지 않은 것 같습니다만, 법원의 조금 더 성의 있는 판단이 하루빨리 나오기를 기대합니다.

📖✍️ 약관 읽어주는 남자의 한마디

　　코로나19에 감염되어 사망하는 경우, 어떤 보험금을 지급해야 하는지에 대한 혼란의 책임은 관련 법률이 개정되었음에도 약관을 개정하지 않고 그대로 사용한 생명보험회사들에 있습니다. 그 책임을 회피하고 싶어서 그랬는지는 모르겠으나 약관해석 또는 개정된 법률과 상관없이 '코로나19'에 감염되어 사망하는 경우 '재해사망'을 인정하겠다는 생명보험회사의 입장 발표는 환영합니다.

그런데 보험 세일즈는 보험약관을 판매하는 것과 같습니다. 해당 약관이 보험금을 지급하는 기준이 되기에 그렇습니다. 그렇게 중요한 약관을 다른 보험회사의 것을 그대로 베껴서 만들거나, 보험금과 관련한 법률이 개정되어도 약관에 전혀 반영하지 않는 보험회사들의 뻔뻔한 민낯이 '코로나19'로 인해 또 한 번 적나라하게 드러났습니다. 이것을 보험회사만의 책임이라고 여기면 안 됩니다. 감독당국은 도대체 뭘 하고 있기에 보험회사에서 약관을 엉터리로 만든 채 방치하고 있는데도 아무런 조치를 하지 않는 걸까요? 엉터리 약관을 만들어 보험상품을 판매하는 보험회사에 과태료나 과징금을 무겁게 부과하면 이런 일이 다시는 일어나지 않을 것입니다. 감독당국이 설마 이 뻔한 해법을 아직 모르고 있는 걸까요, 아니면 공범이라서 그런 걸까요?

2 통증 완화 목적의 도수치료도 질병 치료가 맞습니다

실손의료비보험(이하 실비보험)을 판매한 보험회사는 소비자가 병원에서 비급여치료를 받고 보험금을 청구하면 민감하게 반응합니다. 아무래도 국민건강보험에서 비급여 적용을 받는 치료는 의료비가 많이 발생하기 때문이고 또 그 치료가 일회성으로 끝나지 않고 오랜 시간 지속해서 이루어지는 예가 많기 때문입니다. 그중에서도 대표적인 것이 도수치료입니다. 제 주변에도 도수치료를 받는 분이 많은데요. 모두 일회성으로 그치지 않고 대부분 10회, 20회 꾸준히 받고 있고, 간혹 몇 년째 치료를 받는 분도 있습니다.

그런데 대략 2016년 6월부터 도수치료를 받고 실비보험으로 보험금을 청구하면 보험회사 측 조사자들의 태도가 위압적으로 변했습니다. 도수치료는 12회까지만 실비보험에서 보상되고 그 후에 치료받는 것은 보상되지 않으니 보험금을 청구하지 말라고 합니다. 만약 소비자가 "보험약관에 도수치료는 12회밖에 보상받지 못한다는 내용이 없는데 무슨 근거로 그렇게 말하는 거냐"며 따지면 보험회사 측 조사자들은 오히려 짜증을 내면서 "도수치료는 12회 까지만 보상하라는 법원의 판례가 나왔고 이제는 그 판례를 적용해서 보험금 심사를 하므로 그렇다"며 큰소리를 칩니다. 하지만 그런 판례는 나온 적이 없습니다. 보험회사 측 조사자들이 말하는 판례라는 것이 사실은 2016년 5월에 나온 금융분쟁조정위원회의 조정결정을 말합니다.

금융분쟁조정위원회
조 정 결 정 서

결정일자 : 2016.5.24.

조정번호 : 제2016-12호

1. 안 건 명 : 도수치료 비용에 대한 실손의료비 지급책임 유무

금융감독원이 금융분쟁조정위원회 전문위원에게 의뢰한 자문결과 등을 종합하여 살펴보면, 신청인이 2015.10.7~12.23. 기간 중 시행 받은 22회의 도수치료는 질병에 대한 적절한 진단 및 질병과 상당 인과관계가 인정되는 범위 내의 치료로 보기는 어렵다 할 것임.

① 신청인에 대한 C병원의 진료기록에는 경추통 등에 대한 환자의 증상 및 통증호소에 대해서만 기록되어 있을 뿐 그 진단의 기초가 되는 객관적 검사결과가 충분하다는 사정을 찾아보기 어렵고, 환자의 통증 호전을 목적으로 장기간 도수치료를 시행하였음에도 불구하고, 환자

의 질병에 대한 상태의 호전 등 치료효과에 대한 평가가 없는 점.

② 본건과 같이 반복되는 도수치료가 질병의 치료를 위한 것이라고 인정되기 위해서는 경추 추간판의 퇴행성 변화를 개선시키거나 병변을 호전시킨다는 객관적인 의학적 증거에 따라야 하나, 신청인의 경우 이를 충족하였다고 볼 만한 증거자료를 찾기 어려운 점.

③ 신청인이 진단받은 경추통 등의 질병상태를 감안하더라도 신청인에게 필요한 도수치료의 횟수는 도수치료의 목적을 고려할 때 주 2~3회, 4주 정도로 총 8~12회가 적절하다는 의적 소견이 있는 점 등을 감안할 때, 신청인이 2015.10.7~12.23. 기간 중 시행 받은 도수치료는 당해 보험약관에서 정하고 있는 실손의료비 지급 대상에 해당한다고 인정하기 어렵다 할 것임.

– 금융분쟁조정위원회 조정결정 2016. 5. 24. 제2016-12호

보험회사 측 조사자들은 이 조정결정문을 마치 법원의 판결문인 양 소비자에게 언급하며 도수치료는 12회만 지급된다고 말하고 있습니다. 이 조정결정문이 나온 2016년 6월부터 2022년 8월인 지금까지도 이러고 있으니 너무 오랫동안 거짓말로 밥벌이를 하고 있습니다.

조정결정문에서 확인할 수 있듯이 금융분쟁조정위원회가 제2016-12호 조정결정에서 해당 소비자에게 적절한 도수치료 횟수는 8~12회라고 판단한 것은 사실입니다. 하지만 그럴 만한 이유가 있었습니다. 해당 소비자는 2015년 8월 29일부터 같은 해 10월

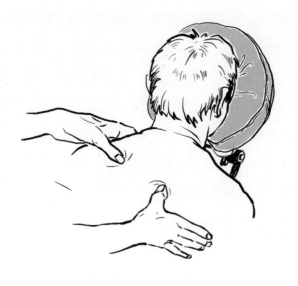

6일까지 기간 중 19회 도수치료를 받고 보험회사에 실비보험금을 청구했습니다. 보험회사는 19회 도수치료에 대해서 통증치료로 인정하고 별도 조사 없이 보험금을 지급했습니다. 그런데 이 소비자는 바로 다음 날인 2015년 10월 7일부터 같은 해 12월 23일까지 도수치료를 22회 받고 또다시 보험금을 청구했습니다. 보험회사가 조사를 통해 확인해보니 이 소비자의 진료기록에는 경추통을 호소한 내용만 있고 정확한 진단을 위해 어떤 객관적 검사를 했는지에 관한 내용은 없었습니다. 게다가 장기간 도수치료를 받았지만, 호전도에 대한 어떠한 평가도 없었습니다. 이렇게 질병의 치료 목적으로 도수치료를 받았다는 객관적인 증거가 부족했기 때문에 금융분쟁조정위원회는 해당 소비자가 추가로 받은 22회의 도수치료를 질병 치료 목적으로 인정하지 않았습니다.

그런데 만약 이 소비자를 진료한 의사가 엑스레이 또는 CT 검사를 통해 환자의 경추통 상태를 확인했고, 그 치료 목적으로 도수치료를 했으며, 그때마다 호전도에 대한 평가가 진행되었고, 이런 내용이 진료기록에 남아 있었다면 어땠을까요? 그래도 금융분쟁조정위원회는 적절한 도수치료 횟수를 12회라고 보았을까요? 그러지 않았을 겁니다. 하지만 보험회사는 금융분쟁조정위원회의 조정 결정을 자의적으로 해석해 소비자를 겁박하는 수단으로 사용하고 있습니다. 실비보험 가입자가 도수치료를 받고 반복적으로 보험금을 청구하는 경우 보험회사 측 조사자들은 12회를 초과하는 도수치료에 대해서는 무조건 보험금이 지급되지 않는다는 말을 되풀이합니다. 심지어 일부 보험회사는 회사 대표이사의 직인이 찍힌 안내문을 소비자에게 발송해서 겁을 주기도 합니다.

다음 안내문을 보면 해당 보험회사는 (자체)의료심사 결과만을 가지고 소비자가 받은 도수치료를 질병을 치료할 목적이라기보다는 통증을 제어할 목적으로 시행된 것으로 판단합니다. 게다가 이 보험회사는 안내문에서 '향후 추가 청구 건 발생 시 질병의 치료로 인정되기 위해서는 병변을 호전시킨다는 객관적인 의학적 증거가 있어야 하며 치료 효과 없이 반복 시행된 도수치료는 실손보험금 지급 대상이 아님을 안내해 드린다'라며 도수치료가 소비자의 질병을 호전시킨다는 분명한 의학적 증거를 제시하지 못하면 앞으로는 보험금을 지급할 수 없다고 소비자를 압박합니다. 실제로 이 안내문을 받은 소비자는 요추의 심한 통증 때문에 도수치료를 받고

2018년 07월 30일

수　　신 :
주　　소 :
제　　목 : 보험금 청구 안내문

1. 고객님의 하시는 일이 일익 번창하시기를 기원 합니다.

2.　　고객님께서 보험금을 청구하신 (무)실손의료보장보험(L015　　　　　　) 도수치료 청구건 관련하여 안내의 말씀 드립니다

3. 고객님의 청구 서류심사 및 의료기관 자문 시행 결과 고객님께 시행된 도수치료는 질병을 근본적으로 치료하기 위한 의료행위라기 보다는 통증을 제어할 목적으로 시행된 행위로 보이며(체형교정을 위한 외형개선 및 질병예방 차원으로 보이며), 통상적인 치료기간을 초과하여 진료가 이루어진 것으로 확인됩니다.

(3. 고객님의 청구 서류심사 결과 고객님께 시행 된 도수치료는 통상적인 치료기간을 초과하여 진료가 이루어진 것으로 판단되나, 금번 치료가 종료됨을 고려하여 보험금 지급 예정입니다.)

4. 향후 추가 청구건 발생 시 질병의 치료로 인정되기 위해서는 병변을 호전시키는 객관적인 의학적 증거가 있어야 하며 치료 효과 없이 반복 시행된 도수치료는 실손보험금 지급 대상이 아님을 안내드립니다.

5. 상기 사항에 관하여 반증이 있는 경우 반증자료를 보내주시면 재검토할 것을 알려드리며, 필요한 경우 보험수익자와 회사가 함께 제3자 의료기관(종합병원 이상의 전문의)을 정하고 그 제 3 의료기관의 의견에 따라 보험금 지급사유의 재심사가 진행될 수 있습니다.

[의료 심사 약관 근거]
상해 질병보험 등에서는 약관에 따른 보험금 지급여부와 지급금액 결정을 위해 진단서, 치료관련 기록 등 제출하여 주신 서류를 기초로 해당 과별 전문의에 의한 의료심사가 시행될 수 있으며, 이 경우 비용은 보험회사가 부담합니다.

6. 상기 내용과 관련하여 궁금하신 사항은 담당자에게 연락주시면 성심껏 안내해 드리겠습니다.

화재보험㈜ 대표이사

한 손해보험회사가 소비자에게 보낸 '보험금 청구 안내문'

있었지만, 앞으로는 보험회사 무서워서 도수치료도 못 받겠다며 불안해했습니다. 보험회사가 보낸 안내장에 의하면 통증을 제어할 목적으로 시행된 도수치료는 질병 치료 목적이 아니라서 보험금을

받을 수 없으니까요.

그런데 각급 법원의 판결문을 보면 '통증 완화' 또는 '고정된 증상의 악화를 방지하기 위한 보존적 치료'도 질병 치료로 볼 수 있음을 분명히 하고 있습니다.

서 울 중 앙 지 방 법 원
제 9 - 2 민 사 부
판   결

사건	2019나4394 보험금
원고,항소인	A
피고,피항소인	B단체
	소송대리인 변호사 현지훈
제1심판결	서울중앙지방법원 2019. 7. 11. 선고 2019가소1068280 판결
변론종결	2019. 10. 16.
판결선고	2019. 11. 13.

① 담당의사 G은 E의 질병을 경추통, 경추부, 흉추통증, 흉추부로 진단한 후, 척추관절 및 그 연부조직에서 발생하는 근골격계 통증 및 그 통증과 관련이 있는 측만증을 치료하기 위하여 2017. 1. 9.부터 반복적으로 도수치료, 물리치료, 운동치료 등을 시행하였다. E은 이 사건 의

원에서 진료를 받는 중 담당의사에게, 2017. 5. 13. '예전보다 좋아졌
다', 2018. 2. 7. '좀 낫다', 2018. 10. 5. '치료를 받지 않으면 통증이 있
다', 2018. 12. 20. '아직 통증이 남아있다', 2019. 2. 18. '치료를 받으
니 많이 나아지고 있다'는 취지로 말하였다. 위와 같은 점에 비추어 보
면, E이 이 사건 의원에 통원하면서 받은 도수치료가 척추측만각의 개
선에는 큰 도움을 주지 못하였다고 하더라도, 척추측만증으로 허리
와 어깨 등에서 발생하는 통증을 완화시켜주었던 것으로 보인다.

<중략>

③ 약관의 내용은 개개 계약체결자의 의사나 구체적인 사정을 고려함이
없이 평균적 고객의 이해가능성을 기준으로 하여 객관적·획일적으로
해석하여야 하고, 고객보호의 측면에서 약관 내용이 명백하지 못하
거나 의심스러운 때에는 고객에게 유리하게, 약관작성자에게 불리하
게 제한 해석하여야 한다(대법원 2007. 2. 22. 선고 2006다72093 판결
등 참조). 위 법리에 의하면 도수치료의 효과에 대한 객관적 평가나 치
료의 적절성 여부에 관하여 의학적으로 논쟁이 붙는 현 상황에서, 그
치료효과에 대한 근거나 축적된 연구결과가 없다는 이유만으로 E에
게 시행된 도수치료가 질병의 치료에 필요한 것이 아니라 거나 외모개
선 목적의 치료에 해당한다고 함부로 해석하여서는 아니된다. 오히려
도수치료는 통증 완화나 고정된 증상의 악화를 방지하기 위한 보존
적 치료에 해당하므로, 이는 일반적인 의미의 질병 치료로 볼 수 있다.

- 서울중앙지방법원 2019. 11. 13. 판결 2019나4394 판결

서 울 중 앙 지 방 법 원

제 1 민 사 부

판 결

사건	2020나51008 보험금
원고,항소인	A
피고,피항소인	대한민국
	소송대리인 법무법인 우성
	담당변호사 김민정
제1심판결	서울중앙지방법원 2020. 7. 21. 선고 2017가소7512026 판결
변론종결	2021. 3. 5.
판결선고	2021. 5. 14.

가) 실제로 환자를 진료하고 치료한 의사의 임상적 의견 또한 존중되어야 할 것인데, 원고를 진료한 담당의사 D는 소견서에서 엑스레이 검사 결과 원고의 병명을 '경추통/경부(한국질병분류기호 M5422)'로 진단하고, 원고가 도수치료를 통해 전반적으로 증상이 호전되고 있으며, 증상완화에 따라 필요한 보존적 치료 또는 기존치료의 횟수 및 기간 조정이 필요하다고 사료된다는 내용의 의견을 밝혔다.

나) 원고는 컴퓨터 업무 등으로 목, 어깨 부위 통증으로 병원을 방문하여 도수치료를 받았고, 진료를 한 담당의사에게 도수치료를 받은 후 전반적으로 통증이 줄어들고 있다는 취지로 말하였다. 위와 같은 점에

비추어 보면, 원고가 병원에 통원하면서 받은 도수치료가 경추 통증의 개선에 큰 도움을 주지는 못하였다고 하더라도, 목과 어깨 등에서 발생하는 통증을 완화시켜주었던 것으로 보인다.

〈중략〉

라) 원고의 진료기록을 감정한 C협회 의료감정원에서는 원고가 고령이 아님에도 정밀한 평가 없이 수동적인 도수 치료만 하는 것은 보험 남용으로 부적절하고, 원고의 경우 약 12회 내지 24회의 도수치료 필요성이 인정되는 환자로 평가하였다. 그러나 C협회 의료감정원의 진료기록감정결과에 의하더라도, 원고에 대한 경추통, 경추 추간판 질환 등의 진단에 문제가 없고, 도수치료의 시행이 원고의 위와 같은 증상의 치료에 도움이 된다는 취지로 기재되어 있다.

마) 의료기관의 비급여 의료비 항목의 과잉치료가 빈번히 발생하여 실손의료비 보험의 손해율이 악화되고 있다 하더라도 이를 일반화하여 원고가 이러한 행위를 하였다고 추단할 수는 없다.

– 서울중앙지방법원 2021. 5. 14. 선고 2020나51008 판결

법원은 판결문 속 해당 소비자들이 객관적인 검사를 통해 경추통, 흉추통증, 측만증 등을 진단받고 도수치료를 받았으며, 그 과정에서 환자의 상태가 호전되고 있다는 기록을 확인합니다. 그리고 '도수치료의 효과에 대한 근거나 축적된 연구 결과가 없다는 이유만으로 도수치료가 질병의 치료에 필요한 것이 아니라거나 외모 개선 목적의 치료에 해당한다고 함부로 해석해서는 안 되고, 오히

려 '도수치료는 통증 완화나 고정된 증상의 악화를 방지하기 위한 보존적 치료에 해당하므로' 질병에 대한 치료로 볼 수 있다고 판단했습니다.

법원의 판단은 이런데 아직도 보험회사의 판단은 정반대이니 어떻게 하면 좋을까요? 보험회사는 도수치료에 대한 실비보험금 분쟁을 진행하다가 1심 또는 2심재판에서 패소하면 절대로 대법원에 상고하지 않습니다. 대법원판결이 나오지 않도록 일부러 그러는 것입니다. 재판을 통해 보험회사를 이긴 소비자에게만 보험금을 지급하고 이와 유사한 내용으로 다투고 있는 다른 소비자에게는 계속 보험금 지급을 거부합니다. 이 작전을 쓰기 위해 보험회사는 대법원에 상고하지 않는 것이죠.

금융감독원은 이제라도 각급 법원의 판결과 상반되는 보험금 심사 기준으로 도수치료에 대한 보험금 청구를 거부하고 있는 보험회사들을 징계해야 합니다. 특히 금융분쟁조정위원회의 조정결정을 아전인수 격으로 해석해서 소비자를 겁박하는 보험회사에 적절한 조치를 취해야 합니다. 감독당국은 괜히 있는 것이 아닙니다. 이럴 때 제 역할을 하지 않을 거라면 금융감독원이 존재해야 할 이유가 없습니다.

보험회사가 이러면 안 됩니다. 조정결정문을 판례라고 속이고, 그 내용조차 보험회사에 유리한 부분만 부풀려서 앞으로는 도수치료를 받는 모든 소비자가 12회밖에 보상받을 수 없다는 거짓말을 합니다. 게다가 보험회사는 마치 공신력 있는 서류인 것처럼 만든 안내장을 보내서 치료 효과를 입증하지 못하면 앞으로는 도수치료에 대해서 보험금 지급을 거부하겠다는 협박까지 일삼습니다. 보험회사는 소비자를 잠재적 보험사기범으로 인식하고 있는 것 같습니다. 그럴 거면 왜 보험료를 받고 보험계약을 체결했습니까? 보험회사가 싸워야 할 대상은 몸이 아파서 도수치료를 받는 소비자들이 아닙니다. 과잉진료를 일삼는 의사들과 싸우세요.

③ 장날 생선값처럼
실비보험금을 깎네요

　　실손의료비보험(이하 실비보험)은 국민건강보험을 보완하는 성격이 있습니다. 그래서 민영보험에는 가입할 필요 없다고 주장하는 분도 실비보험에는 가입한 예가 많습니다. 실비보험은 꼭 큰 병이 아니더라도 소소하게 지출한 의료비까지 보상해주기에 많은 사람이 가입을 원하는 보험입니다. 그런데 오히려 병원비가 많이 발생하면 실비보험이 소비자를 황당하게 만들 수 있습니다. 병원비가 많이 나왔다는 이유로 실비보험금을 몇백만 원이나 깎고 지급할 수도 있기 때문입니다. 실비보험은 의료비를 지출해서 발생한 손해를 보상해주는 보험인데 그걸 깎다니 도대체 보험회사는 왜 그러는 걸까요? 결론부터 말씀드리자면, 대한민국에는 국민건강보험이라는 훌륭한 복지제도가 있기 때문입니다. 제도가 너무 훌륭하다 보니 실비보험을 판매한 보험회사가 반사이익을 얻고 있습니다.

　　국민건강보험은 '본인부담상한제'를 적용하고 있습니다. 과도한 의료비 지출로 인한 가계 부담을 덜어주기 위하여 비급여, 선택진료비 등을 제외한 국민건강보험 가입자의 본인부담금 총액이 소득 수준에 따른 본인부담상한액을 넘는 경우, 그 초과 금액을 국민건강보험공단에서 부담하는 제도이며 사전급여와 사후환급으로 구분하여 운영합니다. 다만 비급여, 전액본인부담, 선별급여, 임플란트, 상급병실 입원료, 추나요법 그리고 경증질환의 외래 재진에서 본인부담금은 이 제도를 적용받지 못합니다.

■ 국민건강보험 요양급여의 기준에 관한 규칙 [별지 제6호서식] 〈개정 2015.6.30.〉

[ ]외래 [ ]입원 ([ ]퇴원 [ ]중간) 진료비 계산서 · 영수증

환자등록번호	환자 성명		진료기간		야간(공휴일)진료
			. . . 부터 . . . 까지		[ ] 야간 [ ] 공휴일
진료과목	질병군(DRG)번호	병실	환자구분		영수증번호(연월-일련번호)

항목		급여			비급여		금액산정내용		
		일부 본인부담		전액 본인부담	선택 진료료	선택진료 료 외	⑦ 진료비 총액 (①+②+③+⑤)		
		본인부담금	공단부담금						
기본진료료	진찰료						⑧ 환자부담 총액 (①-⑥)+③+④+⑤		
	입원료								
	식대						⑨ 이미 납부한 금액		
	투약 및 조제료 행위료								
	약품비						⑩ 납부할 금액 (⑧-⑨)		
	주사료 행위료								
	약품비						⑪ 납부 한 금액	카드	
	마취료							현금영수증	
	처치 및 수술료							현금	
	검사료							합계	
	영상진단료						납부하지 않은 금액 (⑩-⑪)		
	방사선치료료						현금영수증( )		
	치료재료대						신분확인번호		
	재활 및 물리치료료						현금영수증 승인번호		
	정신요법료						★ 요양기관 임의활용공간		
	전혈 및 혈액성분제제료								
선택진료료	CT 진단료								
	MRI 진단료								
	PET 진단료								
	초음파 진단료								
	보철 · 교정료								
시행령 별표 2 제4호의 요양급여									
65세 이상 등 정액									
정액수가(요양병원)									
정액수가(완화의료)									
질병군 포괄수가									
합계		①	②	③	④	⑤			
상한액 초과금		⑥		-			선택진료 신청 [ ]유 [ ]무		
요양기관 종류		[ ] 의원급 · 보건기관		[ ] 병원급		[ ] 종합병원	[ ] 상급종합병원		

※위 양식 중 색으로 칠한 상자 안 금액의 합계액(①)이 급여항목 본인부담금 총액입니다.

그런데 갑자기 왜 '본인부담상한제'를 설명하느냐고요? 보험회사가 실비보험금을 지급할 때 몇백만 원의 보험금을 깎고 주는 이유가 바로 이 제도 때문이거든요. 2009년 10월부터 판매한 모든 실비보험 약관을 보면 다음과 같이 '보상하지 않는 사항'에 대해 설명하고 있습니다.

보상하지 않는 사항

③ 회사는 아래의 입원의료비에 대하여는 보상하지 않습니다.
　2. 국민건강보험법상 요양급여 중 본인부담금의 경우 국민건강보험 관련 법령에 의해 국민건강보험공단으로부터 사전 또는 사후 환급이 가능한 금액(국민건강보험법상 본인부담금 상한제)

실비보험 약관 '보상하지 않는 사항' 중 일부

이 약관 조항이 의미하는 것은, 보험회사가 실비보험에 가입한 소비자에게 보험금을 지급할 때, 소비자가 본인부담상한제를 적용받아 국민건강보험공단으로부터 사전 또는 사후에 돌려받을 수 있는 의료비가 있는 경우 그 금액만큼 빼고 실비보험금을 주겠다는 내용입니다. 약관에 있는 이 면책조항 때문에 실비보험에 가입한 소비자와 보험회사 사이에 많은 다툼이 있었습니다. 그런데 얼마 전 이와 관련한 대법원판결이 나왔습니다.

대법원은 2022년 7월 14일, 본인부담상한제와 관련한 판결(대법

원 2022다215814 판결)을 내렸습니다. 그런데 별다른 설명 없이 소비자의 항소를 기각했습니다. 2심판결이 맞다고 본 것이죠. 소비자와 보험회사 사이에 어떤 일이 있었는지 알아보겠습니다.

이 재판의 피고인 소비자는 2015년 6월에 실비보험에 가입했습니다. 그 후 2018년 1월 '내장 동맥의 동맥류 및 박리'라는 진단을 받고 44일 동안 입원 치료를 받았습니다. 소비자는 퇴원 후 보험회사에 보험금을 청구했는데 해당 보험회사는 소비자가 본인부담 상한제 때문에 나중에 국민건강보험공단으로부터 환급받을 수 있는 금액을 차감하지 않고 보험금을 지급했습니다. 그리고 소비자와 보험회사는 소비자가 수령한 보험금이 본인부담상한금액을 초과한다는 것이 확인되는 경우 그 초과분을 보험회사에 반환하기로 하는 약정서도 작성했습니다. 그런데 결국 소비자가 초과분을 반환하지 않자 보험회사가 소비자를 상대로 '부당이득금 반환 청구 소송'을 제기한 것입니다. 2심이었던 서울중앙지방법원의 판결 내용은 다음과 같습니다.

서 울 중 앙 지 방 법 원
제 8 - 3 민 사 부
판   결

사건	2020나68006 부당이득금
원고,피항소인	주식회사 A
	소송대리인 법무법인 남강, 담당변호사 김재용
피고,항소인	B
	소송대리인 변호사 이지연(소송구조)
제1심판결	서울중앙지방법원 2020. 9. 25. 선고 2020가소1426813 판결
변론종결	2021. 12. 24.
판결선고	2022. 1. 28.

다. 이 사건 약관조항의 해석

이 사건 약관조항은 원고가 보상하지 않는 사항으로 '국민건강보험법상 요양급여 중 본인부담금의 경우, 국민건강보험 관련 법령에 의해 국민건강보험공단으로부터 사전 또는 사후환급이 가능한 금액(본인부담금 상한제)'을 규정하고 있는데 <중략> 이 사건 약관조항은 '본인부담금 중 본인부담금 상한제에 의해 사후환급이 가능한 금액은 보험금 지급 대상에서 제외된다'는 의미로 해석함이 타당하다.

<중략>

피고의 2018년도 본인부담상한액이 5,230,000원인 사실은 위에서 본 바와 같고 위 상한액을 초과하는 본인부담금은 국민건강보험법에 의해 사후환급이 가능한 금액에 해당한다.

따라서 피고가 원고로부터 지급받은 보험금 중 위 상한액 5,230,000원을 초과하여 지급받은 4,979,275원(= 10,209,275원 - 5,230,000원)은 보험금 지급 대상이 아님에도 지급된 것이므로 피고는 원고에게 이를 부당이득으로 반환할 의무가 있다.

– 서울중앙지방법원 2022. 1. 28. 선고 2020나68006 판결

〈본인부담상한액 개선〉

연도	요양병원 입원일수	연평균 보험료 분위						
		1분위	2~3분위	4~5분위	6~7분위	8분위	9분위	10분위
2014년(제도개선)		120만원	150만원	200만원	250만원	300만원	400만원	500만원
2017년		122만원	153만원	205만원	256만원	308만원	411만원	514만원
2018년	120일 이하	80만원	100만원	150만원	260만원	313만원	418만원	523만원
	120일 초과	124만원	155만원	208만원				
2019년	120일 이하	81만원	101만원	152만원	280만원	350만원	430만원	580만원
	120일 초과	125만원	157만원	211만원				
2020년	120일 이하	81만원	101만원	152만원	281만원	351만원	431만원	582만원
	120일 초과	125만원	157만원	211만원				
2021년	120일 이하	81만원	101만원	152만원	282만원	352만원	433만원	584만원
	120일 초과	125만원	157만원	212만원				
2022년	120일 이하	83만원	103만원	155만원	289만원	360만원	443만원	598만원
	120일 초과	128만원	160만원	217만원				

*2018년부터 요양병원 입원일수 120일 초과 여부에 따라 1~5분위까지 상한액 차등 적용

출처: 국민건강보험공단 홈페이지

소비자의 경우 국민건강보험의 연평균 보험료를 기준으로 10분위에 해당하고 2018년에 지출한 의료비이므로 이 사람의 당시 본인부담상한액은 5,230,000원입니다. 그러니 5,230,000원을 초과해서 지출한 본인부담액은 다음 해 국민건강보험공단에서 환급받을 수 있습니다. 그런데 해당 보험회사는 10,209,275원을 보험금으로 지급했으니 그중 본인부담상한액 5,230,000원을 초과하는 4,979,275원은 애당초 보험금 지급 대상이 아니므로 돌려 달라는 것이고, 2심법원은 보험회사의 이 주장이 약관에 부합하는 것이기에 옳다고 판단했습니다. 또한 이렇게 판단하는 것이 손해보험의 기본 원리인 이득금지의 원칙에도 부합한다고 봤습니다.

이득금지의 원칙

손해보험은 손해의 보상을 목적으로 하고 있는 바, 피보험자는 손해보험에 의해서 그가 입은 손해의 보상을 받되, 그 이상의 것을 받아서는 안 된다. 보험에 가입해 있던 사유로 피보험자가 사고발생 직전의 경제상태보다도 좋은 상태가 된다면, 보험 때문에 사고가 유발되기도 할 것이다. 따라서 손해보험에서는 이득 금지의 원칙을 적용하고 있다.

– 출처: 손해보험협회 홈페이지

법원이 처음으로 이런 판단을 한 것은 아닙니다. 금융감독원과 보험연구원은 '실비보험금에서 상한액 초과금을 공제하지 않으면 초과금 상당의 이중이득을 허용하게 될 뿐 아니라, 진료비가 증가할수록 이중이득의 규모도 커지게 되어 과잉진료 및 보험사기를 유발할 우려가 있고, 이는 보험회사의 건전성을 훼손할 뿐 아니라 건강보험의 재정 누수를 초래하여 사회보장정책의 효율성을 저해하고 본인부담상한제의 지속가능성에도 부정적 영향을 미칠 우려가 있다'라는 입장을 예전부터 고수해왔습니다.

두 기관의 이런 태도를 두고 노골적인 보험회사 편들기라고 비난하는 분도 있지만, 제 생각은 좀 다릅니다. 다초점 인공수정체를 사용하는 백내장 수술, 하이푸 수술, 갑상선결절 고주파 치료술 등 비급여 진료비를 이용해 거액의 실비보험금을 타낼 목적으로 일부 병원과 브로커들이 벌이고 있는 만연한 과잉진료와 사기행각을 생각하면 본인부담상한제를 실비보험과 엮어서 돈벌이로 악용하는 일도 얼마든지 가능하겠다는 생각이 듭니다. 어쨌든 본인부담상한제 때문에 국민건강보험공단으로부터 환급받을 금액을 실비보험이 보상하지 않는다고 해서 소비자가 입는 피해는 없습니다. 일정 기간이 지나면 그 금액만큼 국민건강보험공단으로부터 환급받을 수 있으니까요. 다만, 소비자 관점에서 보면 의료비 지출은 당장 발생하는데 국민건강보험공단에서 본인부담금 초과액을 환급받는 시점은 다음 해이므로 그 시간의 간격으로 발생하는 소비자 불이익은 분명히 있습니다. 이 문제점을 지적하는 분도 많은데요. 이 문제에 대해서 서울중앙지방법원은 다음과 같이 판단했습니다.

통상 사후환급금은 본인부담금을 지출하고 상당한 기간이 경과한 후에야 공단으로부터 환급을 받게 되므로 보험자가 실비보험금을 지급할 때 사후환급금을 미리 공제하고 보험금을 지급하는 경우에는 실제로 사후환급금을 수령하기까지 의료비 보장 공백이 발생할 수 있다. 따라서 사후 환급이 가능한 금액이라고 하여 보험자가 일방적으로 이를 보험금에서 공제하고 지급하는 것은 고객에게 불리하다고 볼 수 있기는 하나, 이는 이 사건 약관조항 자체에 내재하는 문제라 기보다는 대상 연도의 다음 해가 되어서야 보건복지부 고시 등에 의해 국민건강보험공단으로부터 사후환급절차가 진행되게 되는 등의 본인부담금 상한제의 운영방식에 따른 결과이다.

– 서울중앙지방법원 2022. 1. 28. 선고 2020나68006 판결

이 문제는 본인부담상한제 운영방식의 문제이지 실비보험이 책임져야 할 문제는 아니라고 본 것이죠. 결국 지금까지 살펴본 여러 이유로 법원은, 국민건강보험의 본인부담상한제 때문에 소비자가 국민건강보험공단에서 환급받을 금액은 보험회사가 실비보험금으로 지급할 책임이 없다고 판단합니다. 이 판단은 소비자의 상고를 기각하는 형식으로 대법원에서 확정됐습니다.

대법원의 이번 판결(대법원 2022다215814 판결)은 2009년 10월 이후부터 판매된 실비보험에 가입한 소비자와 보험회사의 분쟁을 다룬 것입니다. 2009년 10월 이전에 판매된 소위 1세대 실비보험의 약관은 그 이후 판매된 것과 달라서 '국민건강보험법상 요양급여 중 본인부담금의 경우, 국민건강보험 관련 법령에 의해 국민건

강보험공단으로부터 사전 또는 사후환급이 가능한 금액을 보상하지 않는다'라는 조항이 없습니다. 만약 이 당시 실비보험에 가입한 소비자와 보험회사 사이에 소송이 진행된다면 법원이 어떤 판단을 할지 궁금합니다. 이럴 때에도 손해보험의 기본원리인 '이득금지의 원칙'을 적용해서 본인부담상한제 때문에 환급받을 금액만큼 빼고 실비보험금을 지급하는 것이 맞다고 할까요? 아니면 보험약관에 그런 면책조항이 들어오기 전이니까 본인부담상한제와 상관없이 보험금을 지급하는 것이 맞다고 판단할까요?

1세대 실비보험 가입자와 보험회사가 본인부담상한제를 둘러싸고 벌인 소송이 실제로 있었습니다. 2007년 12월 실비보험에 가입한 소비자에게 본인부담상한제 때문에 국민건강보험공단으로부터 환급받은 금액을 돌려 달라며 보험회사가 제기한 소송에서 2심법원은 소비자 손을 들어줬습니다. 소비자가 실비보험에 가입했을 당시 약관에는 2009년 10월 이후 약관에 들어 있는 본인부담상한제 관련 면책 규정이 없다는 것이 결정적 이유였습니다. 이 판결(부산지방법원 2021. 11. 3. 선고 2021나40317 판결)은 보험회사 측이 항소를 포기해서 대법원의 판단을 받지는 못했습니다. 그래서 조심스럽지만 2022년 8월 현재 상황에서는 2009년 10월 이전에 판매된 실비보험에 가입한 소비자들에게는 본인부담상한제 관련 면책 규정을 적용할 수 없다고 볼 수 있습니다.

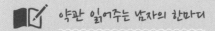

　　금융감독당국에 제안합니다. 본인부담상한제로 인해 소비자가 국민건강보험공단으로부터 돌려받을 것으로 예상되는 사후환급금을 보험회사가 먼저 삭감하고 그 나머지를 보험금으로 지급하지 못하도록 제도를 만들거나 행정적으로 강제하십시오.

실비보험에 가입한 소비자가 보험금을 청구하면 일부 보험회사는 본인부담상한제로 인해 소비자가 향후 돌려받을 것으로 예상되는 금액은 보상 대상이 아니라며 지급해야 할 보험금에서 그 금액만큼 먼저 삭감한 후 그 나머지를 보험금으로 지급합니다. 이렇게 되면 소비자는 다음 해 8월이 되어야 본인부담상한제를 초과해서 지출한 의료비를 공단에서 돌려받을 수 있는데, 지금 당장 꽤 큰 금액의 의료비를 지출하고도 그중 일부가 삭감된 보험금을 받으므로 일정 기간 경제적인 부담이 클 수 있습니다. 이 문제점을 서울중앙지방법원도 판결문에서 지적했습니다.

> 통상 사후환급금은 본인부담금을 지출하고 상당한 기간이 경과한 후에야 공단으로부터 환급을 받게 되므로 보험자가 실비보험금을 지급할 때 사후환급금을 미리 공제하고 보험금을 지급하는 경우에는 실제로 사후환급금을 수령하기까지 의료비 보장 공백이 발생할 수 있다.
> - 서울중앙지방법원 2022. 1. 28. 선고 2020나68006 판결

본인부담상한제라는 제도를 만든 목적이 과도한 의료비로 인한 가계 부담을 덜어주기 위해서인데 실비보험에 가입되어 있다는 이유로 본인부담상한제가 오히려 일정 기간 소비자의 가계 부담을 가중한다면 실비보험이 국민의 의료복지를 위협하고 있다는 비판을 피할 수 없습니다.

그러므로 금융감독당국은 본인부담상한제로 인해 소비자가 국민건강보험공단으로부터 돌려받을 것으로 예상되는 사후환급금을 보험회사가 보험금에서 먼저 삭감하고 그 나머지를 지급하지 못하도록 강제해야 합니다. 보험회사는 소비자가 청구한 해당 보험금을 일단 모두 지급하고 그 다음 해 국민건강보험에서 소비자가 환급받을 금액이 확정되면, 그때 소비자에게 요청해서 그 금액을 돌려받아야 합니다. 금융감독당국이 이것만 보험회사에 강제할 수 있다면 소비자들도 이번 대법원판결(대법원 2022다215814 판결)을 받아들일 수 있을 것입니다.

4 암진단확정의 주체가 판사인가요?

소비자는 보험계약을 체결할 때 보험회사로부터 약관을 받습니다. 그런데 한글로 만들어진 약관을 아무리 읽어봐도 소비자가 그 내용을 이해하기란 매우 어렵습니다. 소비자에게 문제가 있는 것이 아니라 보험회사들이 약관을 모호하게 만들기 때문입니다. 그중에서도 암보험 약관이 가장 심한데요. 소비자의 상상과는 달리 암보험은 암환자가 되었다고 암보험금을 주는 게 아닙니다. 약관에서 정하고 있는 '암으로 진단확정되었을 때'만 암보험금을 지급합니다. 그런데 아무리 약관을 읽어봐도 '암으로 진단확정되었을 때'가 어떤 상황을 말하는 건지 도무지 알 수가 없습니다.

제2관 보험금의 지급

제3조【"암", "기타피부암" 및 "갑상선암"의 정의 및 진단확정】
① 이 계약에 있어서 "암"이라 함은 한국표준질병사인분류 중 별표4[대상이 되는 악성신생물(암) 분류표(기타피부암 및 갑상선암 제외)]에서 정한 질병을 말합니다. 다만, 전암(前癌)상태(암으로 변하기 이전 상태, premalignant condition or condition with malignant potential), 분류번호 C44(기타 피부의 악성신생물(암))과 분류번호 C73(갑상선의 악성신생물(암))에 해당하는 질병은 제외합니다.

한 생명보험사 암진단특약 약관

여러 보험회사의 암보험 약관을 보면 암으로 인정하는 범위에 대해 위의 약관처럼 설명합니다. 즉, 위 생명보험사의 암진단특약은 이 약관의 별표4[대상이 되는 악성신생물(암) 분류표]에서 정한 질병을 '암'으로 인정해서 암보험금을 지급한다고 정하고 있습니다. 그러니 이 보험이 어떤 질병을 '암'으로 보장하는지 알고 싶다면, 해당 약관에 있는 별표4[대상이 되는 악성신생물(암) 분류표]를 확인해야 합니다. 그 표 안에 들어 있는 질병들이 이 보험에서 말하는 '암'이니까요.

대상이 되는 악성신생물 (암) 분류표
("기타피부암" , "갑상선암" , "대장점막내암" 및 "유방암 또는 남녀생식기관련암" 제외)

① 약관에 규정하는 악성신생물 (암) 로 분류되는 질병은 제 8 차 개정 한 국표준질병·사인분류 (통계청 고시 제2020-175호, 2021.1.1시행) 중 다음에 적은 질병을 말하며, 이후 한국표준질병·사인분류가 개정되는 경우에는 개정된 기준에 따라 이 약관에서 보장하는 악성신생물 (암) 해당 여부를 판단합니다.

대상악성신생물(암)	분류번호
1) 입술, 구강 및 인두의 악성신생물(암)	C00-C14
2) 소화기관의 악성신생물(암)	C15-C26
3) 호흡기 및 흉곽내 기관의 악성신생물(암)	C30-C39
4) 골 및 관절연골의 악성신생물(암)	C40-C41
5) 피부의 악성 흑색종	C43
6) 중피성 및 연조직의 악성신생물(암)	C45-C49
7) 요로의 악성신생물(암)	C64-C68
8) 눈, 뇌 및 중추신경계통의 기타 부분의 악성신생물(암)	C69-C72
9) 부신의 악성신생물(암)	C74
10) 기타 내분비선 및 관련 구조물의 악성신생물(암)	C75
11) 불명확한 이차성 및 상세불명 부위의 악성신생물(암)	C76-C80
12) 림프, 조혈 및 관련조직의 악성신생물(암)	C81-C96
13) 독립된 (원발성) 여러 부위의 악성신생물(암)	C97
14) 진성 적혈구 증가증	D45
15) 골수 형성이상 증후군	D46
16) 만성 골수증식 질환	D47.1
17) 본태성 (출혈성) 혈소판혈증	D47.3
18) 골수섬유증	D47.4
19) 만성 호산구성 백혈병 [과호산구증후군]	D47.5

한 생명보험사 암진단특약 약관의 별표4 [대상이 되는 악성신생물(암) 분류표]

이 표는 보험회사마다 다를 수 있고, 같은 회사의 보험상품이라도 상품별로 또는 판매시점별로 다를 수 있습니다. 예를 들어 어떤 회사의 보험상품 약관을 보면 [대상이 되는 악성신생물(암) 분류표]에서 '유방의 악성신생물 C50'을 포함하지 않은 예도 있습니다. 그러면 그 보험은 유방암(유방의 악성신생물 C50)에 대해서 '암보험금'을 지급하지 않습니다. 이렇듯 모든 보험상품에서 말하는 '암'은 각각 그것을 인정하는 범위가 다를 수 있습니다. 하나의 질병에 대해서도 이 보험에서는 암보험금을 지급하지만, 다른 보험에서는 암보험금을 지급하지 않을 수도 있다는 의미입니다.

예를 들어 어떤 사람이 병원에서 검사를 받고 '소화기관의 악성신생물 C15'라는 진단을 받았다면, 그리고 그 사람이 가입한 암보험의 분류표가 위 생명보험사의 분류표와 일치한다면 소비자는 암

보험금을 받을 수 있습니다. 해당 분류표에서 '소화기관의 악성신생물 C15'를 암보험금 지급 대상으로 정하고 있기 때문입니다. 그러니 소비자가 보험회사에서 암진단보험금을 받기 위해서는 암에 대한 명칭과 질병분류코드가 적혀 있는 의료기록을 보험회사에 제출해야 하는데요. 이런 내용은 어떤 의료기록에 적혀 있을까요?

네, 진단서입니다.

유방암 환자의 진단서

이 진단서를 보면 질병명에 '좌측 유방의 침윤성 점액성암'이라고 적혀 있고 'C50.91'이라는 질병분류코드가 적혀 있습니다. 만약 이 진단서를 받은 분이 앞에서 살펴본 생명보험사의 암진단특약에 가입했다면 이분은 암진단보험금을 받을 수 있을까요? 네. 받을 수 있습니다. 약관에서 '별표4[대상이 되는 악성신생물(암) 분류표]'를 보면 '유방의 악성신생물(암) C50'을 해당 계약에서 '암'으로 인정함을 알 수 있고, 여기서 C50이라는 분류번호는 그 하위 분류번호(C50.0~ C50.9)를 모두 포함하는 것이기 때문입니다.

대상이 되는 악성신생물(암) 분류표(기타피부암 및 갑상선암 제외)

I. 약관에서 규정하는 "악성신생물(암)"로 분류되는 질병은 제7차 개정 한국표준질병·사인분류(통계청 고시 제2015-309호, 2016.1.1시행) 중 다음에 적은 질병을 말하며, 이후 한국표준질병·사인분류가 개정되는 경우는 개정된 기준에 따라 이 약관에서 보장하는 질병 해당 여부를 판단합니다.

분 류 항 목	분류번호
1. 입술, 구강 및 인두의 악성신생물(암)	C00 - C14
2. 소화기관의 악성신생물(암)	C15 - C26
3. 호흡기 및 흉곽내기관의 악성신생물(암)	C30 - C39
4. 골 및 관절연골의 악성신생물(암)	C40 - C41
5. 피부의 악성 흑색종	C43
6. 중피성 및 연조직의 악성신생물(암)	C45 - C49
7. 유방의 악성신생물(암)	C50
8. 여성생식기관의 악성신생물(암)	C51 - C58

한 생명보험사 암진단특약 약관의 별표4[대상이 되는 악성신생물(암) 분류표] 중 일부

그런데 문제가 있습니다. 이렇게 소비자가 병원에서 받은 진단서의 질병명과 질병분류코드가 해당 암보험 약관 '별표4[대상이 되는 악성신생물(암) 분류표]'에 있는 것과 일치한다고 하더라도 보험회사는 '진단서'를 기준으로 암보험금을 지급하지 않습니다. 소비자가 진단서를 제출하며 암보험금을 청구하면 보험회사는 '조직검사결과보고서'를 제출하라고 요구합니다. 진단서만으로는 암

보험금 심사를 할 수 없다는 것인데요. 진단서만 검토하면 되지 왜 '조직검사결과보고서'까지 달라고 하는 것일까요? 보험약관에 들어있는 '암진단확정'이라는 개념 때문입니다.

제6조 [보험금의 지급사유]

회사는 피보험자에게 보험기간 중 제25조(제1회 보험료 및 회사의 보장개시)에서 정한 보장개시일 이후에 다음 중 어느 하나의 사유가 발생한 경우에는 보험수익자에게 약정한 보험금(별표1 "보험금 지급기준표" 참조)을 지급합니다.

1. 피보험자가 보험기간 중 암보장개시일 이후에 <u>"암(유방암/전립선암 제외)"으로 진단확정 되었을 때</u>: 암(유방암/전립선암 제외) 치료보험금(단, 최초 1회에 한하여 지급함)

생명보험사 암진단특약 약관 중 '보험금의 지급사유'

해당 약관을 보면 '암으로 진단확정'되었을 때 암 치료보험금을 지급한다고 정하고 있습니다. 그러면서 '암'에 대한 '진단확정'을 하는 주체가 누구인지도 밝히고 있습니다.

제3조 ["암", "기타피부암" 및 "갑상선암"의 정의 및 진단확정]

⑥ 암, 기타피부암 및 갑상선암의 진단확정은 병리 또는 진단검사의학의 전문의 자격증을 가진 자에 의하여 내려져야 하며, 이 진단은 조직(fixed tissue)검사, 미세바늘흡인검사(fine needle aspiration) 또는 혈액검사(hemic system)에 대한 현미경 소견을 기초로 하여야 합니다. 그러나 상기에 따른 진단이 가능하지 않을 때에는 피보험자가 암, 기타피부암 및 갑상선암으로 진단 또는 치료를 받았음을 입증할 만한 문서화된 기록 또는 증거가 있어야 합니다.

생명보험사 암진단특약 약관 중 '암'의 정의 및 진단확정

암보험 약관에서는 '암의 진단확정'은 '병리 또는 진단검사의학 전문의 자격증을 가진 자에 의하여 내려져야 한다'고 정하고 있습

니다. '진단검사의학과'가 '임상병리과'에서 이름이 바뀐 것임을 감안하면 암의 진단확정은 '병리과 전문의 자격증을 가진 자'가 내려야 한다고 이해할 수 있습니다. 약관의 이 조항은 암에 대한 '진단확정'은 진단서를 작성하는 주치의(임상의사)가 아니라 조직검사를 한 병리과 의사가 내려야 한다는 주장의 근거가 되어왔습니다. 그래서 보험회사는 주치의가 작성한 '진단서'가 아니라 병리과 의사가 작성한 '조직검사결과보고서'를 근거로 암보험금을 지급해왔습니다. 환자를 직접 진료한 의사의 진단이 보험회사에 의해 무시되는 것이죠. 그렇다면 병리과 의사는 어떤 일을 할까요?

> 병리과는 의학의 한 전문분야이며 병리의사는 임상의사의 진료에 있어 필수적인 조직검사 및 세포검사 진단을 내린다. 병원병리는 환자로부터 채취된 조직 또는 세포 검체를 대상으로 하여 정확한 최종 진단을 내리는 것을 최우선 목표로 두고 있다. 조직 채취는 생검이나 수술로 얻으며, 환자의 조직 및 조직액 속의 세포를 현미경으로 관찰하여 진단한다. 아울러 환자의 진단이 암인 경우 병기를 결정하여, 임상의사가 치료 방침을 결정하거나 환자의 예후를 예측할 수 있도록 한다.
>
> – 서울대학교병원 진료과 정보

병리과 의사는 '조직검사 및 세포검사 진단'을 내린다고 합니다. 그리고 환자를 직접 진료하고 치료 계획을 수립하는 임상의사(주치의)에게 그 검사 결과를 제공합니다. 임상의사는 병리과 의사가 제공한 각종 검사 결과와 자신이 진료한 환자의 상태까지 참작해서 환자의 질병을 진단하고 구체적인 치료 계획을 수립합니다. 그런데 임상의사들과 병리과 의사들은 똑같이 흰 가운을 입었지만 서로 다른 전공 교육을 받았고, 서로 다른 업무를 해오고 있으며 그래서 서로 다른 판단기준이 있습니다. 그러다 보니 임상의사의 진단과 병리과 의사의 진단이 서로 다를 수 있습니다. 이런 차이는 병원에서 환자를 진료할 때는 별문제가 되지 않지만, 보험금 지급을 판단할 때는 심각한 문제를 일으킬 수 있습니다. 그 대표적인 경우가 '직장유암종' 분쟁입니다.

암과 유사한 종양이라는 의미로 부르고 있는 '유암종'이라는 용어는 우리나라에서만 부르는 일종의 별칭이고 정확한 명칭은 '신경내분비종양(Neuroendocrine tumor)'입니다. 이것은 신경계와 내분

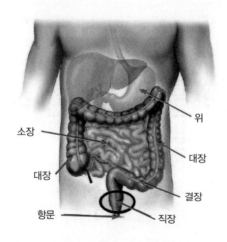

이미지 출처: pixabay

비계 조직이 뭉쳐서 만들어진다고 알려져 있으며 위나 췌장, 대장, 충수, 십이지장 등 소화기관에 많이 발생하는 종양입니다. 그중 직장에 발생한 것을 '직장유암종'이라고 불러왔던 것이죠.

그런데 이 직장에 발생한 신경내분비종양에 대한 판단기준이 의사마다 다른 때가 많습니다. 똑같은 소화기내과 전문의라고 하더라도 어떤 의사는 신경내분비종양을 양성신생물로 보고, 어떤 의사는 경계성종양이라고 진단하고, 또 어떤 의사는 악성신생물이라고 진단합니다. 그런데 외과 의사들은 대부분 신경내분비종양을 악성신생물로 봅니다. 이렇게 의사들 사이에서도 명확한 기준이 없으니 암보험금을 둘러싼 보험회사와 소비자의 분쟁은 예고된 것이었죠. 많은 소송 끝에 2018년 대법원은 신경내분비종양 진단에 중요한 기준을 제시합니다.

대 법 원
판 결

사건	2017다256828 보험금
원고,상고인	원고 (소송대리인 변호사 임용수)
피고,피상고인	삼성생명보험 주식회사 외 1인 (소송대리인 법무법인(유한) 지평 외 1인)
원심판결	서울중앙지법 2017. 8. 10. 선고 2016나57177 판결

이 사건 각 보험계약의 약관에 따른 암의 진단확정이 있었는지를 살펴본다. 이 사건 각 보험약관에 따르면, 암의 진단확정은 병리학적 진단이 가능한 경우에는, 병리 전문의사에 의하여 조직검사 또는 혈액검사에 대한 현미경 소견을 기초로 하여야 한다. 이 사건 종양에 대하여 임상병리 전문의사가 조직병리검사를 실시하여 '1cm 미만의 신경내분비 종양(neuroendocrine tumor)으로 절제면의 침범 소견 없다'는 내용의 조직병리결과보고서를 작성하였다. 원고의 주치의인 임상의사들은 이를 토대로 원고의 병명을 한국표준질병·사인분류번호 C20에 해당하는 직장의 악성 신생물(암)로 진단하였다. 이처럼 병리 전문의사의 병리조직검사결과보고서 등을 토대로 임상의사가 병명을 진단서에 기재하였다면, 이는 이 사건 각 보험약관에서 말하는 병리학적 진단으로 '암'의 진단확정이 있었다고 보아야 한다.

– 대법원 2018. 7. 24. 선고 2017다256828 판결

병리과 의사가 작성한 조직검사결과보고서 등을 토대로 임상의사가 병명을 진단서에 기재했다면, 이것이 보험약관에서 말하는 병리학적 진단이고 '암의 진단확정'이므로 암보험금을 지급해야 한다는 판결입니다. 이 판결은 매우 충격적이었습니다. 그동안 '암진단확정'은 병리과 의사가 내려야 한다는 것을 불변의 진리로 받아들였는데 그 변할 수 없는 진리가 깨졌기 때문입니다. 그동안 '암진단확정'은 병리과 의사가 내려야 한다고 여겼던 이유 중 하나는 같은 조직검사결과보고서를 보고도 임상의사가 누구냐에 따라

서 양성종양으로 진단하는 때가 있고, 경계성 또는 악성종양으로 진단하는 때도 있기 때문입니다.

이렇게 주치의의 진단을 기준으로 암보험금 지급을 결정하면 보험소비자 입장에서는 어떤 의사에게 치료를 받느냐에 따라 암보험금을 받을 수도 있고, 못 받을 수도 있습니다. 이러면 암보험금은 약관에서 정한 기준이 아니라 '운'에 좌우되는 것이 되며 그렇게 되면 그건 더 이상 보험이 아닙니다. 하지만 금융분쟁조정위원회는 2019년 7월 방광암에 대한 보험금 분쟁을 다루면서 앞에서 살펴본 2018년 대법원판결을 인용하며 그 시각을 더욱 정교하게 확장했습니다.

금 융 분 쟁 조 정 위 원 회
조 정 결 정 서

조정일자 : 2019. 7. 23.
조정번호 : 제2019 - 5호

안 건 명   임상의사의 방광암 진단에 따른 보험금 지급 여부

신 청 인   ◇◇◇

피 신 청 인   ◆◆생명보험㈜

임상의사가 병리 전문의사가 실시한 병리조직검사 결과를 포함한 각종 검사 결과와 환자의 상태 등을 종합적으로 검토하여 이를 토대로 피보험

자의 병명을 암으로 진단하였다면, 이러한 진단이 보험약관에서 정한 암의 정의에 배치된다는 등의 특별한 사정이 없는 한 이는 이 사건 보험약관에서 정한 암의 '진단확정'에 해당한다고 보아야 한다.

앞서 살펴본 것과 같이 ○○○○병원 병리과 전문의 ▲▲▲, ■■■은 2018. 3. 8. 신청인의 종양은 '비침습성 유두상 요로상피세포 암종, 고등급'으로서 근육층 침범은 없다는 내용의 조직병리검사 결과를 보고하였고, 신청인을 치료한 비뇨기과 전문의 □□□은 이러한 조직검사 결과를 기초로 신청인의 질병을 '상세불명의 방광의 악성 신생물(C67.9)'로 진단하였으므로, 이러한 진단은 이 사건 보험약관에서 정한 병리학적 진단으로서 암의 '진단확정'에 해당한다.

– 금융분쟁조정위원회 조정결정 2019. 7. 23. 제2019-5호

방광암은 조직검사결과에 대한 병리과 의사의 진단 기준과 임상의사(비뇨기과 의사)의 진단 기준이 많이 다릅니다. 병리과 의사의 시각에서는 '상피내암'으로 보는 것도 비뇨기과 의사들은 그 예후가 좋지 않다는 점을 근거로 '암'으로 진단하는 사례가 많습니다. 과거에는 이렇게 병리과 의사의 판단과 임상의사의 판단이 다른 경우, 보험회사는 병리과 의사의 판단을 기준으로 방광암 관련 보험금 지급을 결정해왔는데요. 이런 심사 기준을 뒤집는 분쟁조정결정(제2019-5호)은 대법원의 2018년 신경내분비종양(직장유암종)에 대한 판결을 근거로 하고 있습니다. 즉, 보험약관에서 말하는 '암진단확정'을 병리과 의사가 내리는 것이라고 해석하면 안 되고

병리과 의사가 작성한 조직검사결과보고서와 각종 검사 결과까지 확인한 주치의(임상의사)가 환자의 상태까지 고려해서 최종적으로 진단서에 기재하는 질병명과 질병분류코드가 보험약관에서 말하는 '암진단확정'이라고 해석해야 함을 밝힌 것입니다. 그런데 이번 금융분쟁조정결정은 방광암에 국한한 것이 아니라는 점이 더 중요합니다. 모든 암보험금을 심사할 때 '암진단확정'은 병리과 의사가 작성한 조직검사결과보고서만을 근거로 하는 것이 아니라 그것까지 확인한 주치의가 환자의 상태까지 고려해서 내린 진단이 '암진단확정'이라는 것입니다. 왜 이런 결론에 도달할 수밖에 없는지도 밝히고 있습니다.

> 현재 우리나라 의료실무 상 임상의사가 수술 시 채취된 종양 세포를 병리 전문의사에게 보내면서 조직검사를 의뢰하면 병리 전문의사는 해당 종양 세포를 현미경으로 관찰하여 종양의 종류, 크기, 분화도, 침윤 정도 등 종양의 형태학적 특징을 기재한 검사결과를 그 검사 의뢰 의사에게 보고할 뿐 환자의 질병명을 직접 진단하여 조직검사 결과지에 기재하지는 않는 것이 일반적이다. 따라서 조직검사 결과지 자체만으로는 환자의 질병이 암으로 진단되었는지 여부를 알기 어렵고, 그 기재된 내용 등에 비추어 환자의 질병이 암에 해당하는지 여부를 의학적으로 판단하여 질병명을 진단하는 과정이 필요하다. 그런데 의료법 제17조에 따르면 환자를 직접 진찰한 의사가 아니면 진단서를 작성하여 환자에게 교부할 수 없는 바, 환자를 직접 진찰하지 않은 병리 전문의사가 아닌, 환자를 직접

진찰한 임상의사가 병리 전문의사로부터 보고받은 조직검사 결과를 포함한 각종 검사 결과, 환자의 증상 등을 토대로 질병명을 진단하고 진단서를 발급한다.

그런데 임상의사의 진단은 병리학적 진단으로 인정할 수 없다는 피신청인 주장에 의하면, 피보험자를 치료한 임상의사의 진단서는 암의 진단확정으로 볼 수 없고, 병리전문의사에게는 피보험자의 질병명이 진단된 진단서를 발급받기도 어려워, 결국 보험금청구권자로서는 어떠한 방법으로도 보험금청구권을 증명할 수 없다는 부당한 결론에 이르게 된다.

– 금융분쟁조정위원회 조정결정 2019. 7. 23. 조정번호 제2019-5호

암보험 약관에서는 해당 약관의 별표[대상이 되는 악성신생물(암) 분류표]에 해당하는 질병이면 암진단보험금을 지급한다고 정하고 있습니다. 그런데 그 표에는 '○○암'이라는 질병명이 적혀 있고, 그 옆에는 질병분류코드가 적혀 있습니다. 그러니 약관대로 하면 암진단보험금을 받기 위해 소비자가 해야 할 행동은 질병명과 질병분류코드가 적혀 있는 의료기록을 보험회사에 제출해야 하는데, 그런 내용이 적혀 있는 서류는 주치의가 작성하는 '진단서'라는 겁니다. 그런데도 암진단확정의 주체를 병리과 의사로 해석해서 주치의의 진단을 무시해버리면 소비자로서는 조직검사결과보고서로도 약관에서 정한 암진단확정을 증명할 수 없고(질병명과 질병분류코드가 적혀 있지 않으므로), 주치의가 작성한 진단서로도 암진단확정을 인정받을 수 없어서 어떤 방법으로도 암보험금을 청구

할 수 없으니 부당하다는 것입니다.

그러므로 '병리 전문의사가 실시한 조직검사결과보고서를 포함한 각종 검사 결과와 환자의 상태 등을 종합적으로 검토하여 이를 토대로 임상의사(주치의)가 피보험자의 병명을 암으로 진단하였다면' 이것이 보험약관에서 정하고 있는 '병리학적 진단'이고 '암의 진단확정'에 해당하며, 이 기준은 신경내분비종양뿐만 아니라 방광암 등 다른 암의 보험금 평가에도 적용해야 한다는 말입니다. 대법원판결과 금융분쟁조정결정으로 암진단확정의 기준이 종전과는 완전히 달라졌습니다. 이제는 암보험금을 잘 받고 싶으면 주치의에게 진단서를 잘 받는 것이 무엇보다 중요한 일이 됐는데요. 그런데 이런 변화는 오래가지 못했습니다. 대법원에 의해서 대법원의 판결이 부정당했습니다.

대　법　원
판　결

사건	2020다234538, 2020다234545 채무부존재확인·보험금
원고(반소피고),상고인	처브라이프생명보험 주식회사 (소송대리인 법무법인(유한) 민 담당변호사 이동명 외 1인)
피고(반소원고),피상고인	망 소외인의 소송수계인 피고(반소원고) 1 외 2인 (소송대리인 법무법인 삼양 담당변호사 곽정규 외 3인)
원심판결	부산지법 2020. 5. 20. 선고 2019나53266, 53273 판결

이 사건의 경우 이비인후과 전문의는 이 사건 보험약관 제3조 제7항에서 정한 '병리 또는 진단검사의학의 전문의사 자격증을 가진 자'에 해당하지 않는 것으로 보이므로, 비록 담당의사인 이비인후과 전문의가 망인의 병명을 두개안면골의 악성신생물 등으로 진단하였다고 하더라도, 병리 등의 전문의사 자격증을 가진 자의 병리검사 결과 없이 또는 그와 다르게 암의 진단확정을 한 것인 이상 이 사건 보험약관에서 정한 고액암진단 보험금 지급사유에 해당된다고 보기 어렵고, 달리 그와 같이 볼 수 있을 만한 특별한 사정을 찾아볼 수도 없다.

– 대법원 2020. 10. 15. 선고 2020다234538, 2020다234545 판결

2020년 10월 15일 대법원은 2018년에 나온 대법원판결(대법원 2018. 7. 24. 선고 2017다256828 판결)과 금융분쟁조정위원회의 2019년 조정결정(금융분쟁조정위원회 조정결정 제2019-5호)을 정면으로 부정하는 판결을 내립니다. 이비인후과 전문의는 약관에서 말하는 '병리과 의사'가 아니므로 아무리 이비인후과 전문의가 환자의 질병을 진단했다고 하더라도 그것이 병리과 의사의 병리 검사 결과와 다르면 인정할 수 없다고 판단했습니다. 이 판결로 인해 '암진단확정'의 주체는 누구인지, 누구의 진단을 두고 암보험금을 평가해야 하는지, 병리과 의사는 질병명과 질병분류코드를 기재해줄 수 없는데도 그들의 의견을 '암진단확정'이라고 이해해야 하는지, 모든 문제가 다시 불분명해졌습니다.

안 그래도 보험약관의 모호함으로 인해 분쟁이 끊이질 않고 있

는데 그걸 바로잡고 기준을 제시해야 할 법원, 그것도 대법원마저 해당 재판의 법관이 누구냐에 따라 다른 판단을 한다면 도대체 암보험에 가입한 소비자는 어떻게 해야 할까요? 대법원에 묻고 싶습니다. 도대체 누가 보험약관에서 말하는 암진단확정의 주체입니까? 병리과 의사입니까? 아니면 임상의사(주치의)입니까? 이도 저도 아니면 결국 판사입니까? 그것도 판사마다 다른 겁니까? 어쩌자는 겁니까?

약관 읽어주는 남자의 한마디

금융감독원에 촉구합니다. 암보험 약관을 개정해야 합니다. 현행 의료법을 고려해서 암진단확정의 주체가 누구인지 분명하게 그 기준을 정해 놓은 약관을 만들어야 합니다. 보험약관이 모호할수록 보험회사에 의한 소비자 약탈은 계속됩니다. 이걸 뻔히 알고 있으면서도 계속 방치한다면 금융감독원은 직무를 유기하는 것입니다. 이런 무책임과 소비자 외면이 계속되기에 어떤 사람은 금융감독원이 보험회사들의 이익을 위해 일하는 곳이 아닌지 의심하기도 합니다.

5 암 치료가
프리킥입니까?

2016년 2월 「호스피스·완화의료 및 임종과정에 있는 환자의 연명의료결정에 관한 법률」(이하 '연명의료결정법')이 제정되었습니다. 연명의료결정법의 시행은 암입원보험금 지급 기준에도 영향을 미쳤습니다. 금융감독원은 2018년 9월 보도자료를 통해 암보험 약관의 개선을 추진하겠다고 밝혔습니다. 그 개선 내용은 '연명의료결정법'이 시행됨에 따라 말기암 환자에 대한 연명치료도 '암의 직접치료'로 인정하도록 암보험 약관을 개정하는 것이었습니다.

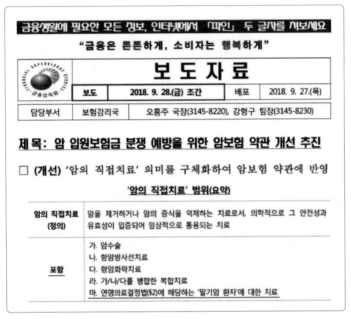

금융감독원 보도자료 2018. 9. 28.

2019년 1월 1일부터 모든 암보험과 각종 보험상품에 부가되는 암 관련 특약의 약관에 아래처럼 「암 등의 질병의 직접적인 치료」의 정의'가 추가되었습니다. 즉 2019년 1월 1일 이후 보험에 가입했다면 이 약관 조항을 기준으로 '암에 대한 직접치료'에 해당하는지를 판단하게 됩니다. 새로 약관에 추가된 내용은 대법원판례에서 끌어온 것이 많은데요. 그 내용이 실제로 암으로 투병 중인 환자들 처지에서 봤을 때 이해할 수 있는 것인지 아닌지를 떠나서 항상 분쟁이 있었던 '암 직접치료'라는 개념의 정의를 처음으로 만들었다는 것 자체에 의의를 둘 수 있겠습니다.

제4조(「암 등의 질병의 직접적인 치료」의 정의)
① 이 특별약관에 있어서 「암 등의 질병의 직접적인 치료」라 함은 「암 등의 질병」을 제거하거나 「암 등의 질병」의 증식을 억제하는 치료로서, 의학적으로 그 안전성과 유효성이 입증되어 임상적으로 통용되는 치료(보건복지부 산하 신의료기술평가위원회(향후 제도 변경 시에는 동 위원회와 동일한 기능을 수행하는 기관)가 인정한 최신 암치료법도 포함됩니다)(이하 「암 등의 질병의 제거 및 증식 억제 치료」라 합니다)를 말합니다.
② 「암 등의 질병의 직접적인 치료」에는 항암방사선치료, 항암화학치료, 「암 등의 질병」을 제거하거나 「암 등의 질병」의 증식을 억제하는 수술 또는 이들을 병합한 복합치료 등이 포함됩니다.
③ 「암 등의 질병의 직접적인 치료」에는 다음 각 호의 사항은 포함되지 않습니다.
 ① 식이요법, 명상요법 등 「암 등의 질병」의 제거 또는 「암 등의 질병」의 증식 억제를 위하여 의학적으로 안전성과 유효성이 입증되지 않은 치료
 ② 면역력 강화 치료
 ③ 「암 등의 질병」이나 「암 등의 질병」 치료로 인하여 발생한 후유증 또는 합병증의 치료
④ 제3항에도 불구하고, 다음 각 호의 사항은 「암 등의 질병의 직접적인 치료」로 봅니다.
 ① 「암 등의 질병」의 제거 또는 「암 등의 질병」의 증식 억제를 위하여 의학적으로 안전성과 유효성이 입증된 면역치료
 ② 「암 등의 질병의 제거 및 증식 억제 치료」를 받기 위해 필수불가결한 면역력 강화 치료
 ③ 「암 등의 질병의 제거 및 증식 억제 치료」를 받기 위해 필수불가결한 「암 등의 질병」이나 「암 등의 질병」 치료로 인하여 발생한 후유증 또는 합병증의 치료
 ④ 「호스피스·완화의료 및 임종과정에 있는 환자의 연명의료 결정에 관한 법률」 제2조 제3호에 해당하는 말기 암환자에 대한 치료

2019년 1월 1일부터 약관에 반영된 '암 직접치료'의 정의

2019년 1월 1일부터 암보험 약관에 추가된 「암 등의 질병의 직접적인 치료」의 정의'를 적용하면 의학적으로 안정성과 유효성이 입증되지 않은 치료 방법과 암 치료로 발생한 후유증이나 합병증의 치료는 암에 대한 직접적인 치료로 인정하지 않기에 암보험금을 지급하지 않습니다. 그러나 만약 그 후유증이나 합병증의 치료가 향후 예정된 항암치료를 위해 필수적이라면 그럴 때는 합병증이나 후유증 치료도 예외적으로 「암 등의 질병의 직접적인 치료」로 인정합니다.

이렇게 2019년 1월 1일 이후 보험에 가입한 사람들은 그나마 약관에 '암에 대한 직접치료'를 어떻게 인정하는지 기준이라도 있지만, 그 전에 보험에 가입한 사람들은 약관에 이런 기준이 없습니다. 그래서 정작 암환자가 되어서 보험금을 청구했는데도 '암에 대한 직접치료'가 아니라는 이유로 보험금 지급을 거부당한 소비자와 보험회사 사이에 분쟁이 끊이지 않고 있습니다. 이런 경우 보험 약관에 분명한 기준이 없다 보니 각급 법원의 판결을 근거로 '암에 대한 직접치료'가 맞는지 다투게 됩니다.

대 법 원
판 결

사건	2010다40543 채무부존재확인
원고, 피상고인	알리안츠생명보험 주식회사 (소송대리인 법무법인 위너스 담당변호사 황민철)
피고, 상고인	피고 (소송대리인 법무법인 율전 담당변호사 김종욱 외 2인)
원심판결	서울동부지법 2010. 4. 28. 선고 2009나8262 판결

'암 치료를 직접 목적으로 수술을 받았을 때'라 함은 암을 제거하거나 암의 증식을 억제하기 위한 수술로 한정되는 것이 아니라 암 자체 또는 암의 성장으로 인하여 직접 발현되는 중대한 병적 증상을 호전시키기 위한 수술을 포함한다고 보아야 할 것이지만, 암이나 암 치료 후 그로 인하여 발생한 후유증을 완화하거나 합병증을 치료하기 위한 수술까지 이에 포함된다고 보기는 어렵다고 할 것이다.

– 대법원 2010. 9. 30. 선고 2010다40543 판결

2019년 1월 1일 이전 가입한 보험계약의 약관에 '「암 등의 질병의 직접적인 치료」의 정의'가 없으면, 2010년 9월 30일에 나온 대법원판결(대법원 2010. 9. 30. 선고 2010다40543 판결)을 기준으로 암보험금을 심사합니다. 이 판결에서 대법원은 '암 치료를 직접 목적

으로 한 행위'에 대해 일정한 정의를 내리고 있습니다. 암을 제거하거나 암의 증식을 억제하기 위한 수술도 '암 치료를 직접 목적으로 하는 수술'이고 암 자체 또는 암의 성장으로 인해 발현되는 병적 증상을 호전시키기 위한 수술도 '암 치료를 직접 목적으로 하는 수술'이라고 판단했습니다. 이런 판결이 있었기에 2019년 1월 보험약관에 「「암 등의 질병의 직접적인 치료」의 정의'가 포함될 수 있었습니다.

그런데 이런 판례를 보험회사가 기계적으로 보험금 심사에 적용하면 '연명의료결정법'에 따라 호스피스병원에 입원한 경우 암입원보험금 지급이 거부될 가능성이 큽니다. 호스피스병원에서는 대부분 암을 적극적으로 제거하기 위한 치료가 진행되는 것이 아니라 암 치료 후 발생한 후유증을 완화하는 치료가 진행되기 때문입니다. 그래서 금융감독원은 아예 약관을 개정해서 이런 분쟁의 여지를 차단했습니다. 많이 늦었지만, 소비자에게 꼭 필요했던 일을 금융감독원이 한 것이죠. 하지만 약관이 이렇게 개정되기 전에 암보험에 가입한 소비자들은 '연명의료결정법'에 따른 호스피스병원 입원이라 하더라도 '암 치료를 직접 목적으로 하는 입원'으로 인정받지 못하고 있습니다. 부산지방법원의 판결문을 살펴보아도 이같은 사실을 확인할 수 있습니다.

부 산 지 방 법 원

제 4 - 1 민 사 부

판   결

사건	2020나47625 보험금
원고,항소인	A
피고,피항소인	대한민국
제1심판결	부산지방법원 2020. 4. 7. 선고 2019가소59830 판결
변론종결	2021. 3. 31.
판결선고	2021. 4. 28.

망인이 받은 치료는 보전적 치료로서 암이나 암 치료 후 그로 인하여 발생한 후유증을 완화하거나 합병증을 치료하기 위한 입원으로 보일 뿐인바, 이러한 치료의 내용과 앞서 본 망인의 위 각 병원 입원 경위 등에 비추어 보면, 원고가 제출한 증거들만으로는 망인의 입원이 암 자체 또는 암의 성장으로 인하여 직접 발현되는 중대한 병적 증상을 호전시키기 위한 입원이었거나, 종전의 항암요법으로 인한 후유증을 치료하고 면역력 등 신체기능을 회복하여 다음의 항암치료를 받기 위해 필수불가결한 입원이었다는 사실을 인정하기에 부족하고, 달리 이를 인정할 증거가 없다.

그리고 갑 제4호증의 기재에 의하면, 금융감독원이 2018. 9. 28. 연명의료결정법 제2조 제3호에 해당하는 말기암 환자에 대한 치료도 암의 직접 치료의 범위에 포함되도록 약관 개선을 추진한 사실은 인정할 수 있으나, 이 사건 보험계약이 위와 같은 내용으로 개정되었음을 인정할 아무런 증거가 없고, 오히려 망인은 앞서 본 바와 같이 금융감독원이 위와 같이 약관 개선을 추진하기 전인 2018. 6. 8. 사망하였다.

따라서 망인의 입원은 이 사건 보험계약에서 정한 암입원급부금 및 암간병급부금의 지급사유인 '암의 치료를 직접 목적으로 한 입원'에 해당한다고 볼 수 없으므로, 원고의 주장은 나아가 살필 필요 없이 이유 없다.

– 부산지방법원 2021. 4. 28. 선고 2020나47625 판결

지금까지 살펴본 것처럼 약관이 개정되기 전에 암보험에 가입한 소비자들과 보험회사 사이의 분쟁은 계속되고 있습니다. 그전보다 줄어들었을 뿐이지 2019년 1월 약관이 개정된 이후에 보험에 가입했다고 하더라도 '암에 대한 직접치료'를 어떻게 해석할 것인지를 다투는 일은 계속되고 있습니다. 이에 대해 각급 법원은 대법원판례를 기준으로 암보험금 지급을 판단하고 있는데요. 저는 조금 다른 의견이 있습니다.

'치료'라는 개념은 환자를 중심에 놓고 생각해야 합니다. 암을 중심에 놓고 생각하면 안 됩니다. 치료를 받는 주체가 암이 아니라 환자라는 것을 감안한다면 암환자가 병원에서 받는 모든 치료는 암 때문에 환자에게 제공되는 치료이며, 직접치료와 간접치료로 나눌 수도 없고 그럴 필요도 없습니다. '암에 대한 직접치료'라는

것은 암보험금 지급을 거부하고 싶은 보험회사들과 그들에게 기생하는 법 기술자들이 억지로 만들어낸 개념입니다. 그들은 이 억지 개념을 만들어 마치 암 치료의 주체가 환자가 아니라 암인 것 같은 느낌을 주고 그래서 그 암에 대해 직접적으로 영향을 미치는 행위가 아니라면 암에 대한 치료가 아니라는 궤변을 완성했습니다.

'암에 대한 직접치료'가 의미하는 바를 명확히 규정하고 있지 않은 약관으로 암보험에 가입한 소비자가 의료법과 국민건강보험법에서 인정하는 암 치료를 받고 있다면, 그 치료가 '면역력 강화 치료' 또는 '암이나 암 치료로 인하여 발생한 후유증 또는 합병증의 치료'라 하더라도 암에 대한 치료로 인정하고 보험금을 지급해야 마땅합니다. 하지만 2022년 현재 대한민국 보험회사들과 금융감독원 그리고 법원은 저와 생각이 매우 다릅니다.

 약관 읽어주는 남자의 한마디

'암에 대한 직접적인 치료'라는 말이 저는 매우 못마땅합니다. 보험회사는 궤변을 만들어서 보험금 지급 의무를 회피하고 있는 것입니다. 암을 치료하는 데 직접치료가 있고 간접치료가 있나요? 암 치료가 축구 경기에서 볼 수 있는 프리킥입니까?

⑥ 백내장 수술, 입원이냐 통원이냐 그것이 문제로다

국민건강보험공단의 자료를 보면 매년 가장 많이 행해지는 수술이 백내장 수술입니다. 이 수술은 혼탁해진 수정체를 제거하고 그 자리에 인공수정체(단초점 인공수정체 또는 다초점 인공수정체를 삽입할 수 있습니다)를 삽입합니다. 안 그래도 많이 시행되던 이 수술이 몇 년 전부터 급격히 더 늘어났습니다. 2020년 한 해 동안 70만 2,621건이나 시행되었는데요. 그중 상당수가 다초점 인공수정체를 삽입하는 수술이었습니다. 예전에는 다초점 인공수정체를 이용한 백내장 수술은 국민건강보험에서 급여 적용을 받지 못하므로 의료비가 부담스러워서 환자들이 선호하지 않았습니다. 한쪽 눈당 보통 500~700만 원 정도 수술비용이 들어가기 때문이죠. 그래서 대부분 국민건강보험에서 급여 적용을 받는 단초점 인공수정체로 백내장 수술을 받았습니다. 그런데 몇 년 전부터 일부 의원이나 병원에서는 다초점 인공수정체를 사용하는 백내장 수술을 공격적으로 권유하기 시작했습니다. 고가의 수술이지만 환자가 가입한 실손의료비보험(이하 실비보험)을 활용하면 비용 대부분을 보험금으로 돌려받을 수 있다는 점을 이용한 상술입니다.

이런 부작용이 심해지자 금융감독원은 2016년 1월 1일부터 판매하는 실비보험 약관을 개정했습니다. 다초점 인공수정체를 삽입하는 백내장 수술에 관해서도 보험금을 받을 수 없도록 하는 내용을 약관에 포함했습니다.

보장 종목	보상하지 않는 사항
(3) 질병 입원	8. 아래에 열거된 국민건강보험 비급여 대상으로 신체의 필수 기능개선 목적이 아닌 외모개선 목적의 치료로 인하여 발생한 의료비 다. 안경, 콘택트렌즈 등을 대체하기 위한 시력교정술 <u>(국민건강보험 요양급여 대상 수술방법 또는 치료 재료가 사용되지 않은 부분은 시력교정술로 봅니다)</u>

2016년 1월 1일 이후 실비보험 약관

다초점 인공수정체가 국민건강보험에서 요양급여 대상이 아니라는 점에 착안해서 약관을 개정한 것입니다. 그러므로 2016년 1월 1일 이후 판매된 실비보험에 가입한 소비자는 다초점 인공수정체를 삽입하는 백내장 수술을 받아도 보험금을 받을 수 없습니다.

하지만 금융감독원의 일방적인 약관 개정은 많은 반대에 직면했는데요. 그전까지 '안경, 콘택트렌즈 등을 대체하기 위한 시력 교정술'이란 라식 또는 라섹 수술을 의미한다고 여겼습니다. 그런데 '백내장 치료를 목적으로 다초점 인공수정체를 삽입한 것은 라식이나 라섹 같은 시력 교정술이 아닌 신체 기능의 개선을 목적으로 하는 수술이므로 보험약관에서 정한 보험금을 지급하지 않는 사유에 해당하지 않는다'라고 주장하면서 다초점 인공수정체 삽입과 관련된 모든 비용을 실비보험에서 보상해달라며 보험회사와 소송으로 다툰 소비자가 있었습니다.

수 원 지 방 법 원
제 1 1 민 사 부
판   결

사건	2019가합25366(본소) 채무부존재확인
	2020가합26969(반소) 보험금
원고(반소피고)	A 주식회사
	소송대리인 법무법인 소명
	담당변호사 김민정
피고(반소원고)	B
	소송대리인 변호사 김준희, 하우원
	소송복대리인 변호사 이준영
변론종결	2021. 10. 28.
판결선고	2021. 12. 2.

① 백내장 수술에 따른 수정체 적출로 인한 원시상태는 단초점 인공수정체와 근거리 시력교정용 돋보기안경의 착용으로 보완이 가능하고, C이 시술 받은 다초점 인공수정체는 추가적인 시력교정 효과를 위한 것인 점.

② 금융감독원이 실손 의료보험 표준약관을 개정하고 원고가 그에 따라 이 사건 보험약관 중 시력교정술 관련 부분을 개정한 이유는 다초점 인공수정체 관련 의료비를 실손 의료보험의 면책대상으로 삼기 위한 것인 점.

③ C이 받은 다초점 인공수정체 관련 의료비는 국민건강보험 요양급여 대상이 아니므로, 이 사건 보험약관에 따라 시력교정술로 간주되는 점 등을 종합하면, C이 백내장 치료를 받는 과정에서 삽입한 다초점 인공수정체 관련 의료비는 이 사건 보험약관에 따라 '보험금을 지급하지 않는 사유'에 해당한다고 봄이 타당하다.

<중략>

① 원고가 피고에게 C의 백내장 치료와 관련한 국민건강보험의 급여 대상 진찰, 검사, 수술 등과 관련한 보험금은 모두 지급한 사실

② 피고가 반소로써 구하고 있는 검사비와 초음파 진단료는 다초점 인공수정체의 삽입이 가능하고 효과적인지 여부를 판단하고, 삽입하는 다초점 인공수정체 도수를 계산하며, 그 오차를 줄이기 위한 검사 및 진단비용인데, 이는 모두 국민건강보험의 비급여대상인 점 등을 종합하면, 피고가 반소로써 구하고 있는 검사비와 초음파진단료 역시 다초점 인공수정체 재료비와 마찬가지로 이 사건 보험약관에 따라 '보

험금을 지급하지 않는 사유'에 해당한다고 봄이 타당하다.

– 수원지방법원 2021. 12. 2. 선고 2019가합25366 판결

비록 하급심 판결이지만 이 소송을 통해 2016년 1월 1일 이후 실비보험에 가입한 소비자는 다초점 인공수정체를 삽입하는 백내장 수술을 받아도 이와 관련한 모든 비용(다초점 인공수정체 재료비, 검사료와 초음파진단료)을 실비보험에서 보상받을 수 없게 됐습니다.

하지만 2016년 1월 1일 이전에 실비보험에 가입한 사람들은 이 판결에 영향을 받지 않습니다. 그래서일까요? 많은 수의 백내장 환자가 일부 안과의원이나 병원에서 고용한 브로커에게 교통편과 숙박비를 지원받고 한쪽 눈당 500~700만 원이 넘는 고가의 백내장 수술을 받았습니다. 어떤 브로커는 환자가 지출한 병원비 일부를 환자에게 되돌려주기도 했습니다. 이런 방식으로 많은 환자를 유치해서 거액을 벌어들인 안과 의사들이 있습니다. 이들 중에는 실비보험에서 보험금을 받아 병원비를 내면 된다며 노안이 있는 분들에게 다초점 인공수정체 삽입 수술을 해주고 마치 백내장 환자가 치료받은 것처럼 서류를 조작해준 의사도 있었습니다. 병원 측과 환자들 모두 실비보험을 이용해 막대한 이익을 얻은 것입니다. 금융감독당국, 법원, 보험회사는 이런 행위를 의료법 위반과 보험사기방지특별법 위반으로 보고 있습니다.

물론 백내장 수술을 해준 모든 안과병원, 그리고 수술을 받은 모든 환자가 다 이렇다는 말은 아닙니다. 그중에는 브로커로부터 어

떠한 금전적인 이익도 받지 않았고, 의사에게서 의료비 일부를 돌려받지도 않았으며, 노안이 아닌 실제 백내장 환자인 분도 많습니다. 그런데 위에서 언급한 사람들 때문에 진짜 백내장 환자가 다초점 인공수정체 삽입 수술을 받고 보험금을 청구해도 보험회사들은 색안경을 쓰고 소비자를 조사했습니다. 한 달 이상 보험금을 지급하지 않고 계속 미루기만 하는 보험회사도 많았습니다. 하지만 소비자 대부분은 심한 조사가 있었음에도 보험금을 받을 수 있었습니다. 실비보험에 가입된 소비자가 백내장 치료 목적으로 단초점 인공수정체가 아니라 다초점 인공수정체를 삽입하는 수술을 받는다고 하더라도 약관상 아무런 문제가 되지 않기 때문입니다. 실비보험은 원래부터 소비자가 병원에 지출한 의료비의 일부를 보험회사가 보상해주는 상품이며, 이때 국민건강보험의 비급여항목이라고 보상 대상에서 제외하는 보험상품이 아닙니다. 그러니 보험회사 입장에서는 다초점 인공수정체를 삽입하는 백내장 환자들이 큰 골칫거리가 아닐 수 없습니다.

금융감독원 자료에 의하면 보험회사가 백내장 수술로 인해 실비보험에서 지급한 보험금은 2019년 4,880억 원, 2020년 7,937억 원, 2021년 1조 1,165억 원이었습니다. 보험회사가 지급하는 전체 보험금 중에서 상당 부분을 백내장 수술비가 차지하게 된 것입니다. 이러니 보험회사 입장에서는 어떻게든 백내장 수술에 대해 보험금 지급을 막고 싶습니다. 하지만 보험사기와 연루되지 않은 백내장 환자가 다초점렌즈 삽입 수술을 받고 보험금을 청구하면 보험

　회사는 실비보험금 지급을 막을 수 없습니다. 그래서 보험회사는 환자를 직접 진료하지도 않은 제3의 전문의에게 의료 자문을 받아서 환자의 백내장이 아직 수술이 필요한 정도는 아니었다며 보험금 지급을 거부하거나, 약관에도 없는 보험금 심사 규정을 만들어서 보험금 지급을 거부하는 일도 많았습니다. 하지만 이런 억지로는 수많은 소비자의 백내장 수술 실비보험금 청구를 막을 수 없었습니다.

　그래서 다초점 인공수정체를 삽입하는 백내장 수술을 집중적으로 시행하는 안과 의사를 대상으로 보험회사가 손해배상을 청구하는 소송을 제기하기도 했습니다. 불필요한 수술을 했거나 사실과 다른 내용으로 의료기록을 작성해서 소비자가 실비보험금을 받을 수 있게 했다고 본 것이죠. 그런데 이렇게 안과 의사를 상대로 한 소송에서 보험회사가 이기기는 어려웠습니다. 환자에 대한 진단과 치료계획을 수립하는 것은 의사의 고유 권한이라서 섣불리 그 타당성을 부정하기 힘들기 때문입니다.

서 울 중 앙 지 방 법 원

제 2 5 민 사 부

판   결

사건	2018가합569311 손해배상(기)
원고	A 주식회사
	소송대리인 변호사 장주용
피고	1. B
	소송대리인 변호사 김주현
	2. C
	소송대리인 법무법인 (유한)한별
	담당변호사 정성원
변론종결	2020. 11. 6.
판결선고	2021. 2. 3.

③ 나아가 R병원 안과 교수의 자문회신서 내용만으로 이 사건 보험계약자들이 받은 백내장수술 및 후발백내장수술이 과도하거나 불필요한 것으로 단정하기 어려운 점

④ 이 사건 보험계약자들 중 S은 피고 B으로부터 후발성백내장수술을 받았으나, 백내장수술을 받은 후 10~20%만이 후발성백내장이 발생한다는 일반적인 사정만으로 피고 B이 불필요한 백내장수술을 했다고 보기는 어려운 점.

⑤ 사후적으로 환자에 대한 진료기록 등을 토대로 이 사건 보험계약자들의 치료 또는 수술의 필요성에 대한 의심이 있다 하더라도, 실제 치료행위를 한 의사의 판단을 신뢰하기 어려운 특별한 사정에 대한 합리적인 근거 제시나 입증이 없는 이상 이를 필요성이 없는 수술로 단정할 수 없는 점 등에 비추어 볼 때, 원고가 제출한 증거만으로 피고 B이 이 사건 보험계약자들에게 과도하거나 불필요한 백내장수술 및 후발백내장수술을 하였다는 점을 인정하기에 부족할 뿐만 아니라 원고 주장과 같이 피고들이 이 사건 보험계약자들과 공모하여 또는 위 보험계약자들 등을 교사 또는 방조하여 위 보험계약자들이 원고로부터 보험금을 편취하도록 하였다고 보기도 어려우므로, 원고의 주장은 어느 모로 보나 이유 없다.

– 서울중앙지방법원 2021. 2. 3. 선고 2018가합569311 판결

이렇게 안과 의사를 상대로 한 많은 소송에서 보험회사가 패소했습니다. 그러자 보험회사는 다른 방법을 찾아냅니다.

제1조(보장종목)

[1] 우리회사(이하「회사」라 합니다)가 판매하는 이 보통약관(이하「약관」이라 합니다)은 다음과 같이 상해입원형, 상해통원형, 질병입원형 및 질병통원형의 4개 이내의 보장종목으로 구성되어 있습니다.

보장종목		보상하는 내용
상해	입원	피보험자가 상해로 인하여 병원에 입원하여 치료를 받은 경우에 보상
	통원	피보험자가 상해로 인하여 병원에 통원하여 치료를 받거나 처방조제를 받은 경우에 보상
질병	입원	피보험자가 질병으로 인하여 병원에 입원하여 치료를 받은 경우에 보상
	통원	피보험자가 질병으로 인하여 병원에 통원하여 치료를 받거나 처방조제를 받은 경우에 보상

2021년 6월까지 판매된 실비보험 약관 중 발췌

실비보험은 위 약관과 같이 크게 네 가지 보장 종목으로 구성되어 있습니다. 입원의료비는 대부분 5000만 원 한도로 보상하고, 통원의료비는 통원 25만 원 한도, 약제비 5만 원 한도로 보상합니다. 보험회사들이 다초점 인공수정체를 삽입하는 백내장 수술을 받고 실비보험금을 청구하는 소비자들에게 맞서기 위해 찾아낸 방법은 입원의료비가 아니라 통원의료비로 보상하는 것입니다.

백내장 수술에 대해서 보험회사가 막대한 보험금을 지급할 수밖에 없는 결정적인 이유는 백내장 수술에 대한 보상을 보상한도가 5000만 원인 입원의료비에서 해주기 때문입니다. 그런데 만약 입원의료비 말고 보상한도가 25만 원인 통원의료비에서 보상해줄 수만 있다면, 소비자가 청구한 보험금이 1000만 원이 넘더라도 보험회사는 최대 50만 원(양쪽 눈)만 지급해주면 됩니다. 보험금을 아예 지급하지 않는 것은 아니지만, 비교가 되지 않을 정도로 보험금 지급 규모를 줄일 수 있는 것입니다.

보험회사들은 백내장 수술이 다초점 인공수정체를 삽입하던 단초점 인공수정체를 삽입하던, 실제로 수술에 필요한 시간은 1시간이 되지 않고 마취에서 깨어나는 시간까지 포함한다 하더라도 대부분 2시간을 넘지 않는다고 보고 있습니다. 그러니 당일 입원해서 당일 퇴원한다 하더라도 최소한 6시간 이상은 환자가 병실에 머물러야만 하루 입원으로 인정되는 보건복지부 고시를 기준으로 판단했을 때 대부분의 백내장 수술은 입원해서 수술한 것으로 볼 수 없고 따라서 실비보험에서도 통원의료비 항목으로 보상해야 한다고 보험회사들은 주장했습니다.

하지만 문제가 있습니다. 안과 의사들은 백내장 수술이 통원이 아닌 입원해서 진행된다는 주장을 굽히지 않습니다. 그리고 의료비 영수증에도 통원이 아닌 입원으로 처리되어 있습니다. 그래서 보험회사는 이 입원이 실제로는 입원의 요건을 갖추지 못했고 사실은 통원으로 진행되었음을 입증하기 위해 한 소비자를 대상으로 소송을 겁니다. 판례를 만들어내고자 한 것이죠.

서 울 고 등 법 원

제 17-1 민 사 부

판   결

사 건	2021나2013354(본소) 채무부존재확인
	2021나2013361(반소) 보험금
원고(반소피고), 항소인	
	A 주식회사
	소송대리인 변호사 변동열, 최규선
피고(반소원고), 피항소인	
	B
	소송대리인 변호사 김평호
제 1 심 판 결	서울중앙지방법원 2021. 3. 25. 선고 2019가합568360(본소), 2020
	가합548928(반소) 판결
변 론 종 결	2021. 12. 2.
판 결 선 고	2022. 1. 20.

위와 같은 '입원'에 관한 이 사건 보험약관의 정의 규정, 대법원 판례 법리, 보건복지부 고시 내용 등에 따르면, 피고가 '입원' 치료를 받았음을 전제로 이 사건 보험계약에 따라 원고로부터 입원의료비를 보험금으로 지급받기 위해서는, 피고를 치료한 의사가 피고의 입원이 필요하다고 인정한 것에 더하여 피고가 자택 등에서 치료가 곤란하여 병원에서 의사의 관리를 받으면서 치료를 받았어야 하고, 최소 6시간 이상 입원실에 머무르거나 처치·수술 등을 받고 연속하여 6시간 이상 관찰을 받았어야 하

며, 피고의 증상, 진단 및 치료 내용과 경위, 피고의 행동 등을 종합하여 볼 때 그 치료의 실질이 입원치료에 해당하여야 할 것이다.

<중략>

앞서 본 '입원/퇴원확인서'의 경우 단순히 1일간 입원하였다가 퇴원하였다는 사실을 확인하는 내용에 불과하여, 설령 이를 의사가 작성하였다고 하더라도 진료기록부나 진단서와 같은 증명력이 있다고 보기 어렵고, 진료기록부 등을 통해 그 치료의 실질이 입원치료라고 인정되지 않는 한 '입원/퇴원확인서'가 발급되었다는 것만으로 입원치료임을 인정하기는 어렵다. 또한 앞서 본 문답서에서 피고가 답변한 내용 역시 위 진료기록부에 적힌 예약시간, 진료시간과 부합하지 않을 뿐만 아니라 이를 뒷받침할 객관적인 자료가 전혀 없는 점, 이 사건 수술 당일 이 사건의 의원에서 받은 구체적인 진료내역, 소요시간, 수술 후 회복 장소, 신용카드로 비용을 결제한 시각 등에 대한 원고의 구석명신청(2020. 8. 3. 자 준비서면)에 대해 피고가 위 문답서 내용과 마찬가지로 '2019. 8. 16. 과 2019. 8. 17. 각각 오전 9시경부터 오후 6시경까지 이 사건 의원에서 진료를 받았고, 나머지 사항은 기억하지 못한다'는 취지로만 답변한 점(2020. 9. 9. 자 준비서면) 등에 비추어, 그대로 믿기 어렵다.

<중략>

이 사건 의원은 의료법 제3조 제2항 제1호에서 정한 '의원급 의료기관'으로서 의사가 주로 외래환자를 대상으로 의료행위를 하는 의료기관이므로 병상을 갖출 필요가 없고, 실제로 건강보험심사평가원 자료상으로도 입원실이나 병상을 운영하지 않고 있는 것으로 되어 있으므로, 피고를 비

롯한 환자들이 이 사건 의원에 입원하는 것이 물리적으로 가능한지도 의문이다.

<중략>

결국 피고가 지출한 이 사건 수술비용(아래에서 통원의료비로 청구한 부분은 제외한다)은 이 사건 보험약관상 입원의료비에 해당하지 않는다고 판단되므로, 원고는 이 사건 수술비용 중 통원의료비에 해당하는 보험금을 지급할 의무가 있다.

– 서울고등법원 2022. 1. 20. 선고 2021나2013354 판결

이 판결은 2022년 6월 16일 대법원에서 심리불속행 기각으로 확정됐습니다. 즉, 이 사건에 대해서는 대법원이 별도로 심리도 하지 않고 2심판결이 옳다고 판단했습니다. 2심재판부는 소비자와 병원 측에서 주장하는 것처럼 아무리 포괄수가제가 적용되는 수술이라 하더라도 그건 국민건강보험과 관련된 행정적인 의미일 뿐이지 실비보험에서 입원의료비 지급 대상인 '입원'이 있었음을 증명하는 것은 아니라고 판단했습니다. 보건복지부 고시 기준으로 '입원'에 해당하려면 최소한 6시간 이상 입원실에 머무르면서 어떤 의료 처치나 관찰을 받았어야 한다는 것입니다. 그런데 해당 환자의 경우 2시간 정도의 수술 시간을 제외하고는 얼마나 병원에 머물렀는지, 어떤 의료 처치를 받았는지에 대한 구체적인 기록이 없고, 게다가 해당 병원은 입원실도 없는 곳이라서 입원 자체를 의심할 수밖에 없었습니다. 그래서 5000만 원 한도로 실손의료비를 보

상하는 입원의료비 항목에서 보상하는 것이 아니라 25만 원 한도에서 보상하는 통원의료비 항목으로 보상하는 게 맞다고 판단했습니다. 그래서 법원은 이 사건에 대해 보험회사는 소비자에게 한쪽 눈당 외래 25만 원씩 총 50만 원을 지급하고, 이와는 별도로 외래 진료비 14,700원 중 공제금 1만 원을 뺀 4,700원을 추가 지급하라는 판결을 내렸습니다. 결국 소비자는 다초점 인공수정체를 삽입하는 백내장 수술을 받고, 병원비로 760만 원을 지출했지만, 실비보험에서 504,700원만 보상받았습니다.

보험회사는 이번 대법원판결을 환영했습니다. 그러면서 앞으로 모든 백내장 수술에 대해서 입원을 인정하지 않으려는 움직임도 보입니다. 하지만 이것은 서울고등법원의 판결(서울고등법원 2022. 1. 20. 선고 2021나2013354 판결)을 너무 자의적으로 해석해서 보험금 심사에 적용하는 것입니다. 해당 사건 속 백내장 수술을 받은 환자는 수술 후 6시간 이상 병원에 머무르며 어떤 의료 처치를 받았는지 진료기록부로는 확인할 수 없었습니다. 그러니 이와는 달리 백내장 수술 후 실제로 6시간 이상 병원에 머무르며 받은 의료처치 내용이 구체적으로 기록된 진료기록부가 존재하면 서울고등법원의 판결을 그대로 적용할 수 없습니다.

따라서 앞으로 백내장 수술 후 실비보험의 입원의료비 항목으로 보험금을 청구하는 소비자가 있으면 보험회사는 조사를 통해 실제로 6시간 이상 입원한 것인지 확인하려 할 것이고, 만약 6시간 이상 입원이 사실로 확인되면 그때는 그 입원의 적정성 여부를 따져

보려 할 것입니다. 이때 입원의 적정성을 평가하는 기준은 최근 판례들을 고려했을 때 안과 의사 학회에서 인정하는 진료 가이드라인이 될 가능성이 큽니다. 쓸데없는 분쟁을 줄이기 위해서라도 안과 의사 학회에서 백내장 환자에 대한 수술과 입원 기준을 명확하게 제시해주기를 희망합니다.

약관 읽어주는 남자의 한마디

백내장 수술과 관련한 보험회사와 소비자 사이 실비보험 분쟁의 가장 큰 책임은 일부 안과 의사들에게 있습니다. 그들은 다초점 인공수정체를 사용하는 고가의 백내장 수술이라도 실비보험을 활용하면 아주 적은 비용만 부담하고 수술을 받을 수 있다며 환자들을 부추겼습니다. 그들의 권유가 아니었다면 단초점 인공수정체를 사용하는 백내장 수술을 받았을 환자들마저 다초점 인공수정체를 사용하는 백내장 수술을 받았습니다. 그리고 아무 생각 없이 보험회사에 그 비용을 전가했습니다. 그 덕에 안과 의사들은 막대한 이익을 얻었습니다.

최근 어떤 보험회사는 대법원판결에 고무됐는지 몰라도 다초점 인공수정체를 사용하는 백내장 수술에 대해 실비보험에서 보험금을 받은 소비자들을 상대로 '부당이득반환청구소송'을 준비하고 있다는 소식까지 들립니다. 백내장 수술을 받으면서 6시간 이상 입원하지 않았으니 수령한 보험금을 돌려 달라는 것이죠. 보험회사 입장도 이해하지만 이건 좀 과도한 처사인 것 같습니다.

소비자가 실비보험의 혜택을 누린 것은 사실이지만 어쨌든 백내장이라는 질병을 치료할 목적으로 수술을 받았고, 병원에 의료비를 지불했습니다. 그리고 자신이 가입한 실비보험에서 보험금을 받았지만 그중 일부 비용은 자신이 부담했습니다. 그런데 안과 의사는 어떻습니까? 고가의 의료비 모두를 소비자에게 받아냈습니다. 결국 보험회사의 돈은 누구에게 흘러갔나요? 안과 의사들입니다. 그러니 보험회사는 소비자를 상대로 '부당이득반환청구소송'을 할 것이 아니라 해당 안과 의사를 상대로 '손해배상청구소송'을 하거나 사기죄로 형사고발을 해야 합니다.

소송을 통해 안과 의사에게 책임을 묻는 것이 어렵다고 해서 그 책임을 소비자에게 전가하는 것은 바람직하지 않습니다. 금융감독당국은 보험회사와 공동으로 일부 안과 의사가 저지른 보험사기에 대해 강력하게 대처하는 한편, 이 과정에서 소비자가 억울하게 피해를 보는 일이 없도록 세심히 살펴야 할 것입니다.

4

보험의 배신

1 보험회사의 (자체) 의료심사를 조심하세요

최근 보험회사들이 보험금을 청구한 소비자에게 '제3기관 의료자문'에 동의해 달라고 요구하는 사례가 많아지고 있습니다. 도수치료를 꾸준히 받으며 보험금을 청구해도 그렇고, 백내장 수술을 받은 뒤 보험금을 청구해도 그렇습니다. 암진단보험금을 청구해도 그렇고, 장해보험금을 청구해도 그렇습니다. '제3기관 의료자문'을 그야말로 남발하고 있는데요. 소비자를 진료한 의사도 아니고 보험회사 측 자문의사도 아닌, 그래서 나름 객관성을 확보할 수 있다고 여기는 종합병원 소속의 전문의 중 한 사람을 정해서 그에게 피보험자의 상태에 대한 의학적 소견을 받는 것을 '제3기관 의료자문'이라고 합니다. 이것은 소비자를 진료하고 치료한 의사의 진단을 인정하기 싫을 때 보험회사가 부리는 꼼수입니다.

그런데 최근 보험회사 측 사람(보험금 심사 담당자 또는 조사업무를 위탁받은 손해사정업체의 직원)이 '제3기관 의료자문'에 동의해 주는 것이 소비자의 의무인 것처럼 주장하는 예가 있어서 문제가 되고 있습니다. 소비자는 보험금을 청구했을 때 보험회사 측이 요구하는 '제3기관 의료자문'에 무조건 동의해야 하는 걸까요? 보험약관에는 다음과 같이 '제3기관 의료자문'에 관해 설명하고 있습니다.

제3조 (보험금 지급에 관한 세부규정)

④ 보험수익자와 회사가 제1조(보험금의 지급사유)의 보험금 지급사유에 대해 합의하지 못할 때는 보험수익자와 회사가 함께 제3자를 정하고 그 제3자의 의견에 따를 수 있습니다. 제3자는 의료법 제3조(의료기관)에 규정한 종합병원 소속 전문의 중에 정하며, 보험금 지급사유 판정에 드는 의료비용은 회사가 전액 부담합니다.

한 손해보험회사의 암진단보장 특별약관

제4조(보험금 지급에 관한 세부규정)

② 보험수익자와 회사가 제3조(보험금의 지급사유)의 보험금 지급사유에 대해 합의하지 못할 때는 보험수익자와 회사가 함께 제3자를 정하고 그 제3자의 의견에 따를 수 있습니다. 제3자는 의료법 제3조(의료기관)에서 규정(별첨) 참조)한 종합병원 소속 전문의 중에서 정하며, 보험금 지급사유 판정에 드는 의료비용은 회사가 전액 부담합니다.

③ 계약자와 회사가 제1항의 보험료 납입면제에 대해 합의하지 못할 때는 계약자와 회사가 함께 제3자를 정하고 그 제3자의 의견에 따를 수 있습니다. 제3자는 의료법 제3조(의료기관)에서 규정(별첨) 참조)한 종합병원 소속 전문의 중에서 정하며, 보험료 납입면제 판정에 드는 의료비용은 회사가 전액 부담합니다.

한 생명보험회사의 종신보험 주계약약관

약관에는 '보험수익자와 회사가 보험금 지급사유에 대해 합의하지 못할 때는 보험수익자와 보험회사가 함께 제3자를 정하고 그 제3자의 의견에 따를 수 있다'라고 되어 있습니다. 그리고 제3자는 의료법 제3조에서 규정한 종합병원 소속 전문의 중에서 정하며,

보험금 지급사유 판정에 드는 비용(의료자문료)은 보험회사가 전액 부담한다는 내용도 덧붙여져 있습니다. 일부 보험회사, 그리고 조사업체 직원들은 약관에 있는 이 규정을 이용해서 소비자가 '제3기관 의료자문'에 동의하지 않으면 보험금 심사를 할 수가 없고, 그러니 당연히 보험금을 지급할 수 없다며 소비자를 압박하는 예가 많습니다. 약관을 그렇게 해석하는 것이 맞을까요? 법원은 그렇게 판단하고 있지 않습니다.

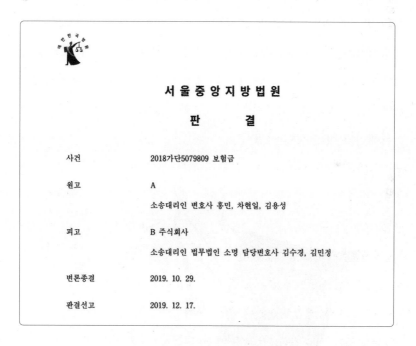

서 울 중 앙 지 방 법 원

판   결

사건	2018가단5079809 보험금
원고	A
	소송대리인 변호사 홍민, 차현일, 김용성
피고	B 주식회사
	소송대리인 법무법인 소명 담당변호사 김수경, 김민정
변론종결	2019. 10. 29.
판결선고	2019. 12. 17.

위 약관 제16조 제9항은 원고와 피고가 장해지급률에 대해 합의에 도달하지 못하는 때에는 원고와 피고가 동의하는 제3자를 정하고 그 제3자

의 의견에 따를 수 있다는 규정이지 원고가 반드시 제3자의 의견에 따라야 하는 의무규정은 아닌 점 등에 비추어 보면, 원고가 피고의 제3자에 대한 감정요청에 응하지 않았다 하더라도 이를 원고의 책임 있는 사유로 보험금 지급이 지연된 때에 해당한다고 보기는 어렵다.

– 서울중앙지방법원 2019. 12. 17. 선고 2018가단5079809 판결

법원은 '보험수익자와 회사가 보험금 지급사유에 대해 합의하지 못할 때는 보험수익자와 보험회사가 함께 제3자를 정하고 그 제3자의 의견에 따를 수 있다'는 약관규정이 의무규정이 아니므로 설사 소비자가 제3기관에 의료자문을 받자는 보험회사 측의 요구에 응하지 않았다 하더라도 문제가 되지 않는다고 보았습니다. 즉, 약관에 있는 '제3기관 의료자문'과 관련한 규정은 소비자가 반드시 동의해야만 하는 것이 아닙니다.

그렇다면 소비자가 '제3기관 의료자문'에 동의하지 않는 한 보험금 심사를 할 수 없다는 보험회사 측 주장은 사실일까요? 전혀 사실이 아닙니다. 소비자가 보험회사에 보험금 청구서를 접수하면 아래 그림과 같은 단계를 거치며 보험금 심사가 이루어집니다.

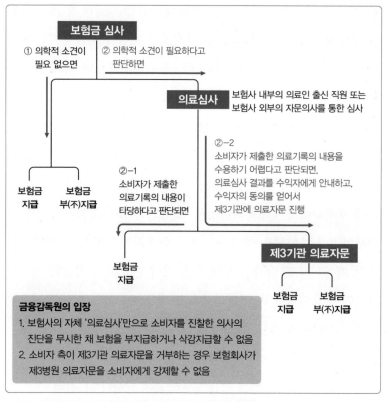

보험금 심사 절차와 '(자체)의료심사', '제3기관 의료자문'의 관계

위 그림에서도 알 수 있듯이 '제3기관 의료자문'은 보험회사가

소비자의 보험금 청구에 관해서 보험금 지급 여부를 심사하는 과정 중 맨 마지막 단계라고 할 수 있습니다. 그러니 '제3기관 의료자문'에 동의해주지 않으면 보험금 심사를 아예 할 수가 없다는 말은 사실이 아닙니다. 소비자에게 '제3기관 의료자문' 동의를 받아내려고 거짓말을 하는 것입니다. 보험회사 처지에서는 소비자를 진료한 의사의 진단을 그대로 인정해서 보험금을 지급하기 싫으니 일단 보험회사의 '(자체)의료심사' 단계에서 보험금 지급을 막으려고 합니다. 그런데 소비자가 호락호락 넘어가지 않으면 마지막 수단으로 '제3기관 의료자문'을 제시하는 겁니다.

이처럼 보험회사는 일단 '제3기관 의료자문'보다는 그 전 단계인 '(자체)의료심사'를 이용해서 보험금 지급을 막고 있습니다. 대부분 이 단계에서 보험금 지급을 막거나 보험금을 삭감합니다. 그런데 보험회사가 '(자체)의료심사' 결과만을 가지고 보험금 지급을 거부하거나 보험금을 삭감하는 것은 허용되지 않습니다. 보험회사 측의 자문의사도 의사이고, 환자를 직접 진료하고 치료한 의사도 의사인데 보험회사 측 자문의사의 주장만으로 환자를 직접 진료한 의사의 진단을 부정할 수는 없기 때문입니다.

대부분의 소비자는 이런 사실을 모르기 때문에 보험회사가 '의료심사(자체 의료심사라는 말은 일부러 하지 않습니다) 결과'라며 보험금을 삭감하거나 지급을 거부하면 말 한마디 못 하고 받아들이는 예가 많습니다. 의료심사라고 하니까 전문적이고 객관적인 심사과정을 거친 것 같은 느낌을 주기 때문입니다. 하지만 이건 어디까지나 보험회사 측의 '(자체)의료심사'일 뿐입니다.

보험회사들이 소비자에게 보험금을 지급하지 않거나 삭감하기 위해 '(자체)의료심사'를 얼마나 악용하고 있는지 객관적으로 확인할 수 있는 자료가 있습니다. 금융감독원이 보험회사들을 검사하고 문제가 드러난 보험회사에 경영을 개선하라고 요구한 문서입니다.

경영유의사항 · 개선사항 공개안

1. 금융기관명 : 삼성생명보험㈜

2. 제재조치일 : 2018. 11. 8.

3. 제재조치내용

제재 대상	제재 내용
기 관	경영유의 2건, 개선 3건

4. 제재대상사실

　나. 개선사항

　(2) 의료자문제도 운영 불합리

---

(2) 의료자문제도 운영 불합리

회사는 의학적 소견이 필요한 보험금 청구에 대해서는 자체 자문의사를 통해 소견을 구하거나(이하 '의료심사') 보험수익자의 동의를 얻어 제3의료기관으로부터 의료자문(이하 '제3기관 의료자문')을 받아 보험금 지급심사 업무에 활용함에 있어, 의료심사대상은 객관적인 기준에 따라 선정해야 하고, 의료심사 결과 보험수익자가 제출한 의료기록 등의 내용을 수용하기 어렵다고 판단되는 경우에는 보험수익자에게 의료심사결과를 안내하고 동의를 얻어 제3기관 의료자문을 받아 처리하는 것이 합리적임에도 의료심사대상 선정기준 등이 마련되어 있지 않고, 객관적 반증자료 없이 의료심사 소견만으로 환자를 직접 치료한 의사가 작성한 의료기록 등을 부인하며 보험금 지급을 거절하거나 삭감하는 등 아래와 같이 의료자문제도를 불합리하게 운영하고 있으므로 의료자문제도를 운영함에 있어 의료심사대상 선정기준, 의료심사결과 안내방법 및 절차, 자문의사 선정절차, 제3기관 의료자문 절차, 의료자문내용 활용기준을 마련하는 등 의료자문제도가 공정하고 투명하게 운영되도록 합리적으로 개선하시기 바람.

  - '삼성생명 경영유의 및 개선사항 공시'에서 발췌. 제재조치일 2018년
    11월 8일

금융감독원이 이 공시자료를 통해서 밝히고 있는 것에 주목해야 합니다. 보험회사가 보험금을 심사하면서 의학적 소견이 필요하면 자체 자문의사를 통해 소견을 구하는 '(자체)의료심사'를 할 수 있는데, 이때 '(자체)의료심사' 결과 보험수익자가 제출한 의료기록을 인정할 수 없을 때는 보험수익자에게 심사 결과를 안내하고 동의를 얻어 제3기관 의료자문을 받아 처리하는 것이 합리적임에도 '(자체)의료심사' 소견만으로 환자를 직접 치료한 의사가 작성한 의료기록 등을 부인하며 보험금 지급을 거절하거나 삭감해왔음이 드러났습니다. 그런데 그 규모가 상상을 초월합니다.

② 내부 의료심사만을 근거로 보험금 삭감

2015. 1. 1.~2018. 3. 31. 기간 중 자문의사를 통하여 의료심사한 47,909건 중 46.3%인 22,172건은 제3기관 의료자문 없이 보험회사 자체 의료심사 결과만으로 보험금을 삭감하였으며, 제3기관 의료자문을 시행한 건은 2.8%(1,344건)에 불과함.

의료심사 실시현황

(기간 : '15.1.1. ~ '18.3.31.) (단위 : 건, %)

구　　　분		건수	비율
의료심사건수		47,909	100.0
전액지급		24,393	50.9
삭감지급		22,172	46.3
제3기관 의료자문		1,344	2.8
	전액지급	595	
	삭감지급	749	

'삼성생명 경영유의 및 개선사항 공시'에서 발췌, 제재조치일 2018년 11월 8일

3년 2개월 동안 이 보험회사가 자문의사를 통해 '(자체)의료심사'한 47,909건 중 22,172건이 '(자체)의료심사' 결과만으로 보험금이 삭감됐습니다. 이 소비자들은 적절한 절차의 보험금 심사도 받지 못하고 보험회사의 자의적 판단으로 보험금을 삭감당한 것입니다. 물론 보험회사 측의 '(자체)의료심사'가 매우 객관적으로 진행되었을 수도 있습니다. 하지만 검사 결과 드러난 다음과 같은 사실을 보면 해당 보험회사의 '(자체)의료심사'가 객관적으로 진행됐다는 주장은 받아들이기 힘듭니다.

④ 특정 자문의사에게 의료심사 집중

2015. 1. 1.~2018. 3. 31. 기간 중 실시한 의료심사 47,909건 중 50.4%(24,142건)가 10명의 자문의사에게 집중되었고, 이 중에 3,000건을 초과한 자문의사도 3명이나 있는 등 특정 자문의사에게 의료자문이 집중되고 있음.

의료심사 건수별 자문의사 분포

(기간 : '15.1.1. ~ '18.3.31.) (단위 : 명)

구분	의료자문 건수별 자문의사 수						1인당 평균건수
	100건이하	100건초과 ~ 300건	300건초과 ~ 500건	500건초과 ~ 1,000건	1,000건 초과	계	
자문의사수	507	41	13	10	9	580	83건

※ 5,000건초과(1명), 3,000건초과~5,000건(2명), 2,000건초과~3,000건(1명), 1,000건초과~2,000건(5명)

'삼성생명 경영유의 및 개선사항 공시'에서 발췌, 제재조치일 2018년 11월 8일

3년 2개월 동안 삼성생명에서 의뢰를 받은 10명의 의사가 24,142건을 '의료심사'했습니다. 1명당 평균 2,414건입니다. 3년 2개월이면 대략 820일이니까 자문의사가 하루도 쉬지 않고 820일 동안 매일 2.94건의 '의료심사'를 해줬다는 이야기가 됩니다. 이게 말이 되나요? 그 의사들은 최소한 종합병원급 이상에서 근무하는 전문의들일 텐데 환자는 돌보지 않고 보험회사의 '의료심사'만 해 줄 수 있다는 건가요? 그것도 매일 2.94건씩? 휴일도 없이? 그런데 '의료심사'를 해준 건수가 3,000건을 초과하는 의사도 두 명이나

있고 심지어 어떤 슈퍼울트라 초싸이언 닥터 한 명은 같은 기간 동안 5000건 이상의 '의료심사'를 해줬습니다. 이 의사는 820일 동안 매일 6.09건씩 '의료심사'를 해줬다는 겁니다. 이게 보험회사가 말하는 공정한 '(자체)의료심사'의 민낯입니다.

수천 건씩 '의료심사'를 해준 의사들은 막대한 자문료를 챙겼을 테고, 그 의사들은 계속해서 해당 보험회사의 자문의로 활동하고 싶어서 아무래도 보험회사 입맛에 맞는 자문을 해줬을 가능성이 큽니다. 그러면 보험회사는 자신들에게 유리하게(?) 작성된 '(자체)의료심사' 결과만을 가지고 보험금을 마구 삭감했던 것은 아닐까요? 이렇게 의심하는 게 합리적인 것 아닌가요? 이런 짓거리가 어떻게 객관적인 '의료심사'입니까? 이건 보험회사와 일부 의사들이 짜고 저지르는 소비자 약탈입니다. 게다가 금융감독원 검사 결과 이런 보험회사가 여러 곳이었다는 사실이 더 충격적입니다.

📖✓ 약관 읽어주는 남자의 한마디

금융감독원에 요청합니다. 표준약관을 개정하십시오. '제3기관 의료자문'에 동의하는 것이 소비자의 의무가 아님을 보험약관에서 명확하게 확인할 수 있게 약관을 개정해야 합니다. 그리고 보험회사의 '(자체)의료심사' 결과만으로 보험금을 삭감하거나 보험금 지급을 거부할 수 없다는 내용도 보험약관에 담아주십시오. 소비자 보호를 위한 이런 최소한의 조치도 취하지 않으면서 말로

만 소비자 보호를 외치는 금융감독원이라면 보험회사와 한편이라는 손가락질을 영원히 면할 수 없습니다. 보험회사도, 금융감독원도 부끄러운 줄 알아야 합니다.

소비자들은 보험회사의 '(자체)의료심사'를 인정하지 말아야 합니다. 의무규정도 아닌 '제3기관 의료자문'에 동의해주지 말아야 합니다. 소비자들은 이런 내용을 알 수 없으니 보험인들이 나서서 자신의 고객을 적극적으로 보호해야 합니다.

② CD약관과 설명의무 위반

"Compact Disc(CD)는 1970년대 말 필립스와 소니가 공동 개발하여 1982년에 상용화된 디지털 음반 규격이자 저장매체. 초기에는 당시 LP와 EP 등의 비닐 음반을 성공적으로 대체하였으며, 그것들과 비교하면 훨씬 가볍고 작기 때문에 작은 디스크라는 뜻의 'Compact Disc'라는 이름이 붙었다. 어학, 음반 또는 병원에서 영상 자료를 담아주는 등 한정적으로 쓰이고 있으며 USB 메모리가 훨씬 용량도 크고 가격도 저렴하기 때문에 상대적으로 CD의 효용성은 많이 떨어졌다."

– 출처: 나무위키

이렇게 사용가치가 현격히 떨어진 CD를 일부 보험회사는 아직도 중요하게 사용하고 있습니다. 보험계약의 모든 조건이 담긴 약관을 CD에 담아 소비자에게 제공합니다. 상황이 이렇다 보니 보험금을 둘러싼 분쟁에서 가끔 이 CD가 등장하기도 합니다.

법원 'CD에 담아준 약관 근거로 보험금 안 주면 부당'

2018년 10월 29일의 한 언론사 기사 제목입니다. 이게 도대체 무슨 말일까요? 그럼 소비자에게 제공한 약관이 CD가 아니라 책으로 된 약관이었다면 보험금을 안 줘도 정당하다는 말인가요? 자극적으로 쓰다 보니 사건의 핵심을 벗어난 내용이 기사 제목이 됐습니다.

2007년 8월 한 소비자가 K손해보험사와 보험계약을 체결했습니다. 후유장해 보험금부터 일반상해의료비, 소득보상비 등 여러 가지 보장조건이 들어 있는 계약이었습니다. 그런데 이 소비자는 2013년 5월 지방의 한 대학병원에서 뇌동맥류 파열에 관한 수술을 한 후 2013년 6월 서울의 한 병원으로 옮겨 입원했습니다. 의료진은 소비자에게 기관절개관을 삽입했고 그 후 소비자는 이 관을 통해서만 호흡할 수 있었습니다. 2014년 9월 소비자는 기관절개관 관련 문제로 호흡에 어려움을 호소하였지만, 의료진의 과실로 인해 적기에 의료 처치를 받지 못했고 결국 호흡곤란에 따른 저산소성 뇌 손상을 입었습니다. 이 사고로 소비자는 24시간 간병인의 도움 없이는 생명 유지마저 불가능한 상태가 되었으며 노동능력 상실률 100%에 해당한다는 후유장해진단도 받았습니다. 소비자 측은 각종 진단서와 의료기록을 첨부해 보험금을 청구했지만, 보험회사는 약관의 면책 규정을 제시하며 보험금 지급을 거부했습니다.

2012년 1월에 가입한 손해보험 약관

　당시 해당 약관에는 '외과적 수술, 그 밖의 의료처치'를 원인으로 생긴 손해는 보상하지 않는다는 내용이 들어 있었습니다. 약관의 이 면책조항을 그대로 적용한다면 소비자가 당한 사고는 의료처치를 원인으로 생긴 손해에 해당하므로 보험금을 받을 수 없습니다. 하지만 소비자 측은 보험계약 체결 당시 보험회사(보험회사 측 설계사)로부터 약관에 이런 면책조항이 있다는 설명을 듣지 못했음을 주장하며 보험회사를 상대로 보험금을 지급하라는 소송을 제기합니다.

서 울 중 앙 지 방 법 원

제 2 7 민 사 부

판   결

사 건	2016가합550160 보험금	
원 고	A	
	피성년후견인이므로 법정대리인 성년후견인 B	
피 고	주식회사 케이비손해보험	
변 론 종 결	2017. 12. 22.	
판 결 선 고	2018. 1. 19.	

② 이 사건 보통약관은 그 분량이 상당한 것으로 보이고, 더군다나 피고 측 보험설계사는 원고에게 이 사건 보통약관을 서면이 아닌 CD형태로 내주었는 바, 원고가 이 사건 보험계약의 청약서를 작성할 당시 이 사건 보통약관을 받았다는 것만으로 피고가 원고에게 이 사건 면책규정에 관한 명시·설명의무를 이행하였다고 보기는 어려운 점.

③ 이 사건 보험계약에 관한 장기보험 상품설명서 수령 및 교부 확인서에도 '보험금 지급 관련 면책사항'이라고만 기재되어 있을 뿐 위 확인서에는 이 사건 면책규정의 개략적인 내용조차 기재되어 있지 아니한 점. 등에 비추어 보면, 원고가 이 사건 보험계약의 청약 당시 CD형태의 이 사건 보통약관을 받고, 약관의 주요 내용에 대한 설명을 들었다는 문구에 자필서명을 하였다는 사실만으로 피고가 원고에게 이 사

건 쟁점 조항에 관한 명시·설명의무를 이행하였음을 인정하기에 부족하고, 달리 이를 인정할 증거가 없다.'

– 서울중앙지방법원 제27민사부 2018. 1. 19 선고 2016가합550160 판결

1심법원은 소비자와 보험회사가 체결한 보험계약의 약관에 '외과적 수술, 그 밖의 의료처치'를 원인으로 생긴 손해는 보상하지 않는다는 면책조항이 들어 있다는 사실은 인정했습니다. 하지만 상법과 약관의 규제에 관한 법률에서 정하고 있는 명시·설명의무를 보험회사 측이 이행했음을 인정할 증거가 없다고 판단했습니다. 그러므로 보험회사는 약관에 있는 면책조항을 이 계약의 내용으로 주장할 수 없고, 따라서 소비자에게 보험금을 지급하라는 내용입니다.

상법

[시행 2020. 12. 29] [법률 제17764호, 2020. 12. 29, 일부개정]

제638조의3(보험약관의 교부·설명 의무) ① 보험자는 보험계약을 체결할 때에 보험계약자에게 보험약관을 교부하고 그 약관의 중요한 내용을 설명하여야 한다.
② 보험자가 제1항을 위반한 경우 보험계약자는 보험계약이 성립한 날부터 3개월 이내에 그 계약을 취소할 수 있다.
[전문개정 2014. 3. 11.]

출처: 국가법령정보센터

출처: 국가법령정보센터

판결문을 꼼꼼히 검토해보면 보험계약을 체결할 때 약관의 중요한 내용(면책조항)을 보험회사 측이 소비자에게 설명하지 않았다고 법원이 판단한 이유가 CD약관 때문이 아님을 알 수 있습니다. 보험계약 체결 당시 약관을 CD로 제공했다는 사실은 보험회사가 소비자에게 면책조항을 설명하지 않았을 것이라는 추측을 돕는 정황 중 하나일 뿐입니다. 보험회사 측은 약관에 들어 있는 면책조항에 대한 명시·설명의무를 계약 당시 이행하였음을 증명해야 하는데 계약 당시 소비자로부터 자필 서명을 받은 상품설명서에도 면책조항에 대한 세부 내용이 들어 있지 않았기에 법원은 보험회사 측이 명시·설명의무를 이행하였다고 볼 근거가 없다고 판단했습니다. 만약 해당 상품설명서에 그 면책조항이 세부적으로 들어 있었다면 법원은 다른 판단을 했을 것입니다. 보험회사 측이 보험계약 체결 당시 소비자에게 CD약관을 교부한 것은 이 재판에서 중요한 의미를 갖지 못합니다.

보험계약을 체결할 때는 소비자가 청약서에 자필로 서명만 하면 되는 것이 아니라 상품설명서에도 반드시 자필로 서명해야 합니다. 이렇게 중요한 역할을 하는 상품설명서가 만들어진 취지는 상법과 '약관의 규제에 관한 법률'에서 정하고 있는 명시·설명의무 때문입니다. 보험계약의 중요한 내용이 들어 있는 약관이 너무 방대한 내용이다 보니 현실적으로 보험회사 측 설계사가 계약 당시 약관의 모든 내용을 소비자에게 설명할 수 없습니다. 그래서 그중 중요한 내용만 간추려서 상품설명서라는 양식에 담고 그 내용을 보험설계사가 소비자에게 설명하게 하자는 것입니다. 그런데 이런 본래 취지와는 다르게 상품설명서가 악용되고 있습니다.

앞에서 살펴본 '서울중앙지방법원 제27민사부 2018. 1. 19 선고 2016가합550160 판결'에서도 알 수 있지만, 보험계약을 체결할 때 보험회사 측 설계사가 상품설명서의 모든 내용을 자세히 설명하고 소비자는 그 설명을 듣고 내용을 이해하였다는 취지의 자필 서명을 하는 일은 현실 세계에서는 거의 일어나지 않습니다. 보험약관의 내용 중에는 의학적인 것도 있고, 법률도 있습니다. 게다가 금융상품의 구조도 들어 있습니다. 이들 세 가지 요소를 결합한 것이 보험상품이고, 그 구체적 내용이 약관에 들어 있으니 약관을 보험설계사가 읽고 스스로 이해하기란 사실상 불가능합니다. 그런 보험약관의 중요 내용을 상품설명서에 간추려 담아 놨으니 그중에는 보험설계사조차 이해하지 못하는 전문적인 내용도 많습니다. 그러므로 당연히 보험회사가 소속 설계사에게 약관과 상품설명서를 가르쳐야 합니다만, 그런 보험회사는 단 한 곳도 없습니다.

최근 이런 상황을 보험회사가 적극적으로 악용하고 있습니다. 보험회사는 보험금 지급을 막는 각종 면책조항을 상품설명서에 깨 알같이 넣고 있습니다. 보험설계사들은 그런 내용이 들어 있는 줄 도 모르고 상품설명서를 제시해 소비자에게 자필서명을 받습니다. 이 자필서명은 소비자와 보험회사 사이에 발생하는 보험금 분쟁에 서 보험회사 측에 유리한 결정적 증거로 활용됩니다. 법원은 소비 자가 자필로 서명한 상품설명서에 각종 면책조항이 들어 있기만 하다면 보험회사 측이 명시·설명의무를 이행하고 보험계약을 체 결했다는 증거로 인정하기 때문입니다.

이와 같은 보험회사 측의 '설명의무 위반'은 사실 어제 오늘의 일이 아닙니다. 아주 오랜 세월 동안 지속되었습니다. 보험약관을 종이약관으로 제공할 때도, CD로 제공할 때도 보험회사 측은 소 비자와 보험계약을 체결하면서 약관의 중요한 내용을 소비자에게 설명하지 않았습니다. 보험계약을 체결할 때 보험회사 대신 약관 의 중요한 내용을 소비자에게 설명해야 할 설계사조차 보험회사에 서 약관을 배우지 못하는데, 어떻게 그들이 소비자에게 약관을 설 명할 수 있겠습니까? 그나마 종이로 만든 약관을 소비자에게 제공 하던 시절에는 지금 같지는 않았습니다. 대부분의 보험설계사가 소비자에게 약관의 중요한 내용을 설명하지 못하는 것은 마찬가지 였지만, 보험회사가 가르쳐주지 않아도 스스로 지점 사무실에 비 치된 약관(종이로 만든)을 읽고 중요한 내용을 소비자에게 설명해주려고 노력하는 보험인들이 있었습니다. 그런데 이제는 많은 보험회사(주로 생명보험회사들)가 종이로 만든 약관을 아예 제작하지 않습니다.

많은 보험회사가 소비자와 보험계약을 체결하면 소비자에게 종이로 만든 약관이 아니라 이메일이나 SNS를 이용해 약관 파일에 접속할 수 있는 링크를 보냅니다. 또 일부 보험회사는 약관을 CD로 만들어 교부하기도 합니다. 그러다 보니 이제는 설계사조차 종이약관 자체를 접하기가 어려운 상황입니다(손해보험회사들은 아직 종이약관을 제작해서 배포하고 있습니다).

게다가 어떤 보험회사는 종이약관을 아예 한 권도 만들지 않으므로 소비자들은 종이약관을 받고 싶어도 선택의 여지 없이 CD약관을 받을 수밖에 없습니다. 또 어떤 한 생명보험사는 보험계약을 체결한 후 소비자가 종이약관을 받고 싶다고 요구하면 한 달 정도 지나서야 종이약관을 소비자에게 우편으로 보내줍니다. 그러고 나서 해당 설계사의 수당에서 고객에게 보내준 종이약관 제작비를 차감합니다. 보험약관을 소비자에게 제공하는 것은 보험회사의 의무이며, 소비자가 내는 보험료에서 보험회사가 가져가는 각종 비용에 이미 포함되어 있습니다. 그런데도 약관 제작 비용을 설계사에게 부담시키는 것은 소비자에게 종이약관이 제공되지 않도록 설계사가 알아서 잘 처리하라는 압박이며, 보험회사가 보험설계사에게서 금전을 갈취하는 범죄행위입니다. 감독당국의 철저한 조사가 필요합니다.

CD는 음원을 담는 목적으로 개발됐고 지금은 병원에서 영상기록을 담을 때도 사용하고 있습니다. 모두 적절한 쓰임새입니다. 하지만 보험은 CD와 맞지 않습니다. 잘못한 건 CD가 아니라 CD에 약관을 넣어 제공하는 보험회사들입니다. 그런데도 욕은 CD가 먹고 있습니다. 옳지 않습니다. CD의 부모인 필립스와 소니에 매우 미안한 일입니다. 종이약관 제작비용조차 아까워서 설계사 수당에 손을 대는 보험회사는 보험업을 접거나 고액 연봉만 축내는 임원 한 명 더 줄이는 게 낫지 않을까요?

소비자들은 이미 받아 놓은 그 많은 CD약관들을 어디에 쓰면 좋을까요? 어쨌든 받아 놓은 것인데, 긍정적인 일에 사용하는 게 좋지 않을까요? 명절에 가족들이 모이면 각자 가입한 보험의 CD약관으로 고리 던지기를 해보면 어떨까요?

3 상품설명서와 조작된 알리바이

영화나 드라마에서는 범인의 알리바이를 증명하는 데 조작된 증거가 활용되는 장면이 자주 나옵니다. 그런데 보험업계에서는 이런 일이 매일 벌어집니다. 그것도 보험회사들의 의도된 알리바이 조작이지만, 보험설계사들과 소비자들만 모르고 있습니다.

금융감독원은 2013년 1월 9일 '보험상품설명서를 알기 쉽게 전면 개선하는 등 소비자보호 강화'라는 제목의 보도자료를 배포했습니다. 보험상품설명서를 알기 쉽게 개선하는 것이 왜 소비자보호를 강화하는 것일까요? 금융감독원이 배포한 다음의 보도자료에도 잘 나와 있지만 '상품설명서'는 소비자가 가입하려고 하는 보험상품의 주요 내용과 유의사항을 계약 체결 전에 마지막으로 한번 더 확인하라고 소비자에게 제공하는 자료입니다. 중요한 내용을 보험설계사에게 설명 듣지 못한 채 보험계약을 체결하는 일을 막기 위한 안전장치입니다.

(붙임 2)

보험안내자료의 종류

□ 보험소비자에게 상품내용을 **쉽게 이해**할 수 있도록 설명하기 위해 가입단계별로 **가입설계서, 청약서, 상품설명서** 등을 제공

< 모집단계별 제공서류 >

상품권유시	→	청약시	→	승낙시	→	유지기간중
①가입설계서		②청약서		•보험증권		•보험계약
		③상품설명서				관리내용
		• 보험약관 등				

③ **(상품설명서)** 청약한 보험상품의 **주요내용** 및 **유의사항** 등을 계약자가 **최종 확인**토록 하는 자료

→ 모집종사자의 상품설명 이행여부 등을 확인하는 사항 포함

보험안내자료별 특징 비교

구분	가입설계서	청약서	상품설명서
안내시기	상품권유시	청약시	청약시
목 적	가입조건별 견적확인	청약	유의사항 안내 및 계약자가 설명이해 확인
주요내용	보험가입조건, 보험료 및 보장내용 등	계약내용 결정 (가입금액, 보험료 등)	상품의 주요내용 소비자 유의사항

금융감독원 보도자료 2013. 1. 9. 배포

그런데 이 상품설명서는 소비자가 보험에 가입할 때뿐만 아니라 이미 보험계약을 체결한 다음이라 하더라도 보험회사와 소비자 사이에 보험금 분쟁이 발생했을 때 소비자가 보호받을 수 있는 마지막 보루이기도 합니다. '약관의 규제에 관한 법률' 제3조 3항과 4항을 보면, 보험회사는 약관에 있는 중요한 내용을 고객이 이해할 수 있도록 설명해야 하며, 만약 이를 위반하여 보험계약을 체결한 때에는 해당 약관을 보험계약의 내용으로 주장할 수 없다고 정하고 있습니다. 보험회사 처지에서 보면 등골이 오싹한 내용이죠. 그래

서 '약관의 규제에 관한 법률'에서 정하고 있는 설명의무를 보험회사가 이행했다는 증거로 제기하기 위해서 만든 서류가 '상품설명서'입니다.

약관의 규제에 관한 법률 (약칭: 약관법)

[시행 2018. 6. 12.] [법률 제15697호, 2018. 6. 12., 일부개정]

공정거래위원회 (약관심사과) 044-200-4462

제3조(약관의 작성 및 설명의무 등) ① 사업자는 고객이 약관의 내용을 쉽게 알 수 있도록 한□로 작성하고, 표준화·체계화된 용어를 사용하며, 약관의 중요한 내용을 부호, 색채, 굵고 큰 문자 등으로 명확하게 표시하여 알아보기 쉽게 약관을 작성하여야 한다. <개정 2011. 3. 29.>

② 사업자는 계약을 체결할 때에는 고객에게 약관의 내용을 계약의 종류에 따라 일반적으로 예상되는 방법으로 분명하게 밝히고, 고객이 요구할 경우 그 약관의 사본을 고객에게 내주어 고객이 약관의 내용을 알 수 있게 하여야 한다. 다만, 다음 각 호의 어느 하나에 해당하는 업종의 약관에 대하여는 그러하지 아니하다.<개정 2011. 3. 29.>

1. 여객운송업
2. 전기·가스 및 수도사업
3. 우편업
4. 공중전화 서비스 제공 통신업

③ 사업자는 약관에 정하여져 있는 중요한 내용을 고객이 이해할 수 있도록 설명하여야 한다. 다만, 계약의 성질상 설명하는 것이 현저하게 곤란한 경우에는 그러하지 아니하다.

④ 사업자가 제2항 및 제3항을 위반하여 계약을 체결한 경우에는 해당 약관을 계약의 내용으로 주장할 수 없다.

[전문개정 2010. 3. 22.]

약관의 규제에 관한 법률 중 일부

그럼 약관의 어떤 부분이 '중요한 내용'일까요? 최근 보험약관에서는 각종 판례를 반영하여 다음과 같이 '중요한 내용'의 범위를 설명하고 있습니다. 이중에서도 보장성보험을 체결할 때 더 주의해서 소비자에게 설명해야만 하는 내용은 '면책사항, 감액지급 사항 등 보험금 지급제한 조건'입니다.

보험업법 시행령 제42조의 2(설명의무의 중요사항 등) 및 보험업감독규정 제4-35조의2(보험계약 중요사항의 설명의무)에 정한 다음의 내용을 말합니다.

- 청약의 철회에 관한 사항
- 지급한도, 면책사항, 감액지급 사항 등 보험금 지급제한 조건
- 고지의무 위반의 효과
- 계약의 취소 및 무효에 관한 사항
- 해지환급금에 관한 사항
- 분쟁조정절차에 관한 사항
- 만기시 자동갱신되는 보험계약의 경우 자동갱신의 조건
- 저축성 보험계약의 공시이율
- 유배당 보험계약의 경우 계약자 배당에 관한 사항
- 그 밖에 약관에 기재된 보험계약의 중요사항

생명보험·손해보험계약 약관에서 정하고 있는 '약관의 중요한 내용'

예를 들어 오토바이를 타고 가다가 사고를 당한 소비자가 보험회사에 보험금을 청구했다고 가정해보겠습니다. 보험회사가 해당 약관을 확인해보니 오토바이를 타고 가다가 사고를 당한 것은 보험회사가 보장하지 않는 '면책사항'에 해당했습니다. 그래서 약관을 제시하며 보험금 지급을 거부했습니다. 그런데 만약 소비자가 보험계약 체결 당시 약관에 있는 해당 면책사항을 보험설계사로부터 설명 듣지 못했다고 주장하면 보험회사는 난감할 수밖에 없습니다. 보험계약 체결 당시 그 내용을 소비자에게 설명했음을 보험회사가 입증하지 못하면 설명의무 위반이 되고 그렇게 되면 해당 '면책사항'은 이 소비자와의 계약에 적용할 수 없습니다. 만약 해당 상품설명서에 이 면책사항이 들어 있지 않았다면 보험회사는 꼼짝없이 보험금을 지급해야 합니다. 이처럼 '상품설명서'는 보험계약

에서 소비자의 권리를 지켜주는 매우 중요한 자료입니다. 그래서 상품설명서를 소비자가 더욱 쉽고 편하게 확인할 수 있게 만들겠다며 금융감독원은 아래와 같은 개선사항도 발표했습니다.

(붙임 1)

상품설명서 주요 개선 내용

현 행	개 선	비고
◉ **15쪽 내외** • 보험계약별 보험료 및 보장내역 • 상품설명서에 보험계약자의 권리 및 가입자 유의사항 등이 중복 기재	◉ **7~8쪽 수준** • 가입설계서로 대체 • 중복되는 내용 삭제 • 중요도 낮은 사항 삭제 등	간소화
◉ 보험사의 Compliance Risk방지 명목으로 불필요하게 많은 내용 나열 ① 표지(보험계약자의 권리 및 의무) ② 보험계약 및 보험금지급 관련 특히 유의할 사항 ③ 보험계약의 개요 ④ 보험가입자의 권리·의무 ⑤ 보험계약의 보험료 및 보장내역	◉ 스토리텔링 흐름 ① 계약개요 ② 계약자의 권리·의무 ③ 계약관련 유의사항 ④ 보험금 지급관련 유의사항 ⑤ 계약자 보호제도	편제 개편

2013. 1. 9. 배포 금융감독원 보도자료 중

금융감독원이 보도자료에 첨부한 자료를 보면 당시 15쪽 내외였던 상품설명서를 7~8쪽 수준으로 줄이겠다는 간소화 계획을 확인할 수 있습니다. 하지만 2022년 현재 손해보험사가 판매하는 보장성보험의 상품설명서는 대부분 45~50페이지 수준입니다(생명보험사의 상품설명서도 그 양이 적지 않습니다). 금융감독원의 계획과는 정반대의 결과입니다. 왜 그럴까요? 보험계약 체결 당시 '설명의무'를 이행했다는 증거로 제시하기 위해 보험회사가 '상품설명서' 를 적극적으로 이용하고 있기 때문입니다.

소비자와 보험금을 다투는 재판에서 '설명의무 위반'을 이유로 보험회사가 패소하는 사례가 많습니다. 약관의 중요한 내용을 보험계약 체결 당시 소비자에게 설명했다는 증거를 법원에 제시할 수 없는 상황이 많기 때문입니다. 그래서 보험회사는 보험계약 체결 당시 보험회사 측이 '설명의무'를 이행했다는 증거로 제시하기 위해 '상품설명서'를 이용합니다. 보험약관에 있는 중요한 내용을 몽땅 '상품설명서'에 집어넣고 맨 마지막에 이 모든 내용을 설명 듣고 이해했다는 소비자 확인만 받아버리면, 보험회사는 설명의무 를 이행했다는 증거를 확보할 수 있으니까요.

예를 들어 볼까요? 2022년 8월 현재, 극소수의 회사를 제외한 대부분 손해보험사는 고객에게 제공하는 약관과 상품설명서에 '⑦ 기타 수술의 정의에 해당하지 않는 시술'이라는 면책조항을 만들어 놓고 그 안에 구체적인 수술기법 여러 개를 나열하고 있습니다. 그 수술명을 살펴보면 각급 법원과 금융분쟁조정위원회, 보험약관에서 정하고 있는 '수술의 정의'에 부합한다고 판단한 것이 대부분입니다. 판례와 조정결정에 의하면 이들 수술기법에 대해서 보험회사들은 수술보험금 지급을 막을 수 없습니다. 그래서 보험회사들은 약관과 상품설명서 모두에 '⑦ 기타 수술의 정의에 해당하지 않는 시술'이라는 면책조항을 넣어 놓고 수술보험금 지급을 막고 있습니다. 약관에만 이런 내용을 넣고 상품설명서에는 넣지 않으면 '설명의무 위반'을 피해갈 수 없기 때문이죠.

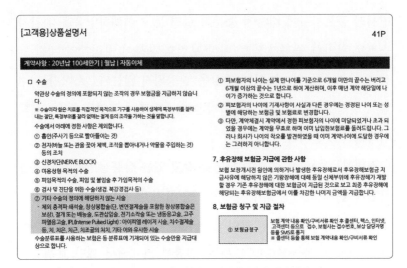

이런 내용이 포함된 약관과 상품설명서로 보험계약을 체결한 소비자가 나중에 '⑦ 기타 수술의 정의에 해당하지 않는 시술'에 있는 '고주파열응고술'이라는 수술을 받고 보험금을 청구한다고 가정해 보겠습니다. 보험회사는 그 수술은 약관에서 수술보험금을 지급하지 않는 면책조항에 해당하므로 보험금을 지급할 수 없다고 안내할 겁니다. 그러면 소비자는 '나는 보험계약 체결 당시에 그런 설명을 들은 적이 없다'라며 보험회사를 상대로 보험금 청구소송을 제기할 수도 있습니다. 그때 보험회사는 법정에 소비자의 서명이 들어 있는 상품설명서를 제출합니다. 그러면 법원은 상품설명서에

'⑦ 기타 수술의 정의에 해당하지 않는 시술'이 포함된 것을 확인한 후 이렇게 판단할 것입니다. '수령확인서를 통해 약관과 상품설명서의 중요사항에 대하여 충분히 설명 듣고 이해하였음을 계약자 스스로 확인한 증거가 있는 이상 보험회사 측이 보험계약 체결 당시 설명의무를 위반했다는 주장은 인정되지 않는다.' 소비자는 정말로 설명을 듣지 못한 내용이지만 법적으로는 설명을 들은 게 되어버리는 것입니다.

소비자는 이렇게 중요한 의미를 갖고 있는 상품설명서의 내용을 보험계약 체결 과정에서 자세히 확인하기가 쉽지 않습니다. 상품설명서를 소비자가 미리 받아서 며칠 동안 읽어본 후(읽어봐도 이해가 안 되지만) 물어본다면 모를까, 번잡한 카페에서 해당 보험상품이 어떤 보장을 해주는지 1~2시간 이상 설명을 듣고, 몇 가지 질문과 대답이 오고 간 후 청약서에 서명하면서 보험계약을 체결하는데, 그 과정에서 상품설명서의 면책조항을 자세히 살펴보는 일은 사실상 불가능합니다.

상품설명서를 자세히 설명하는 보험설계사도 적습니다. 약관에 대해 보험회사에서 교육받지 못하는 대부분의 보험설계사는 상품설명서가 얼마나 중요한지, 보장 조건 외에 어떤 내용을 담고 있는 것인지 잘 모릅니다. 게다가 예전에는 없던 조항이 추가되면 그걸 구별해낼 수 있는 보험설계사는 정말 드물죠. 이런 이유로 보험설계사와 소비자 모두 상품설명서를 자세히 확인하지 않은 채 그 안에 담긴 '계약서류 수령확인서'에 서명하게 됩니다. 보험회사는 이렇게 상품설명서를 이용해서 설명하지 않은 것도 설명했다는 증거를 확보하고 있습니다. 조작된 증거로 면죄부를 받는 것이죠.

약관 읽어주는 남자의 한마디

감독당국이 손 놓고 있는 사이 보험소비자 권리 구제를 위한 최후의 보루인 '상품설명서'가 오히려 보험회사의 방패막이로 전락해버렸습니다. 예전에는 그나마 보험약관도 종이로 만든 책으로 제공했지만, 이제 생명보험회사들은 아예 종이약관을 만들지 않습니다. 게다가 보험계약 체결 단계에서도 모바일 기기를 이용하는 경우가 많아져서 소비자가 인쇄물을 차분히 살펴볼 기회는 더 없어졌습니다. 보험청약서와 상품설명서를 모바일 기기로 받아서 소비자 확인란과 서명란에만 간단하게 체크하면 계약이 체결되므로 소비자는 자신이 가입하는 보험상품에 대한 정보를 과거보다 더 받지 못하고 있습니다. 그래서 발생하는 모든 문제의 책임은 소비자 몫입니다. 안타깝습니다.

보험소비자는 보험계약을 체결할 때 약관까지 읽어보고 판단할 수 없습니다. 그 양이 너무 많고 내용도 어렵기 때문이죠. 하지만 상품설명서는 반드시 미리 받아서 읽어봐야 합니다. 꼼꼼히 읽어보고 모르는 내용은 해당 보험설계사에게 물어봐야 합니다. 이런 것까지 알 필요 없다면서 제대로 설명해주지 못하는 보험설계사와는 계약을 체결하지 말아야 합니다. 상품설명서는 해당 보험계약의 가장 중요한 내용만 모아 놓은 것인데 그걸 설명해줄 수 없는 사람이라면, 그 보험계약의 보장 조건에 대해서 아는 게 없는 사람입니다. 보험인들은 적어도 자신이 판매하는 보험상품의 상품설명서를 반드시 읽어보고 그 내용을 모두 이해하고 있어야 합니다. 이건 보험인의 의무이자 고객에 대한 최소한의 예의입니다.

4 붕어빵에는 붕어가 없는데, 태아보험은 태아를 보장해줄까요?

〈세 얼간이(3 Idiots, 2011)〉라는 인도 영화가 있습니다. 명문대 천재 공학도들이 학교와 사회의 편견에 맞서 좌충우돌하는 모습을 그린 작품인데요. 영화 속 주인공들이 수시로 'All is well~(다 잘될 거야~)'이라고 중얼거리는 모습이 인상적입니다. 바람과는 다르게 흘러가는 세상이라서 더 간절히 외우는 주문 같기도 합니다. 그런데 이 주문 덕분인지는 몰라도 영화 속 청년들은 목숨이 위태로운 산모와 태아를 구해냅니다.

주인공 란초의 여자친구에게는 만삭의 언니가 있습니다. 폭우가 쏟아지는 어느 날 밤 갑자기 산통이 시작됩니다. 병원에 갈 수도 없는데 빨리 태아를 꺼내지 않으면 산모의 목숨마저 위험한 상황입니다. 란초와 친구들은 진공청소기를 '진공 흡인 컵'으로 개조해 흡인분만에 성공하면서 산모와 태아를 구해냅니다. 명문대 졸업장이 아니라 지식과 사람에 대한 열정으로 공부해온 공학도들의 노력이 빛을 발하는 장면이죠. 하지만 현실 세계의 분만에는 이렇게 감동적인 상황만 있는 것은 아닙니다.

2012년 1월 어느 날 경주시 소재 ○○산부인과 의사들 역시 흡
인분만을 시도했습니다. 하지만 결과는 영화와 매우 달랐습니
다. 태아는 분만 과정에서 두개골 골절, 저산소성 허혈성 뇌 손상
을 당해 두 눈의 시력을 완전히 상실하였고, 2014년 2월 영구장해
100% 진단을 받았습니다.

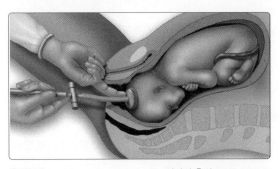

흡인분만   이미지 출처: Getty Images

불행 중 다행으로 산모는 2011년 8월 한 대형 보험회사에 본인
을 계약자, 태아를 피보험자로 하는 '태아보험'에 가입한 상태였습
니다. 아이의 어머니는 출산 과정에서 일어난 사고에 대해 해당 보
험회사에 보험금을 청구했고, 보험회사는 2012년 5월부터 2년이
넘는 시간 동안 실비보험금을 포함해 모두 10,313,287원의 보험금
을 지급했습니다. 그런데 2014년 9월 아이의 두 눈 실명에 대한 장
해보험금 1억 2,200만 원을 청구하자 보험회사가 돌변했습니다.
해당 보험회사는 분만 도중 발생한 태아의 사고는 원래부터 '태아

보험'의 보장 대상이 아니므로 장해보험금은 당연히 지급할 수 없고, 기존에 지급한 보험금도 착오로 지급한 것이니만큼 모두 돌려달라며 소송을 걸어왔습니다.

보험금을 받아 아이의 치료비를 감당해오던 어머니가 졸지에 보험회사로부터 소송을 당한 것입니다. 1심과 2심에서 연이어 패소한 보험회사는 무슨 자신감이었는지 다시 항소해 대법원판결이 나오게 됐고, 이 판결(대법원 2019. 3. 28. 선고 2016다211224 판결) 덕분에 태아의 분만 도중 발생한 사고도 '태아보험'에서 보상하도록 모든 '태아보험'의 구조가 2019년 4월 1일부로 변경됐습니다. 이 판결이 나오고 단 4일 만이죠. 이 소송에서 보험회사 측 주장의 핵심은, 태아는 '태아보험'의 피보험자가 아니라는 것입니다. 즉, '태아보험'은 원래 태아를 보장하지 않고 태아가 출생한 후부터 보장하는 보험이므로 태아의 몸이 산모로부터 완전히 분리되기 전에 발생한 사고는 보상하지 않는 것이 맞다는 주장입니다. 보험회사 측 주장에도 나름의 근거는 있습니다. 2019년 4월 1일 이전 판매된 모든 '태아보험' 약관에는 다음과 같은 규정이 들어 있었습니다.

8-1. 출생전 자녀가입 특별약관

제1조 (특별약관의 적용)
② 이 특약은 보통약관의 피보험자(보험대상자)로 될 자가 계약 체결시 출생전 자녀(이하 "태아"라 합니다)인 계약에 대하여 적용합니다.
③ 제2항의 태아는 출생시에 피보험자(보험대상자)로 됩니다.

2019년 4월 1일 이전 태아보험 특별약관 중

약관대로 해석하면 모체에서 완전히 분리되지 않은(아직 출생하지 않은) 태아는 '태아보험'의 피보험자(보험사고 발생의 대상이 되는 사람)가 아닙니다. 그러니 기껏 '태아보험'에 가입했다고 하더라도 출생 전 태아에게 어떤 질병이나 사고가 발생했다면 보상받을 수 없죠. 소비자들은 몰랐지만 2019년 4월 이전까지 판매된 '태아보험'은 붕어가 들어 있지 않은 붕어빵, 칼이 들어 있지 않은 칼국수와 다를 바 없었습니다. 상품명은 '태아보험'이지만 태아를 보장해주지 않으니까요. 많이 혼란스럽지만, 약관만으로 생각하면 보험회사 측 주장이 맞습니다. 하지만 놀랍게도 1, 2심법원과 대법원은 보험회사 측 주장이 옳지 않다고 판단하면서 여러 가지 근거를 제시했는데요. 다음은 그중 하나입니다.

대 법 원
판 결

사건	2016다211224 채무부존재확인
원고,상고인	현대해상화재보험 주식회사 (소송대리인 변호사 박성원 외 4인)
피고,피상고인	피고 (소송대리인 법무법인 고도 담당변호사 김진영 외 7인)
원심판결	서울고법 2016. 2. 3. 선고 2015나2028942 판결

원고와 피고는 이 사건 보험계약을 체결 당시 보험대상자인 소외인이 태아임을 잘 알고 있었고, 보험사고의 객체가 되는 소외인이 태아상태일 때 계약을 체결하면서 계약체결일부터 보험료를 지급하여 보험기간을 개시하였다.

이처럼 이 사건 보험계약을 체결하게 된 동기와 경위, 절차, 보험기간, 보험계약에 의하여 달성하고자 하는 목적 등을 종합적으로 고려하면, 당사자 사이에 위 특별약관의 내용과 달리 출생 전 태아를 피보험자로 하기로 하는 개별 약정이 있다고 봄이 타당하다.

- 대법원 2019. 3. 28. 선고 2016다211224 판결

태아보험의 약관에서는 태아를 피보험자가 아니라고 정하고 있지만, 여러 증거와 정황으로 보면 약관의 내용과는 달리 태아를 피보험자로 인정하겠다는 별도의 약정이 보험회사와 계약자(태아의 어머니) 사이에 있었던 것으로 보아야 한다고 법원은 판단했습니다. 그렇다면 보험회사와 태아의 어머니 사이에 체결된 보험약정은 두 개(약관과 개별약정)가 되는데요. 왜 법원은 이 두 가지 약정 중 실물이 존재하는 약관(종이약관 또는 CD나 USB에 들어 있는 약관)이 아니라 보험회사와 소비자 사이에 서로 약속했을 것이라 짐작되는 '개별약정'을 근거로 태아는 '태아보험'의 피보험자가 맞다고 판단한 것일까요? 대법원은 위 판결문에서 다음과 같이 그 이유를 설명하고 있습니다.

보험계약은 불요식의 낙성계약이므로 계약 내용이 반드시 보험약관의 규정에 국한되지는 아니한다.

<중략>

약관의 규제에 관한 법률 제4조는 '약관에서 정하고 있는 사항에 관하여 사업자와 고객이 약관의 내용과 다르게 합의한 사항이 있을 때에는 그 합의 사항은 약관보다 우선한다'라고 하여 개별약정 우선의 원칙을 정하고 있다.

– 대법원 2019. 3. 28. 선고 2016다211224 판결

보험계약은 특별한 형식이 있어야 하는 것이 아니어서 당사자 사이에 계약 의사가 일치하기만 하면 성립됩니다. 다만, 나중에 있을지도 모르는 법적 분쟁에 대비해 보험회사는 소비자에게 청약서를 작성하게 하고 보험증권과 약관을 교부할 뿐이죠. 그러므로 그 계약의 내용이 약관으로만 한정되는 것은 아니라고 대법원은 설명하고 있습니다.

그런데 '약관의 규제에 관한 법률'을 보면 약관에서 정하고 있는 사항에 관하여 보험회사와 계약자 사이에 약관과는 다른 내용으로 합의한 사항이 있을 때는 그 합의 사항은 약관보다 우선한다고 규정하고 있습니다. 그러므로 이 사건 계약에서는 태아를 피보험자로 인정하는 '개별약정'이 태아를 피보험자로 인정하지 않는 보험약관보다 더 우선한다고 본 것이죠.

약관의 규제에 관한 법률 (약칭: 약관법)

[시행 2018. 12. 13.] [법률 제15697호, 2018. 6. 12., 일부개정]

공정거래위원회 (약관심사과) 044-200-4454

제1장 총칙 <개정 2010. 3. 22.>

제1조(목적) 이 법은 사업자가 그 거래상의 지위를 남용하여 불공정한 내용의 약관(約款)을 작성하여 거래에 사용하는 것을 방지하고 불공정한 내용의 약관을 규제함으로써 건전한 거래질서를 확립하고, 이를 통하여 소비자를 보호하고 국민생활을 균형 있게 향상시키는 것을 목적으로 한다.

[전문개정 2010. 3. 22.]

제4조(개별 약정의 우선) 약관에서 정하고 있는 사항에 관하여 사업자와 고객이 약관의 내용과 다르게 합의한 사항이 있을 때에는 그 합의 사항은 약관보다 우선한다.

[전문개정 2010. 3. 22.]

약관의 규제에 관한 법률

이 대법원판결(2019년 3월 28일 선고)로 보험회사는 '태아보험' 약관을 개정해야만 했습니다. 이제 '태아보험'은 태아를 피보험자(보험사고 발생의 대상이 되는 사람)로 인정해야 하므로 '태아는 출생 시에 피보험자로 됩니다'라는 약관 조항은 의미 없어졌기 때문이죠. 그래서 모든 '태아보험'의 약관과 상품구조는 2019년 4월 1일부터 다음과 같이 변경됐습니다.

보험회사는 '태아보험'의 보장구조를 둘로 나눴습니다. 전에는 없었던 '태아보장기간'을 추가했습니다. 출산 과정에서 보험금 지급사유가 발생한 때도 '태아보험'에서 보장됨을 명확히 했습니다(2019년 4월 이전에 가입한 태아보험이라 하더라도 분만 중 사고로 보험금 지급사유가 발생했다면 보상해야 합니다). 이제 모든 것이 소비자가 유리하게 변경된 것 같았습니다. 보험회사는 피해를 볼 수밖에

2019년 4월 1일 이후 판매된 태아보험의 특별약관

없고요. 하지만 그렇지 않습니다. 보험회사는 이렇게 상품구조와 약관을 변경하면서 그동안 받지 않았던 태아보장기간에 대한 보험료도 추가로 받을 수 있게 됐습니다. 당장의 소송에서는 지더라도 약관 개정을 통해 장기적으로는 절대 손해 보지 않는 보험회사의 전통을 지켜낸 것입니다.

 약관 읽어주는 남자의 한마디

태아보험과 관련한 2019년의 대법원판결과 그 이후 약관 개정을 지켜보며 진정한 소비자 보호가 무엇인지 생각해봤습니다. 그러다가 영화 〈세 얼간이〉의 흡인분만 장면이 떠오른 거죠. 영화 속 주인공들이 졸업장과 취업을 위해 시험공부만 하는 학생들이었다면, 태아와 산모를 구할 수 없었을 겁니다. 보험인도 마찬가지입니다. 자신이 권하는 보험상품의 약관을 한 줄도 읽어보지 않고 가입만 권유하는 보험인은 소비자를 보호할 수 없습니다. 보험인의 소비자 보호는 그가 얼마나 세일즈 실적이 좋은지, 얼마나 비싼 자가용을 타고 다니는지, 얼마나 재테크를 잘하는지, 어떤 자격증을 가졌는지와 전혀 상관없습니다.

화려해 보이지는 않지만, 이 순간에도 소비자의 정당한 권리를 보호하기 위해 약관과 판례를 공부하는 보험인들이 있습니다. 제대로 보호받고 싶은 소비자라면 마땅히 이런 보험인들을 찾아야 합니다. 이런 노력이 귀찮다면 '태아보험'에 가입했지만, 보험금을 청구했다는 이유만으로 소송을 당해야 했던 아이와 그 어머니를 생각해보기 바랍니다. 직접 찾기 힘들다면 '약관 읽어주는 남자'에게 물어보세요. 소비자를 보호하기 위해 노력하는 보험인들, 제가 소개해 드리겠습니다.

5 유병자 울리는 유병자보험

　　국민건강보험공단의 보도자료에 따르면, 2020년 한 해 동안 고혈압, 당뇨병 같은 만성질환으로 진료를 받은 사람이 1,891만 명입니다(다음 그림에서 12가지 만성질환으로 진료받은 인원수를 모두 더하면 2,900만 명이 넘지만, 이중에는 2개 이상의 만성질환을 함께 앓고 있는 사람도 있습니다. 건강보험 심사평가원에 확인해본 결과 실제 인원은 1,891만 명입니다). 전 국민의 37%가 12가지 만성질환을 앓고 있다는 뜻입니다. 상당히 많은 수입니다.

　　이런 만성질환이 있는 유병자들은 예전에는 보험에 가입하기가 쉽지 않았습니다. 보험에 가입하려는 건강한 사람들도 많은데 굳이 건강하지 않은 사람들까지 보험계약을 받아주는 위험을 보험회사가 감수할 필요가 없었으니까요. 하지만 이제는 전 국민의 37%가 만성질환을 앓고 있으므로 보험회사들의 입장도 달라졌습니다. 만성질환을 앓고 있거나 앓았던 유병자들을 대상으로 보험상품을 판매하지 않으면 보험산업 자체가 쪼그라들 수밖에 없는 상황이

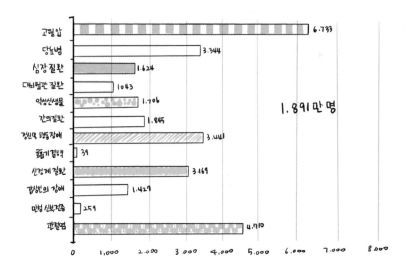

< 2020년 건강보험통계연보 >
만성질환 진료실인원

(세로축 항목과 값)
고혈압 6.733
당뇨병 3.344
심장질환 1.624
대뇌혈관 질환 1043
악성신생물 1.706
간의질환 1.845
정신및 행동장애 3.441
폐쇄기결핵 39
신경계 질환 3.169
결막의 장애 1.427
만성 신부전증 259
관절염 4.710

1.891만 명

(가로축) 0 1,000 2,000 3,000 4,000 5,000 6,000 7,000 8,000

된 것이죠. 그래서 개발된 상품이 유병자보험(간편심사보험)입니다.

2022년 현재 보험회사들은 감독당국의 지시로 '유병자보험'이라는 말을 사용하지 않고 '간편심사보험'이라는 용어를 사용합니다. 감독당국이 '간편심사보험'이라 부르는 이유는 건강한 사람들이 가입하는 '일반심사보험'에 비해 과거 병력 등을 묻는 청약서 고지사항의 수가 적기 때문입니다. 예를 들어 '일반심사보험'의 청약서 고지사항에는 아래와 같은 질문이 있어서 만성질환으로 약을 복용하고 있는 사람들은 '⑤ 투약' 항목에 체크하고 고지할 수밖에 없는 경우가 많지만, '간편심사보험'의 고지사항에는 '⑤ 투약' 항목이 아예 없어서 만성질환으로 약을 복용하고 있는 사람들도 고지의무를 위반하지 않고 보험에 가입할 수 있습니다. 유병자보험이 만성질환 환자들에게 던지는 메시지죠. '아픈 자들이여 모두 나에게 오라!'

최근 5년 이내에 아래 11대 질병으로 의사로부터 진찰 또는 검사를 통하여 다음과 같은 의료행위를 받은 사실이 있습니까?

①질병확정진단 ②치료 ③입원 ④ 수술 ⑤투약

※11대질병: 암, 백혈병, 고혈압, 협심증, 심근경색, 심장판막증, 간경화증, 뇌졸중, 당뇨병, 에이즈 및 HIV보균

일반심사보험의 청약서 고지사항 중 일부

게다가 '간편심사보험'의 고지 항목에 해당하는 병력이 있어서 그것을 고지했다 하더라도 무조건 보험 가입이 거절되는 것도 아닙니다. 보험회사 입장에서 봤을 때 그다지 위험하지 않다고 생각하는 경증질환에 대해서는 병력을 고지해도 별문제 없이 보험계약이 인수되기도 합니다. 이렇게 '유병자보험'은 '일반심사보험'에 비해 청약서에서 요구하는 고지사항이 매우 적고, 현재 투약 중인지 물어보지도 않기 때문에 꾸준히 약을 복용하고 있는 만성질환자들이 쉽게 가입할 수 있습니다.

만성질환을 앓고 있는 사람들은 그렇지 않은 사람들에 비해 보험에 가입하려는 욕구가 상대적으로 더 강하고, 특히 현재 본인이 앓고 있는 질환에 대해서도 보험으로 보장받고 싶은 욕심이 있습니다. 그런데 유병자보험은 현재 투약을 통해 치료 중인 만성질환

에 대해서도 물어보지 않고 보험계약을 받아줍니다. 그래서 이 보험에 가입하는 만성질환자들은 유병자보험에 가입하기 전부터 앓고 있는 질병을 치료할 목적으로 유병자보험 가입일 이후 입원하거나 수술하게 되는 경우에도 당연히 보험금을 받을 수 있을 거라고 믿고 있습니다. 정말 그럴까요?

결론부터 말씀드리면 그런 상황에서도 보험금을 지급하는 유병자보험도 있지만, 그렇지 않고 기왕력과 관련된 보험금은 지급하지 않는 유병자보험도 판매되고 있습니다. 기왕력과 상관있는 보험금 청구도 당연히 보장해줄 거라고 믿고 유병자보험에 가입한 분들은 깜짝 놀라실 수도 있지만, 사실입니다.

대한민국에서 보험회사들이 유병자보험 판매를 시작한 때는 대략 2016년~2018년입니다. 그리고 고지의무 질문항목이 다양한 유병자보험을 판매하기 시작한 때는 2019년~2020년입니다. 그런데 생명보험회사들은 예전부터 사망보험금과 각종 진단보험금 위주로 구성된 유병자보험을 판매하고 있고, 손해보험회사들은 그런 보장 외에 다양한 치료비(입원비, 수술비)도 지급하는 유병자보험을 판매하고 있습니다. 그래서 시장경쟁력 측면에서 살펴보면 손해보험회사들의 유병자보험상품들이 생명보험회사들의 그것을 압도하고 있습니다. 그래서 여기서는 손해보험회사들의 유병자보험을 중심으로 설명하겠습니다.

대한민국의 유병자보험은 2021년 4월 1일 이전에 판매한 상품과 그 이후에 판매한 상품으로 나눌 수 있습니다. 2021년 4월 1일 이전에 판매한 유병자보험의 약관을 보면 소수의 회사를 제외하고 대부분은 다음과 같습니다.

허혈성심장질환수술비

제1조 (보험금의 지급사유)
회사는 보험증권에 기재된 피보험자가 <u>이 특별약관의 보험 기간 중에「허혈성심장질환」으로 진단확정되고 그 치료를 직접적인 목적으로</u> 제4조(수술의 정의와 장소)에서 정한 <u>수 술을 받은 경우에는</u> 보험수익자에게 수술 1회당 아래의 금 액을 <u>허혈성심장질환수술비로 지급합니다.</u> 다만, 아래의

2020년에 판매하던 한 손해보험사의 3·2·5 유병자보험 약관 중 일부

위 약관을 보면 이 보험에 가입한 이후에 진단확정된 허혈성심 장질환을 치료할 목적으로 보험기간 중에 수술을 받았을 때 허혈 성심장질환 수술비가 지급됨을 알 수 있습니다. 이 보험이 유병자 보험이라는 것을 고려하면 이 상품은 심각한 보험금 분쟁을 일으 킬 여지가 있습니다.

예를 들어볼까요? 어떤 사람이 이 유병자보험에 가입했습니다. 그런데 이 사람은 유병자보험에 가입하기 3년 전에 허혈성심장질 환으로 분류되는 협심증 진단을 받고, 그 후부터 지금까지 정기적 으로 병원에서 추적 관찰을 받으며 혈관이 더 좁아지지 않도록 약 을 복용하고 있습니다. 그런데도 이 사람은 유병자보험에 가입할 때 아래와 같은 고지 항목에 해당하는 사항이 전혀 없었습니다. 그

래서 아무 문제없이 이 유병자보험에 가입할 수 있었습니다.

계약전 알릴의무사항

최근 3개월 이내에 의사로부터 진찰 또는 검사(건강검진 포함)를 통하여 입원 필요 소견, 수술 필요 소견 또는 추가검사(재검사) 필요 소견을 받은 사실이 있습니까?

진찰 또는 검사란 건강검진을 포함하며, 여기서 필요소견이란 의사로부터 진단서, 소견서를 발급받은 경우 또는 의사가 진료기록부 등에 기재하고 이를 환자에게 설명하거나 권유한 경우를 말합니다.

최근 2년 이내에 질병이나 상해사고로 인하여 입원 또는 수술(제왕절개 포함)을 받은 사실이 있습니까?

최근 5년 이내에 암으로 진단받거나 암으로 입원 또는 수술을 받은 사실이 있습니까?

3·2·5 유병자보험 청약서 고지사항(계약 전 알릴 의무사항)

그런데 이 사람은 유병자보험에 가입하고 1년이 조금 지났을 때 숨을 쉴 수 없는 증상 때문에 병원에 실려 갔습니다. 의사는 협심증이 심해져서 관상동맥이 80% 협착되었다며 막힌 혈관을 뚫기 위해 관상동맥중재술(스텐트삽입술)을 실시했습니다. 다행히 환자는 안정을 되찾았고, 한 달 뒤 보험회사에 수술보험금을 청구했습니다. 하지만 보험회사는 약관을 제시하며 보험금 지급을 거부했습니다. 해당 약관에는 보험기간 중에 허혈성심장질환으로 진단확정되고 그 치료를 목적으로 수술하면 허혈성심장질환 수술비를 지급한다고 되어 있는데, 해당 소비자는 이 보험에 가입하기 전에 이미 '협심증'으로 진단받은 뒤였고, 그 협심증을 치료할 목적으로 수술을 받았으므로 해당 특약의 보험금 지급사유를 충족하지 못한다는 것입니다.

소비자는 억울했습니다. 소비자가 이 유병자보험에 가입할 때 보험회사는 협심증이 있는지 물어보지 않았습니다. 그 치료를 목적으로 약을 복용하고 있는지도 물어보지 않았습니다. 소비자는 설계사에게 협심증으로 약을 먹고 있다고 밝혔지만, 설계사는 해당 상품의 청약서 고지사항에서 묻고 있지 않으니 문제되지 않는다면서 이런 분들도 보험 가입이 가능하도록 만든 상품이 유병자보험이니 걱정하지 말고 가입하라고 권했습니다. 그래서 믿고 가입한 것인데 보험회사가 약관을 근거로 제시하며 보험금 지급을 거부하니 황당할 수밖에 없었습니다. 이런 게 유병자보험인 줄 알았으면 애초에 가입하지 않았을 거라며 화를 냈죠. 하지만 보험회사는 끝내 허혈성심장질환 수술비를 지급하지 않았습니다.

위 사례에서 알 수 있듯이 2021년 4월 이전에 판매된 대부분의 유병자보험은 해당 보험에 가입한 후 진단받은 질병을 치료할 목적으로 수술(또는 입원)했을 때 보험금이 지급되는 조건을 약관에 담고 있습니다. 하지만 보험회사들은 이런 내용을 보험설계사들에게 가르쳐주지 않았습니다. 그러니 보험설계사들도 소비자에게 제대로 설명해주지 못한 채 유병자보험을 권유했습니다. 수많은 소비자(유병자)들이 유병자보험에 가입했지만 정작 가지고 있는 질병과 관련한 보험금을 청구하면 보험회사가 보험금 지급을 거부하는 일이 속출했습니다. 소비자 입장에서 보면 명칭만 유병자보험이지 사실은 무병자보험이었던 것입니다. 그런 줄 모르고 가입했다가 보험금 지급을 거절당한 사람들의 민원이 금융감독원에 쏟아졌습니다.

소비자들의 피해가 누적되고 그래서 민원이 쏟아져 들어오면 그 제서야 일하는 금융감독원이 이 사안을 들여다봤습니다. 그 결과 흥미로운 감독행정작용을 내놓습니다. 2021년 1월 '간편심사보험 보험금 지급 시 유의사항 안내'라는 제목의 감독행정작용에 의해서 유병자보험 대국민 사기사건의 전말이 밝혀집니다. 제목만 보아도 보험회사가 판매한 유병자보험의 보험금 지급 기준에 어떤 문제가 있었음을 알 수 있습니다.

감독행정작용

감독행정작용 안내	감독행정작용 내역

제목	간편심사보험 보험금 지급시 유의사항 안내		
일련번호	감2021-41001	문서번호	손해보험상시감시팀-44
시행일	21.01.28		
첨부파일	붙임_간편심사보험 보험금 지급관련 유의사항.hwp		

1. 관련근거 -금융규제 운영규정 제16조

2. 보험업법 제127조의3(기초서류 기재사항 준수의무) 등에 따라 붙임을 참고하여 보험금 지급 업무시 유의하여 주시기 바랍니다.

상기 간편심사보험의 보험요율 산출시 보험기간 이전 발생한 질병을 배제하지 않고 있으므로 상기 약관상 보험기간 이전 질병이 발생(질병사망의 경우 진단확정 포함)하였다는 이유로 보험금을 지급하지 않는 것은 부당함. 보험요율 산출시 반영되지 않았음에도 계약자에게 불리한 약관 조항을 적용하여 보험금 지급을 거절할 수 없음.

- 금융감독원 감독행정작용, 감2021-41001

이 감독행정작용에는 놀라운 내용이 들어 있습니다. 대부분의 보험회사들은 유병자보험 상품을 개발하면서 기왕력과 상관있는 입원이나 수술에도 보험금이 지급되도록 손해율을 계산해서 보험료를 책정했습니다. 그래서 일반심사보험보다 유병자보험은 최대 두 배 더 많은 보험료를 받을 수 있게 설계되었는데요. 그런데 정작 소비자에게 제공하는 보험약관에는 이와는 반대의 내용을 담아서 기왕력과 상관있는 입원이나 수술에 대해서 보험금 지급을 거부해왔던 것입니다. 한마디로 보험회사들이 유병자들을 상대로 '사기'를 쳐왔던 거죠.

금융감독원 손해보험 상시감시팀은 이번 감독행정작용에서, 손해율에 반영되지 않은 약관 조항을 근거로 보험금 지급을 거부할 수 없다며, 앞으로는 유병자보험 가입자에게 부당하게 보험금 지급을 거부하는 일이 없게 하라고 보험회사에 통보했음을 밝혔습니다. 그러니까 2021년 1월 이전에 앞에서 살펴본 약관과 같은 조건(보험기간 중 진단확정된 질병에 대해서만 보장하는 조건)의 유병자보험에 가입한 경우라 하더라도, 유병자보험 가입 전부터 '협심증'이 있어서 약물치료를 받고 있던 소비자가 유병자보험 가입일 이후에 협심증을 치료할 목적으로 수술한 후 보험금을 청구한다면, 보험회사는 수술보험금을 지급해야만 합니다. 보험회사가 약관을 엉터리로 만들어서 사기를 쳤던 것이니까요.

그런데 금융감독원에 물어봐도, 각종 언론사의 기사를 뒤져봐도 유병자보험으로 사기를 쳐서 막대한 이익을 얻은 보험회사들이 금융감독원으로부터 과징금 또는 과태료 처분을 받았다는 소식은 접할 수 없었습니다. 오히려 면밀한 조사를 통해 보험사의 사기행각을 파헤친 금융감독원 손해보험 상시조사팀이 해체되었다는 이야기만 들을 수 있었습니다. 이 팀은 누가, 왜 해체했을까요? 혹시 조사하면 안 되는 것을 조사했던 것일까요? 금융감독원은 금융회사들을 관리, 감독하는 기관이 맞을까요? 아니면 금융회사들의 사기까지 덮어주는 든든한 뒷배인가요?

어쨌든 해체된 손해보험 상시감시팀의 수고 덕분에 유병자보험 대국민 사기극이 만천하에 드러났습니다. 그러니 이제 유병자보험과 관련한 모든 문제는 해결되었을까요? 이번 감독행정작용 이전에 판매된 유병자보험 가입자들이 기왕력과 관련 있는 이유로 보험금을 청구하면 보험회사는 보험금을 제대로 지급하고 있을까요? 안타깝지만 아직도 보험금 심사 일선에서는 금융감독원의 감독행정작용을 무시한 채 약관에 들어 있는 엉터리 조항을 근거로 보험금 지급을 거부하는 사례가 허다합니다. 하지만 더 심각한 문제는 따로 있습니다. 이번 감독행정작용 이후에 판매되고 있는 유병자보험 상품들은 기왕력과 관련 있는 보험금 청구에 대해서도 논란 없이 보험금이 지급될 수 있게 약관의 오류가 고쳐졌을까요?

보험회사들은 2021년 1월에 나온 금융감독원의 감독행정작용 때문에 잠깐은 당황했지만, 곧 해법을 찾아냈습니다. 감독행정작용을 통해 금융감독원이 지적한 부분을 해결하면서도 오히려 보험회사들의 이익을 극대화할 수 있는 방법을 찾아냈습니다.

금융감독원의 지적은 보험회사가 유병자보험을 개발하면서 기왕력과 관련 있는 보험사고에 대해서도 보험금을 지급하는 조건으로 손해율을 계산해 보험료에 반영해놓고는, 정작 약관에는 정반대의 내용을 넣어 놓고 부당하게 보험금 지급을 막고 있으니 이를 시정하라는 것이었습니다. 그러므로 보험회사들은 이제 유병자보험 상품을 개발할 때 기왕력과 관련 있는 보험사고는 보장하지 않는다는 조항을 손해율에 반영한 상품을 만들면 됩니다. 이렇게 하면 약관을 수정할 필요도 없고, 관련 보험금도 지급할 필요가 없습니다. 다만 보험료만 조금 더 저렴하게 책정해서 유병자보험을 판매하면 되는 것이죠. 모든 유병자상품을 이런 조건으로 만들 필요도 없습니다. 특정 상품만 이렇게 만들어야 소비자들이 쉽게 이 꼼수를 알아차릴 수 없습니다.

　　2021년 4월 즈음부터 보험회사들은 보험에 가입할 때 소비자가 작성해야 하는 과거 병력과 관련한 고지 항목의 수를 다양하게 변화시킨 유병자보험을 만들어 판매하고 있습니다. 기존에는 '3·2·5' 상품이 대세였으나 이때부터는 '3·3·3' '3·3·5', '3·4·5', '3·1' 등 다양한 버전의 유병자보험을 판매합니다. 그래서 기존 '3·2·5 유병자보험'보다 고지 항목이 더 많거나, 항목의 수는 같아도 고지 기간이 더 긴 상품은 상대적으로 보험료가 더 저렴할 수밖에 없는데요. 이런 사실을 '가성비가 좋다'는 말로 포장해서 대대적으로 판매하고 있습니다. 그런데 2021년의 금융감독원 감독행정작용에 대해 알고 있는 전문 보험인들은 이 상품들의 약관을 살펴보며 경악할 수밖에 없었습니다. 적지 않은 보험회사가 2021년 4월 즈음부터 판매하고 있는 유병자보험 약관에(어떤 보험사는 '3·2·5' 상품 약관에, 어떤 회사는 '3·3·5' 등 다른 상품 약관에) 보험 가입 전에 진단받은 질병과 상관있는 보험사고에 대해서는 보험금이 지급되지 않는 조건을 담아 놓았습니다. 감독행정작용이 나오기 전과 같은데요. 다만, 이 조건은 손해율 계산에 반영된 것입니다.

뇌혈관질환수술비 II (비갱신형/갱신형)특별약관

1. (보험금의 지급사유)
회사는 보험증권에 기재된 피보험자가 「이 특별약관의 보험기간」 중에 뇌혈관질환으로 진단확정되고 그 치료를 직접적인 목적으로 수술을 받은 경우에는 매 수술시마다 다음과 같이 뇌혈관질환수술비를 지급합니다.

2022년 4월 현재 판매되고 있는 D사의 3·2·5 유병자보험 약관

뇌혈관질환수술비 II (335간편가입)보장

제1조(보험금의 지급사유)
회사는 보험증권에 기재된 피보험자가 이 특별약관의 보험기간 중에 「뇌혈관질환」으로 진단확정되고 그 치료를 직접적인 목적으로 제4조(수술의 정의와 장소)에서 정한 수술을 받은 경우에는 보험수익자에게 수술 1회당 아래의 금액을 뇌혈관질환수술비로 지급합니다. 다만, 아래의 「계약일부터

2022년 4월 현재 판매하고 있는 M사의 3·3·5 유병자보험 약관

보험회사들은 금융감독원의 감독행정작용 이후 유병자보험 상품 라인업을 다양화하면서 기왕력과 관련 있는 보험사고는 보장하지 않는 조건으로 손해율을 계산한 유병자보험 상품도 당당하게 판매하고 있습니다. 그런데 소비자들은 해당 유병자보험이 손해율을 반영한 조건을 정확히 약관에 담고 있는 것인지, 아니면 엉터리 약관으로 만든 상품인지 확인할 수 없습니다. 금융감독원에 문의해봤더니 인력이 모자라서 확인해본 일은 없지만 2021년 1월의 감독행정작용 이후에 판매하고 있는 유병자보험들은 손해율을 정확하게 반영한 약관일 것으로 추정하고 있다는 답변을 받았습니다. 확인도 하지 않고 보험회사의 진심을 믿어주는 금융감독원의 넉넉함이 꽤나 감동적이더군요. 감독기관이라는 곳의 태도가 이러니 이 나라의 금융소비자들은 언제나 금융회사로부터 약탈당하지 않기 위해 스스로 자신을 보호해야만 합니다.

2022년 현재 판매하고 있는 모든 유병자보험이 기왕력과 관련 있는 보험사고(입원, 수술, 사망 등)를 보장하지 않는 것은 아닙니다. 어떤 유병자보험에는 그런 조건이 들어 있지 않기도 합니다. 하지만 해당 보험상품의 약관을 확인하지 않고 상품의 이름이나 상품설명서만 봐서는 알 수 없습니다. 그래서 약관을 꼭 확인해야만 합니다. 2021년 4월 이후에 가입한 유병자보험이라면 아래처럼 핵심적인 특약의 약관을 확인해서 '보험기간 중에 ○○질환으로 진단확정되고 그 치료를 직접적인 목적으로 수술을 받은 경우'라는 표현이 나오면 주의하세요. 그건 소비자가 생각하는 유병자보험이 아닙니다. 이 보험 가입 전에 진단받은 질병을 치료할 목적으로 이 보험 가입 후 수술하거나 입원하면 보험금을 지급하지 않기 때문입니다. 무병자보험인 거죠.

뇌혈관질환수술비Ⅱ(335간편가입)보장

제1조(보험금의 지급사유)
회사는 보험증권에 기재된 <u>피보험자가 이 특별약관의 보험기간 중에 「뇌혈관질환」으로 진단확정되고 그 치료를 직접적인 목적으로 제4조(수술의 정의와 장소)에서 정한 수술을 받은 경우</u>에는 보험수익자에게 수술 1회당 아래의 금액을 뇌혈관질환수술비로 지급합니다. 다만, 아래의 「계약일부터

한 손해보험사가 2021년 4월 이후 판매하고 있는 '3·3·5 유병자보험' 약관

그렇다고 이걸 사기로 볼 수는 없습니다. 왜냐하면 그렇게 기왕력과 관련된 보험사고를 보장하지 않기 때문에 보험료가 상대적으로 저렴한 것이니까요. 손해율을 정확히 반영해서 약관을 만들고 그 약관에 근거해서 보험금 지급을 거부하는 것 자체는 사기가 아닙니다. 하지만 보험계약을 체결할 때 소비자에게 이런 내용을 정확히 설명해주지 않는 것은 용납될 수 없습니다.

이와는 다르게 다음의 약관처럼 핵심적인 특약 약관에 '보험기간 중에 ○○질환의 직접적인 치료를 목적으로 수술을 받은 경우'라는 표현이 나오면 그건 소비자가 생각하는 유병자보험이 맞습니다. 이 보험에 가입한 후 해당 질병을 치료할 목적으로 수술을 하

면 보험금을 지급하겠다는 것이므로 그 질병의 진단확정 시점이 이 유병자보험 가입일 이전이라 하더라도 고지의무 위반만 아니면 수술보험금을 지급하는 진짜 유병자보험입니다.

> **2-85. 뇌혈관질환수술비Ⅲ(간편가입Ⅳ) 특별약관(갱신형)**
> **2-86. 뇌혈관질환수술비Ⅲ(간편가입Ⅳ) 특별약관**
>
> **제1조(보험금의 지급사유)**
> 회사는 피보험자가 이 특별약관의 보험기간(이하 '보험기간'이라 합니다) 중에 뇌혈관질환의 직접적인 치료를 목적으로 수술을 받은 경우에는 수술1회당 아래에 정한 금액을 뇌혈관질환 수술비(이하 '보험금'이라 합니다)로 보험수익자에게 지급합니다.

한 손해보험사가 2022년 4월 이후 판매하고 있는 '3·2·5 유병자보험' 약관

유병자보험에 가입하는 사람들 대부분이 만성질환을 앓고 있습니다. 이분들은 다른 질병보다 자신이 현재 앓고 있는 질병에 대한 걱정이 많습니다. 그래서 유병자보험에 가입하는 것인데, 기껏 가입한 유병자보험이 기왕력과 상관있는 보험사고라는 이유로 보험금 지급을 거부하면 얼마나 황당하겠습니까? 하지만 2022년 8월 현재도 이런 일은 계속 벌어지고 있습니다.

 약관 읽어주는 남자의 한마디

2021년 1월 금융감독원의 손해보험 상시조사팀이 유병자보험 가입

자들을 보호하기 위해 감독행정작용을 내놓았음에도 불구하고 유병자보험을 판매하고 있는 보험회사들은 조금도 달라지지 않았습니다. 이제는 오히려 합법적으로 소비자의 기왕력을 보장하지 않는 유병자보험을 판매하고 있습니다. 안타깝지만 유병자보험을 소비자에게 권하고 있는 보험인들도 이런 내막을 모르는 경우가 많습니다. 보험회사에서 가르쳐주지 않기 때문입니다. 상황이 이렇다 보니 많은 소비자들이 기왕력 관련 보장조건은 확인도 못해본 채 그저 더 저렴한 보험료를 기준으로 유병자보험을 선택하는 경우가 많습니다. 저렴한 보험에 가입할 때는 항상 조심해야 합니다. 괜히 저렴한 것이 아니니까요. 유병자보험은 특히 더 그렇습니다.

감독당국에게 요구합니다. 기왕력 관련 보험사고를 보장하지 않는 유병자보험의 경우 그렇지 않은 상품들과의 차이를 소비자가 쉽게 구별할 수 있도록 그 특징을 상품 제목에 표시하게 강제하십시오. 예를 들어 상품명에 'ㅇㅇ간편심사보험(기왕력 관련 보험사고 부지급 특약 탑재형)' 이런 식으로 표시하고, 각각의 특약 명칭도 'ㅇㅇ질환수술비(기왕력 관련 보험사고 부지급형)'처럼 해당 특약이 기왕력 관련 보험사고를 보장하지 않음을 소비자가 쉽게 확인할 수 있도록 해야 합니다. 손해율을 약관에 정확히 반영했는지 확인도 하지 않고 보험회사의 진심만 믿어주는 것이 금융감독원이 할 일은 아닙니다. 진심이 있든, 없든 강제로 제도를 만들어서 금융소비자를 보호하는 것이 금융감독원의 역할입니다.

6 눈이 부시지 않은
치매보험

"새벽의 쨍한 차가운 공기,

꽃이 피기 전 부는 달큰한 바람,

해 질 무렵 우러나는 노을의 냄새,

어느 하루 눈부시지 않은 날이 없었습니다.

오늘을 살아가세요.

눈이 부시게.

당신은 그럴 자격이 있습니다.

누군가의 엄마였고, 누이였고, 딸이었고 그리고 나였을 그대들에게."

　몇 해 전 방영한 인기 드라마 〈눈이 부시게〉에서 치매 환자 역할을 실감나게 연기한 노배우의 수상소감이 많은 사람을 울렸습니다. 우리의 일상을 눈부신 것으로 만들어주는 '차가운 공기, 달큰한 바람, 노을의 냄새'를 인지하지 못하게 된다면 우리의 삶은 과연 어떤 의미가 있을까요? 자신이 '누군가의 엄마였고, 누이였고, 딸이었으며 그리고 나였음'을 기억하지 못하게 되면 그 사람이 살아가야 할 이유는 무엇일까요? 이처럼 사람의 존재 이유마저 사라지게 하는 것, 그것이 바로 치매입니다. 그래서 치매는 유난히 드라마틱한 공포를 선사합니다.

금융감독원 보도자료(2019. 7. 3)에 따르면 2017년 한 해 동안 31만 건, 2018년 60만 건이 판매되던 치매보험이 2019년 1/4분기에만 약 88만 건이 판매됐습니다. 치매보험 판매량이 급격히 증가한 것입니다. 왜 그럴까요? 대한민국은 이미 고령사회에 진입했습니다. 그러니 노인성 질환으로 여기는 치매 환자도 과거와 비교해 그 수가 점점 늘어나는 게 당연합니다. 하지만 이와 같은 요인은 서서히 증가하는 것이므로 치매보험의 급격한 판매량 증가에는 뭔가 다른 원인이 있어 보입니다. 그 원인은 바로 사회문화적 분위기를 이용하려는 보험회사들의 무리한 상품개발과 마케팅입니다.

극적인 공포를 선사하는 치매. 특히 치매는 환자 본인뿐만 아니라 그 가족에게도 심리적, 경제적 타격을 입히기 때문에 더 두렵습니다. 보험회사는 보험을 판매하기 위해 먼저 공포를 유통합니다. 공포를 느낀 소비자가 보험을 구매하기 때문이죠. 그런데 공중파 방송과 종편에서 치매를 소재로 한 드라마를 방영해 결과적으로 보험회사의 공포 마케팅을 도와주는 경우가 있습니다. 드라마 속 치매 환자의 모습은 심금을 울리는 명장면으로 편집되어 보험소비자에게 유통됩니다. 드라마의 인기에 비례해 치매에 관한 공포가 사회 전반으로 확산됩니다.

때맞춰 보험회사는 예전보다 파격적인 보장조건과 높은 환급률을 자랑하는 치매보험 신상품을 내놓고 소속 보험설계사들에게 교육하기 시작합니다. 치매보험에 가입한 사람이 60~70세가 될 때까지도 치매가 발생하지 않으면, 그때 치매보험을 해약해서 그 환급금을 마치 연금처럼 활용할 수 있다는 내용입니다. 치매보험을 저축으로 판매하라는 것이죠. 지금 판매되고 있는 명품 치매보험은 건강상의 리스크도 대비하면서 노후 준비까지 할 수 있으므로 보험회사 입장에서는 많이 팔면 팔수록 손해를 보게 되므로 조만간 판매가 중단될 것이고, 그때가 되면 가입하고 싶어도 가입할 수 없는 '전설의 보험'이 될 거라고 목소리를 높입니다. 그런데 이렇게 훌륭한 치매보험을 개발하고 마케팅에 열을 올리는 보험회사가 정작 '치매' 자체에 대해서는 조금도 공부를 안 하는 것 같습니다.

'치매'라는 이름을 가진 질병은 없습니다. 치매는 다양한 질병이나 외상으로 뇌 손상을 입어 기억력 등 인지기능에 장애가 생겨서 예전 수준의 일상생활을 유지할 수 없는 상태를 말합니다. 그래서 치매는 알츠하이머병에 의한 치매, 혈관성 치매(뇌출혈이나 뇌경색 후유증으로 발생하는 치매), 루이소체 치매, 파킨슨병에 의한 치매, 갑상선 기능 이상에 의한 치매, 매독에 의한 치매, 외상에 의한 치매, 알코올성 치매 등 원인에 따라 여러 가지 종류로 나뉩니다. 그러니 이렇게 서로 다른 치매를 진단하는 기준과 검사 방법도 매우 다양할 수밖에 없습니다. 혈액검사, 생화학적 검사, 갑상선기능검사, MRI, 뇌파검사, 소변검사, 중금속검사, HIV검사, 매독항체검사, 뇌척수액검사, PET, SPECT 등 원인이 무엇인지에 따라 검사 방법이 다릅니다. 그런데 이런 검사들은 모두 치매의 원인을 찾는 검사 방법이지 어떤 사람이 현재 치매 상태인지 아닌지를 판단하는 기준은 아닙니다. 위에 열거한 검사들로 확인된 환자의 병력 그리고 신경학적 진찰, 신경 심리검사 등을 종합적으로 검토한 전문의의 '임상적 소견'이 치매의 진단 기준입니다. 즉, 특정 검사 결과가 아니라 환자를 종합적으로 진찰한 전문의의 판단이 진단 기준이 되는 것이죠. 하지만 '전설의 보험'이 된 치매보험 약관은 이런 의학적 사실과 거리가 멀었습니다.

경증치매, 중등도치매, 중증치매로 진단되면 소비자에게 각각 수백만 원에서 수천만 원의 진단보험금을 주고 중증치매인 경우에는 매월 수백만 원의 간병자금까지 종신토록 지급한다는 치매보험 약관을 보면, 보험회사는 치매의 진단 기준으로 CT나 MRI 같은 영상학적 검사 결과를 필수로 요구할 수 있습니다.

경증치매상태, 중등도치매상태, 중증치매상태의 진단은 피보험자를 진료하고 있는 정신건강의학과 또는 신경과 전문의 자격증을 가진 의사에 의한 객관적인 소견을 기초로 하며, 이 진단은 병력 신경학적 검진과 함께 CT, MRI, 뇌파검사, 뇌척수액검사 등을 기초로 하여야 합니다.
 - 2019년 10월 이전에 판매된 치매보험 약관

그런데 신경과 전문의들에 의하면 치매 환자라고 하더라도 CT

나 MRI, 뇌파검사 등에서 이상이 확인되지 않는 경우가 많으므로 환자의 병력과 신경학적 진찰 그리고 신경 심리검사 등을 종합적으로 검토한 후 치매로 진단할 수 있다고 합니다. 치매에 관한 의료현장의 진단 기준이 이와 같은데도 치매보험 약관에서 치매에 관한 진단확정의 기준으로 CT나 MRI, 뇌파검사 결과를 반드시 요구한다면 이것은 보험금을 지급하지 않으려는 꼼수가 아닌지 의심받을 수밖에 없습니다.

이와 같은 문제점이 알려지고 논란이 확산하자 금융감독원이 2019년 6월 말 치매보험의 약관을 개정할 예정이라는 언론보도가 흘러나왔고, 이어서 일부 손해보험사는 MRI나 CT 등 영상학적 검사에서 이상 소견이 없더라도 전문의가 진단한 '경증치매'에 대해서는 보험금을 지급하기로 내부 기준을 마련했다는 보도까지 나왔습니다. 또 일부 언론은 금융감독원의 치매보험 약관 개정의 핵심은 '경증치매'에 대해서는 영상학적 검사 결과와 상관없이 보험금을 지급하는 것이라고 보도했습니다. 그런데 만약 언론이 알린 내용처럼 약관이 졸속으로 개정됐다면 '경증치매'에 대해서만 진단의 필수조건에서 영상학적 검사를 배제하는 것으로 바뀌고 '중등도치매'와 '중증치매'의 진단 기준은 오히려 CT나 MRI 등 영상학적 검사를 필수로 요구하는 더 황당한 '전설의 보험'이 탄생할 뻔했습니다.

다행히도 금융감독원은 대한치매학회에서 적절한 자문을 받은 것으로 보입니다. 2019년 7월 3일, 금융감독원은 보도자료를 배포해서 '치매 진단 기준을 의학적 진료 기준에 부합하도록 하고, 치매보험금 지급 조건도 소비자 입장에서 합리적으로 적용되도록 보험약관을 개선할 예정'이라며 아래와 같이 2019년 10월부터 적용될 치매보험 약관 개선안을 밝혔습니다.

치매의 진단은 치매 전문의의 진단서에 의하고, 이 진단은 병력청취, 인지기능 및 정신상태 평가, 신체 진찰과 신경계 진찰, 신경심리검사, 일상생활능력평가, 검사실검사, 뇌영상검사 등 해당 치매의 진단 및 원인질환 감별을 위해 의학적으로 필요한 검사 및 그 결과에 대한 종합적인 평가를 기초로 정해지며, 뇌영상검사 등 일부 검사에서 치매의 소견이 확인되지 않았다 하더라도 다른 검사에 의한 종합적인 평가를 기초로 치매를 진단할 수 있습니다.

- 금융감독원 보도자료 2019. 7. 3

그럼 이렇게 약관이 개정되기 전에 치매보험에 가입한 소비자들은 어떻게 해야 할까요? 약관대로 영상학적 검사 결과가 필수적으로 요구되는 것을 받아들일 수밖에 없을까요? 금융감독원은 2019년 7월 11일, 고유권한인 '감독행정작용'을 통해 약관 개정 이전에 치매보험에 가입한 소비자들에게도 영상학적 검사 결과를 내세워 치매보험금 지급을 거부하지 말 것을 보험회사에 지도했습니다.

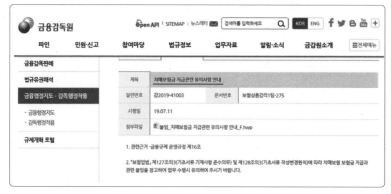

금융감독원 감독행정, 치매보험금 지급관련 유의사항 안내, 2019. 07. 11

치매보험금 지급관련 유의사항 안내

1. 감독행정의 취지

□ 최근 일부 보험회사는 치매보험의 치매 진단요건으로 ①뇌영상검사(MRI,CT 등)결과 이상소견 또는 ②약관에서 정한 특정치매질병코드(F·G)를 요구하고 있으며, 이에 해당하지 않는경우 보험금을 지급하지 않겠다는 입장임

2. 감독행정의 내용

□ 「보험업법」 제127조의3(기초서류 기재사항 준수의무), 제128조의3(기초서류 작성·변경원칙)에 따라,

○ 정당한 사유 없는 보험계약자의 권리 축소 또는 의무 확대 등 보험계약자에게 불리한 내용을 약관 등 기초서류에 포함하지 않도록 하고,

○ 치매 진단요건으로 '뇌영상검사결과상 이상소견이 없다는 이유' 또는 '치매상태에 해당하는 질병이 약관상 특정 치매질병코드(F·G 등)에 해당하지 않는다는 이유'를 적용하여 보험금 지급을 거절하지 않도록 보험금 지급업무에 만전을 기해주시기 바람

금융감독원 감독행정작용 2019. 07. 11

제4조(중증치매상태의 정의 및 진단확정)
① 이 계약에 있어 「중증치매상태」라 함은 【별표3(치매 분류표)】에서 정한 치매로 진단 확정되고, 이로 인하여 「중증 인지기능의 장애」가 발생한 상태를 말합니다.

③ 「중증치매상태」 발생시의 진단확정은 의료법 제3조(의료기관)에서 정한 국내의 병원이나 의원 또는 국외의 의료 관련법에서 정한 의료기관의 정신건강의학과 또는 신경과 전문의 자격증을 가진 자에 의한 진단서에 의하며 이 진단은 병력·신경학적 검진과 함께 뇌 전산화단층 촬영(brain CT Scan), 자기공명영상(MRI), 뇌파검사, 뇌척수액검사 등을 기초로 하여야 하며, 그 진단일로부터 90일이 경과된 이후에 회사가 피보험자의 「중증치매상태」가 계속 지속되었음을 확인함으로써 중증치매상태로 진단 확정됩니다.

2019년 10월 이전까지 판매된 치매보험 약관

제4조(중증치매상태의 정의 및 진단확정)
① 이 계약에 있어 「중증치매상태」는 아래 각호에 모두 해당되는 「치매」로 「중증 인지기능의 장애」가 발생하여, 「중증치매상태」로 진단된 경우를 말합니다.
　① 뇌(腦)속에 후천적으로 생긴 병으로 인한 변화 또는 뇌속에 손상을 입은 경우
　② 정상적으로 성숙한 뇌가 ①에 의한 장해에 의해서 파괴되었기 때문에 한 번 획득한 지능이 지속적으로 또는 전반적으로 저하되는 경우

③ 제1항에서 정한 「중증치매상태」의 진단은 의료법 제3조(의료기관)에서 정한 국내의 병원이나 의원 또는 국외의 의료 관련법에서 정한 의료기관의 치매 전문의(신경과 또는 정신건강의학과)의 진단서에 의하고, 이 진단은 병력청취, 인지기능 및 정신상태 평가, 신체진찰과 신경계진찰, 신경심리검사, 일상생활능력평가, 검사실검사, 뇌영상검사 등 해당 치매의 진단 및 원인질환 감별을 위해 의학적으로 필요한 검사 및 그 결과에 대한 종합적인 평가를 기초로 정해지며, 뇌영상검사 등 일부 검사에서 치매의 소견이 확인되지 않았다 하더라도 다른 검사에 의한 종합적인 평가를 기초로 치매를 진단할 수 있습니다.

2019년 10월 이후부터 판매된 치매보험 약관

다행히도 금융감독원은 치매보험 약관 개정과 관련한 약속을 지켰습니다. 2019년 10월 1일부터 모든 치매보험 약관에서 '경증치매', '중등도치매', '중증치매'의 진단 기준이 위와 같이 달라졌습니다.

뇌영상 검사를 포함해 일부 검사에서 치매의 소견이 확인되지 않더라도 다른 검사 결과와 환자의 상태를 종합적으로 판단해서 전문의가 치매로 진단할 수 있음을 명확히 한 것이죠. 뒷북이긴 하지만 그래도 다행입니다. 졸속으로 약관을 개정하느라 더 큰 문제를 일으킬 수도 있었는데, 전문적인 의료학회의 의견을 수렴해서 잘 개정한 것으로 보입니다.

아무튼 잊을 만하면 또 나타나는 '묻지 마 상품개발'과 '묻지 마 판매'가 앞으로는 제발 근절되기를 바랍니다. 아무거나 만들고 아무거나 많이 팔기만 하면 된다는 생각은 정상적인 보험회사, 정상적인 보험인이 취할 행동이 아닙니다.

약관 읽어주는 남자의 한마디

눈이 부시게 오늘을 살 때 인생은 아름답습니다. 그 아름다운 인생을 보호하기 위해 사람들은 오늘의 일부를 떼어내 보험에 가입합니다. 그래도 눈부신 건 인생이지 보험이 아닙니다. 눈을 감고 만든 보험은 전설이 될 수 없습니다. 눈을 감고 선택한 보험 역시 눈이 부실 수 없습니다. 보험회사와 보험인들의 책임 있는 태도, 소비자들의 신중한 태도가 함께 필요합니다.

⑦ 자궁근종환자들의 하이푸(HIFU)
패키지 제주여행

2017년 4월부터 2018년 1월까지 전국에서 자궁근종을 앓고 있는 여성 수십 명이 각각 제주행 비행기를 탔습니다. 이들은 항공권과 숙박비, 차량 대여 비용까지 누군가 제공해준다는 말을 듣고 제주로 갔습니다. 게다가 이들을 제주에 초대하며 모든 비용을 부담한 사람은 무료로 자궁근종을 치료해주겠다는 약속까지 했습니다. 그것도 1000만 원이 넘는 비용이 발생하는 최신 의료기법인 하이푸(HIFU: High-Intensity Focused Ultrasound 고강도 집속 초음파) 시술을 이용해서 말이죠. 또한 이 환자들에게 하이푸 시술 후 평생 사후관리를 해줄 것을 약속하고, 하이푸 시술을 받은 환자들이 원하면 질 성형수술, 요실금 수술도 추가로 해주겠다는 약속까지 했습니다. 자궁근종 환자들에게 여행 경비(?)와 치료비까지 부담해준다며 '하이푸 패키지 제주여행'을 권한 넉넉한 마음의 재력가는 도대체 누구일까요? 그는 제주도에서 산부인과를 운영하는 의사였습니다.

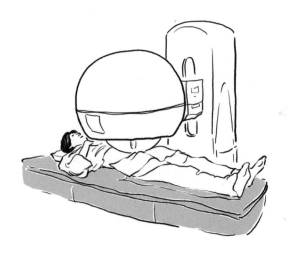

　환자의 몸 안에 의료기구를 넣어서 진행하는 침습적 방법의 수술과는 달리 하이푸 시술은 강력한 초음파를 복부에 투과시켜 초음파 에너지가 한곳에 모일 때 발생하는 고열로 자궁에 있는 병변을 태워 괴사시키는 치료 방법입니다. 하이푸 시술은 환자의 몸에 칼 한 번 대지 않고 자궁근종이나 자궁선근증을 치료하는 비침습적 방식의 최신 의료기술이라서 최근 많이 행해지고 있습니다. 그런데 이 시술은 국민건강보험에서 비급여항목으로 지정되어 있어서 그 치료 비용을 해당 병원에서 자유롭게 정할 수 있습니다. 2017년 당시 전국 병원에서 책정한 하이푸 시술 비용은 150만 원에서 1000만 원까지 매우 다양했습니다. 자궁근종 환자들에게 '하이푸 패키지 제주여행'을 권하고 실제로 시술까지 해준 그 의사의 병원은 하이푸 장비를 처음 들여놓았을 때만 하더라도 1회 시술 시 500만 원 내외의 비용을 받다가 평생 관리비 개념을 도입하면

서부터 시술비용을 1300만 원으로 인상했습니다. 1회 시술비용이 1300만 원인데 자궁근종 환자들에게 한 푼의 돈도 받지 않고 항공권과 숙박비까지도 모두 부담해준 이 천사 같은 의사는 도대체 왜 이런 선행을 했을까요? 아이러니하지만 병원의 경영 상황이 좋지 않았기 때문입니다.

제주도에서 산부인과를 운영하는 의사 C는 병원 경영 상황이 나빠지자, 당시 제주도 내 다른 병원에 하이푸 장비가 없다는 점에 착안해 2017년 자궁근종 치료기인 하이푸 기계를 들여놓았습니다. 그리고 500만 원의 월급을 제공하는 조건으로 여러 명의 모집책을 고용해 전국에서 자궁근종 환자들을 유치합니다. 의사 C와 모집책들은 실손의료비보험(이하 실비보험)에 가입한 환자들을 유치한 후, 하이푸 시술에 대한 의료비를 받지 않았음에도 환자들이 의료비 1300만 원을 낸 것처럼 영수증을 발행해줬습니다. 환자들은 그 영수증으로 자신이 실비보험을 가입한 보험회사에 보험금을 청구했습니다. 보험회사는 1300만 원의 90%를 보험금으로 지급했는데, 환자는 그렇게 받은 보험금을 다시 병원 측에 송금했습니다. 이렇게 되면 환자 입장에서는 하이푸 시술도 공짜로 받고, 항공권과 숙박비 등도 모두 병원 측에서 받았으므로 아무런 비용도 부담하지 않았습니다. 이런 방식으로 의사 C는 환자들이 가입한 실비보험을 이용해서 많은 돈을 벌었습니다.

의사 C와 모집책들 그리고 그들의 꼬임에 넘어간 환자들까지 연루된 '하이푸 패키지 제주여행'은 낌새를 눈치챈 보험회사의 고발로 꼬리를 밟히게 됩니다. 형사재판을 통해 5명의 모집책은 의료법 위반 그리고 보험사기방지특별법 위반이 인정되어 대부분 징역 1년에 집행유예 2년의 처분이 내려졌고, 의사 C는 징역 2년에 집행유예 3년을 받았습니다.

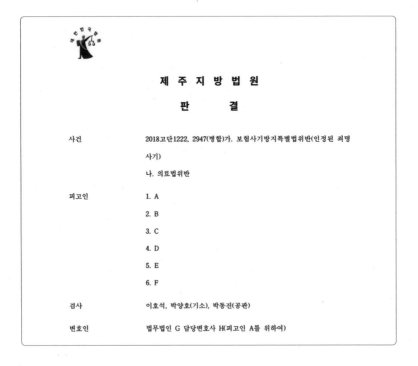

이 법원이 적법하게 채택하여 조사한 증거들에 의하여 인정되는 다음과 같은 사정들을 종합하면, 위 범죄사실 기재와 같은 행위가 보험회사를 기망하여 보험금 상당을 편취한 사기 행위에 해당한다고 인정되므로, 피고인들 및 변호인들의 위 주장은 받아들이지 아니한다.

<중략>

이 사건 범행은 허위 서류로 보험금을 편취하고 그 과정에서 부당한 방법으로 환자를 유치하는 등 의료법을 위반한 것으로서 다수가 가담한 조직적 범행으로 범행 수법이 대담하고 범행 횟수, 그로 인해 얻은 수익, 피해 규모 등에 비추어 그 죄질이 매우 불량하다.

피고인 C의 경우 범행을 주도하였고 범행으로 인하여 상당한 이익을 취득하였다. 범행 횟수가 70회 이상이고, 피해 금액도 7억 원을 초과한다.

– 제주지방법원 2019. 12. 6 판결 2018고단1222, 2947(병합)

대한민국의 모든 국민은 국민건강보험에 가입되어 있습니다. 국민건강보험은 대한민국 안에서 행해지는 합법적인 의료행위를 급여항목과 비급여항목으로 구분하고 있습니다. 급여항목에 대해서는 그 비용의 일부를 국민건강보험에서 환자에게 지원해주므로 의료행위에 대한 값을 병원이 정하는 것이 아니라 국민건강보험이 정하고 관리하지만, 비급여의료행위는 해당 병원이나 의원에서 그 값을 마음대로 책정할 수 있습니다. 그래서 일부 의사들은 돈을 더 많이 벌기 위해 국민건강보험에서 급여항목으로 지정된 의료행위보다는 비급여의료행위를 더 적극적으로 환자에게 권합니다. 하지만 비급여의료행위에 대해서는 국민건강보험에서 환자에게 지원해주는 금액이 없다 보니 의사들이 권한다고 하더라도 환자들이 마음 편하게 선택할 수 없습니다. 이런 상황에서 질병 또는 상해 치료과정에서 발생한 의료비 중 비급여항목도 보상해주는 실비보험은 의사들 처지에서는 구원의 손길입니다. 그래서인지 실비보험에 가입된 환자에게 비급여의료행위를 적극적으로 권유하는 의사들이 점점 늘어나고 있습니다.

하지만 의사들의 이런 권유 자체를 법 위반으로 볼 수는 없습니다. 실제로 비급여의료행위가 급여가 적용되는 행위보다 더 안전하고 치료효과도 우수한 것이라면 의사로서는 당연히 비급여의료행위를 권유할 수 있습니다. 이 부분에 대해서는 보험회사도 법원도 문제 삼을 수 없습니다. 하지만 현행 의료법상 병원이나 의원은 환자에게 각종 비용을 지원하면서 호객행위를 할 수 없습니다. 또한 실비보험금을 편취할 목적으로 발생하지도 않은 의료비를 발생한 것처럼 영수증을 발행해 그것으로 보험금을 청구하는 행위는 보험사기방지특별법에서 정하고 있는 보험사기에 해당합니다. 형

순번	피의자	R산부인과의원 진료기간 수술명(병명)	결제수단 보험청구금액	보험사 청구일자	수령일자 보험금(원)	보험금 수령계좌
1	S	2017.05.04. – 05.05. HIFU수술(자궁근종)	카드 13,032,800	T(주) 2017.05.10.	2017.05.30. 11,575,952	U(남편) 명의 V은행 DZ
2	AX	2017.05.13. – 05.14. HIFU수술(자궁근종)	카드 8,731,300	T(주) 2017.05.22.	2017.05.25. 7,723,953	AX 명의 V은행 EA
3	BE	2017.05.19. – 05.20. HIFU수술(자궁근종)	카드 11736,400	EB(주) 2017.05.30.	2017.06.01. 10,432,760	BE 명의 EC조합 ED
4	AW	2017.05.30. – 05.31. HIFU수술(자궁근종)	카드 13,026,900	T(주) 2017.05.31.	2017.06.05. 11,594,210	AW 명의 AD은행 EE
5	BA	2017.06.05. – 06.07. HIFU수술(자궁근종)	카드 13,140,000	EB(주) 201706.07.	2017.06.09. 11,746,000	BA 명의 AD은행 EE
55	CF (GQ)	2017.07.04. – 07.05. HIFU수술(자궁근종)	카드 13,025,500	AK(주) 2017.07.06.	2017.07.06. 12,915,500	CF 명의 EC조합 GR
56	CS	2017.08.30. – 08.31.	카드	AK(주)	2017.09.04.	CS 명의

하이푸 시술 보험사기 사건에서 피의자로 조사받은 환자 리스트

사처벌을 받을 수 있죠. 제주도에서 일어난 이 '하이푸 패키지 제주여행 사건'에서도 병원 측으로부터 각종 비용을 지원받은 소비자들 모두 피의자 신분으로 조사를 받아야 했습니다.

어찌 보면 환자들은 억울할 수도 있습니다. 처음부터 보험금을 편취할 목적으로 의사와 짠 것이 아니라, 비용 부담 없이 하이푸 시술을 받고 싶었던 것뿐이니까요. 하지만 비용을 내지도 않은 가짜 의료비 영수증으로 보험회사에 보험금을 청구하고 그래서 받은 보험금을 병원에 보내주면 된다는 이야기를 들었을 때, 이것이 보험사기라는 것을 눈치채고 거기서 멈춰야 했습니다. 보험회사의 돈이라고 해서 사기를 쳐서 뜯어내도 되는 것은 아닙니다. 그건 범죄니까요.

그렇다면, 하이푸 시술은 실비보험에서 보상받을 수 없는 것일까요? 그렇지 않습니다. 보험사기와 연루된 것만 아니라면 하이푸 시술은 실비보험에서 보상해야만 합니다. 비급여항목이기는 하지만 질병을 치료하기 위해 시행되는 의료행위가 맞기 때문입니다. 그런데 지금까지는 실비보험의 보상항목 중 입원의료비로 보상했기에 1000만 원이 넘는 치료비도 쉽게 보상받을 수 있었습니다. 하지만 앞으로는 입원의료비로 보상받기가 그렇게 쉽지만은 않을 것 같습니다.

백내장 환자들이 받은 다초점 인공수정체 수술에 대해서 입원의료비가 아니라 통원의료비로 보상하라는 2심법원의 판단을 그대로 인정한 대법원판결이 지난 2022년 6월에 나왔습니다. 물론 이 판결은 백내장 환자에게 다초점 인공수정체 수술을 시행했지만, 실제로는 입원실도 없으면서 입원했던 것처럼 서류를 작성한 해당 병원의 특수한 경우에만 적용하는 것으로 볼 수도 있습니다. 그래서 대한안과의사회도 성명을 내서 이번 판결이 백내장 수술은 입원치료가 필요 없다는 의미로 받아들여지면 안 된다고 주장하기도 했습니다. 하지만 2심법원의 판단에 의하면 실비보험에서 입원의료비를 지급하는 '입원'에 해당하는지 여부는 형식적이고 제도적인 입원이 아니라 실질적으로 환자가 병원에 6시간 이상 머물며 적절한 의료행위를 받았는지를 기준으로 판단해야 합니다. 그러므로 실비보험을 판매한 보험회사는 향후 입원의료비에 대한 보험금 청구가 있으면 환자가 실질적으로 6시간 이상 병원에 머물며 적절한 의료행위를 받았는지 그 사정을 확인한 후 보험금을 지급하려 할 것입니다.

이와 같은 최근 경향을 감안하면 하이푸 시술 역시 실비보험금 분쟁이 예고되어 있다고 할 수 있습니다. 하이푸 시술에 대해서 검색해보면 병원들이 게시해 놓은 광고 여러 개를 쉽게 확인할 수 있습니다. 이들 병원은 하이푸 시술에 필요한 시간이 약 30분에서 1시간밖에 걸리지 않는다고 밝히면서 입원하지 않고도 하이푸 시술을 받을 수 있음을 강조하고 있습니다. 이런 점을 고려하면 적지 않은 환자들이 실제로 6시간 이상 병원에 머물며 하이푸 시술을 받지 않았다는 이유로 실비보험에서 입원의료비 지급을 거부당하고 통원의료비로 보상받는 경우가 발생할 것으로 예상됩니다.

그러면 생명보험회사와 손해보험회사가 판매하고 있는 각종 수술특약에서는 하이푸 시술에 대해서 어떻게 보상할까요? 대부분의 수술특약은 입원을 동반하지 않아도 보험금을 지급하므로 실비보험의 입원의료비 분쟁과는 그 양상이 다릅니다. 해당 특약 약관에서 정하고 있는 '수술의 정의'에 부합하면 수술보험금을 지급해야 합니다(단, 1~5종 수술특약에서는 '수술의 정의'뿐만 아니라 '수술분류표'에도 해당돼야 수술보험금을 받을 수 있습니다).

이소성몽고반점 분쟁에서도 확인했듯이 각급 법원과 금융분쟁조정위원회는 최근 보험약관에서 정하고 있는 '수술의 정의'를 매우 넓게 해석하고 있습니다. 비침습적 방법도 병변을 제거하기만 한다면 '수술의 정의'에 부합한다고 보고 있습니다. 이런 맥락으로 보면 자궁근종이나 자궁선근증 치료에 사용하고 있는 하이푸 시술 역시 '수술의 정의'에 부합한다고 볼 수 있습니다. 그러므로 하이푸 시술은 각종 수술특약에서 보험금을 지급해야 마땅합니다.

다만, 약관과 상품설명서에 하이푸(HIFU) 시술에 대해 수술보험금을 지급하지 않는 면책 대상으로 정하고 있는 경우에는 수술보험금을 받을 수 없습니다.

 약관 읽어주는 남자의 한마디

보험금을 편취하기 위해 의료기록을 조작하고 사기를 치는 사람이 있습니다. 물론 보험회사 역시 보험금을 지급하지 않기 위해 편법을 쓰기도 합니다. 아예 보험상품을 개발할 때 손해율 계산에는 반영되지도 않은 조건을 소비자에게 제공하는 약관에만 슬쩍 집어넣어서 보험료는 많이 받고, 보험금 지급은 거부하는 파렴치한 짓을 일삼는 보험회사도 있습니다. 이들의 사기에 비하면 소비자들의 사기는 사실 아무것도 아닙니다. 하지만 보험회사의 사기는 처벌받지 않습니다. 감독당국은 적발하고도 고발하지 않고, 소비자는 전문성이 부족해서 적발할 수도 없기 때문입니다.

이렇게 일방적으로 기울어진 운동장이라고 하더라도 보험소비자는 보험금을 편취할 목적으로 사기를 치거나 사기에 연루되지 않도록 조심해야 합니다. 보험사기방지특별법은 언제나 소비자의 사기만 처벌하기 때문이기도 하지만, 어떤 이유로도 범죄행위가 정당화될 수는 없습니다.

8 보험이 아니라
모험입니다

10년간 변호사로 일하다가 법정을 소재로 소설을 쓰기 시작한 존 그리샴. 그의 법정 소설들은 베스트셀러가 되었고 그중 여러 편이 영화로 제작되었습니다. 그의 원작을 바탕으로 프란시스 코드 코폴라 감독은 1998년 〈레인메이커〉라는 작품을 내놓습니다. 스타 작가와 거장 감독의 만남에 명품 배우들의 탄탄한 연기가 더해져 많은 사람에게 영감을 준 작품 〈레인메이커〉가 탄생한 것이죠.

이제 막 대학을 졸업한 새내기 변호사 루디는 백혈병 환자 가족을 대리해 대형 보험회사를 상대로 보험금 지급을 요구하는 소송을 진행하게 됩니다. 백혈병 치료를 위해서 골수이식을 받아야 하고 그 막대한 치료비를 마련하기 위해서는 보험금이 절실하지만, 보험금 지급을 거부하는 보험회사 때문에 환자는 골수이식을 받지 못한 채 집에서 죽어가고 있었습니다. 변호사 루디는 보험회사 사장까지 법정에 증인으로 세우며 그들과 맞섭니다. 우여곡절 끝에 루디는 보험금 청구가 들어오면 청구 건의 80% 이상은 무조건

지급을 거절하라는 보험회사 내부 심사지침을 찾아내 폭로합니다. 또한 골수이식은 백혈병에 대한 일반적인 치료 방법이 맞으므로 보험금 지급이 타당하다고 인정했던 해당 보험회사 내부 자료도 찾아내 공개합니다. 결국 재판에서는 이기지만 백혈병 환자는 이미 사망한 뒤였고 보험회사는 징벌적 손해배상을 피하려고 파산을 신청합니다.

이 작품에서 그려지는 것처럼 보험금을 일부러 지급하지 않는 보험회사의 행태가 오래전 미국에서만 발생했던 일이고 2022년 현재 대한민국의 보험업계와는 무관한 일일까요? 2021년 8월 10일 한 대형 보험회사가 1심판결에 불복해 서울중앙지방법원에 항소장을 제출했습니다. 보험회사는 이 소송에서 패소하면 57명의 소비자에게 5억 9800여만 원의 보험금을 지급해야 합니다. 그런데 이 57명의 소비자와 똑같은 보험상품에 가입한 소비자가 해당 보험회사에만 55,000명이고, 추산되는 미지급 보험금이 4200억 원입니다. 비슷한 시기 같은 보험상품을 판매한 나머지 생명보험회사들의 미지급 보험금까지 더하면, 그 규모는 약 1조 원이 넘을 것으로 추산되고 있습니다.

이것이 2017년 11월, 소비자에게 미지급 보험금을 지급하라는 금융분쟁조정결정이 나오며 처음으로 세상에 알려진 '즉시연금보험 미지급금' 사건입니다. 그런데 다른 생명보험회사들 역시 이 보험회사와 같은 맥락의 상품을 판매했고 그래서 현재 소송이 진행 중입니다. 대부분 보험회사는 1심재판에서 패소했고 곧바로 항소했습니다. 그리고 '즉시연금보험 미지급금' 사건의 신호탄이 된 대형 생명보험회사의 소송은 2021년 7월에서야 1심판결이 나왔고 그 판결에서 패소한 보험회사는 8월 10일 법원에 항소장을 제출했습니다.

즉시연금보험은 소비자가 목돈을 한 번에 보험회사에 납부하고 그 다음 달부터 매월 연금으로 받는 연금보험입니다. 문제가 되는 이 상품은 연금을 받다가 만기 시점에 납부했던 보험료(납입 원금) 전액을 그대로 돌려받는 '만기환급형 즉시연금보험'입니다. 연금을 받다가 만기 시점에는 납부했던 목돈 그대로를 되돌려주는 연금보험이라서 많은 소비자가 가입했습니다. 게다가 보험회사는 이 상품을 판매하면서 아무리 시중 금리가 떨어지더라도 '최저보증이율'로 계산된 연금액을 지급한다는 달콤한 말로 보험 가입을 유도했습니다. 금리가 떨어지더라도 최저 2.5%의 이율은 보증하겠다는 보험회사의 약속을 철석같이 믿은 수많은 소비자가 이 상품에 가입했습니다. 그런데 정작 연금을 받아보니, 처음에는 아니었지만 갈수록 최저보증이율에 못 미치는 연금액이 지급됐습니다. 소비자들은 보험회사에 약속을 지키라고 요구했지만 황당하게도 보험회사는 그런 약속을 하지 않았다고 주장했습니다. 그래서 '만기환급형 즉시연금보험'에 가입한 소비자들과 생명보험회사들 사이에 분쟁이 시작됐는데요. 2017년 11월 나온 금융분쟁조정결정을 통해 사건의 전말이 드러났습니다.

2012년 9월 '만기환급형 즉시연금보험(가입금액 10억 원)'을 한

생명보험회사를 통해 가입한 소비자가 있었습니다. 가입한 다음 달부터 연금을 받기 시작했는데 점차 소비자의 예상에 못 미치는 금액이 지급됐습니다. 소비자는 계약 당시 보험회사가 약속했던 최저보증이율(10년 이내 연 2.5%, 10년 초과 기간은 1.5%)에 못 미치는 연금액이 지급되었다며 금융감독원에 민원을 접수했습니다. 이에 대해 보험회사는 소비자가 납부한 10억 원에서 각종 사업비를 공제했고 또한 '만기환급형 즉시연금보험'이므로 연금을 지급하면서도 만기 시 최초 납입한 10억 원 전액을 돌려줘야 하는 만큼, 10억 원에서 사업비(약 6000만 원)를 공제하고 남은 9억 4천만 원에서 발생한 이자 모두를 연금으로 지급할 수는 없고, 그중 일부는 만기 시 지급할 10억 원을 적립하는 데 사용해야 하므로 실제 소비자가 받는 연금액은 '최저보증이율'보다 적어질 수 있다고 주장했습니다. 또한 이런 계산 수식은 모두 '산출방법서'에 적혀 있고 해당 약관에는 '연금계약 적립액은 이 보험의 산출방법서에서 정한 바에 따라 계산한 금액으로 한다'라고 적혀 있으므로 보험회사는 아무런 잘못이 없다고 주장했습니다.

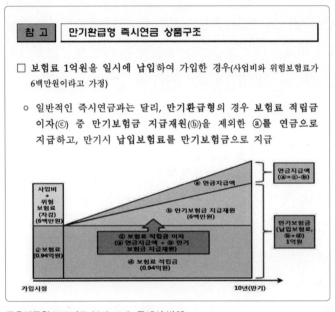

| 참 고 | 만기환급형 즉시연금 상품구조 |

□ 보험료 1억원을 일시에 납입하여 가입한 경우(사업비와 위험보험료가 6백만원이라고 가정)

ㅇ 일반적인 즉시연금과는 달리, 만기환급형의 경우 보험료 적립금 이자(ⓒ) 중 만기보험금 지급재원(ⓑ)을 제외한 ⓐ를 연금으로 지급하고, 만기시 납입보험료를 만기보험금으로 지급

연금지급액 (ⓐ=ⓒ-ⓑ)

ⓐ 연금지급액

사업비 + 위험 보험료 (차감) (6백만원)

ⓑ 만기보험금 지급재원 (6백만원)

만기보험금 (납입보험료, ⓑ+ⓓ) 1억원

ⓒ 보험료 적립금 이자 (ⓐ 연금지급액 + ⓑ 만기 보험금 지급재원)

순보험료 (0.94억원)

ⓓ 보험료 적립금 (0.94억원)

가입시점   10년(만기)

금융감독원 보도자료 2018. 4. 9. 중에서 발췌

'만기환급형 즉시연금보험'은 알고 보니 소비자들이 생각한 그런 상품이 아니었던 겁니다. 이 상품은 저금리가 계속되면 '최저보증이율'에도 못 미치는 연금액이 지급될 수 있게 설계된 상품입니다. 이런 내용을 소비자에게 제공하는 약관이나 상품설명서에 자세히 밝혀 놓지 않고 판매한 것이죠. 그런데도 보험회사는 '금융상품의 구조까지 일일이 소비자에게 설명할 수는 없는 것 아니냐'고

주장합니다. 이들의 주장을 꼼꼼히 들여다보면 보험회사가 소비자를 어떻게 생각하는지 쉽게 알 수 있습니다. 약관에 없는 조항이라 하더라도 보험회사 내부 규정에 있으면 소비자들은 그냥 받아들여야 한다는 게 그들의 생각입니다. 어차피 너무 복잡한 계산 공식이므로 약관에 넣어도 소비자들은 이해를 못 할 테니 소비자는 그냥 보험회사가 내라는 대로 보험료를 내고, 주는 대로 연금을 받으면 된다는 것이죠. 하지만 금융분쟁조정위원회의 판단은 달랐습니다.

금 융 분 쟁 조 정 위 원 회
조 정 결 정 서

조정일자 : 2017. 11. 14.

조정번호 : 제2017 - 17호

안 건 명   즉시연금(만기/상속형)에서 최저보증이율 적용의 적정성

신 청 인   강 ○ ○

피 신 청 인   ○○생명보험㈜

그 외 피신청인 주장의 근거로 제시하고 있는 산출방법서 상의 '연금연액에 관한 사항' 등 여타 수식은 약관의 지시조항 등을 통해 약관으로 편입된 바 없고, 이 사건 보험상품에 대한 운영지침 등을 정한 내규적 성질을 지닌 사업방법서를 정사해 보더라도 그러하다. 따라서 피신청인의 주장은 약관상 근거가 없는 것이다. 이와 달리 설령 피신청인이 주장하는 내용이 약관에 편입되었다고 하더라도 피신청인은 산출방법서의 보험수리

적 내용 모두를 보험계약자가 주지하도록 설명하는 정도는 아니어도 보험계약자가 보험계약 체결 여부를 판단하는데 영향을 미칠 사항에 대한 핵심적인 의미는 보험계약자에게 설명되어야 할 것임에도 이를 인정할 아무런 증거가 없는 이상 피신청인은 그것을 계약의 내용이라고 주장할 수 없다(상법 제638조의 3, 「약관의 규제에 관한 법률」제3조 제4항).

그러므로 이 사건 보험계약은 기납입 보험료로 확정된 만기보험금에 더하여 최저보증이율 이상의 변동되는 공시이율을 적용한 생존연금액을 매월 지급하기로 하는 내용의 계약이라고 해석되어야 할 것이다. 따라서 피신청인은 연금지급개시시의 연금계약 적립액에 공시이율(공시이율이 최저보증이율 미만인 경우 최저보증이율)을 곱하여 계산한 금액을 생존연금으로 지급하되, 최초의 연금계약 적립액은 순보험료(납입한 보험료 총액에서 보장계약 보험료 및 예정사업비를 차감한 금액)가 되도록 하여야 한다.

- 금융분쟁조정결정서 제2017 - 17호

최저보증이율보다 적은 금액의 연금액을 지급하는 것이 맞다며 해당 보험회사가 근거로 제시한 '산출방법서'는 보험회사의 내부 자료일 뿐, 소비자에게 제공되는 약관이 아니므로 연금액을 계산할 때 만기환급금 재원 마련을 위한 금액은 제외한다는 내용을 '산출방법서'에만 넣어 놓고 정작 소비자에게 제공되는 약관에 이와 같은 내용을 넣지 않았다면, 그 내용을 이 계약의 내용이라 주장할 수 없다는 것이 금융분쟁조정위원회의 판단입니다. 그러니 소비자가 가입할 때 이해한 것처럼 '최저보증이율'을 적용해서 연금액을 계산하는 것이 맞고, 보험회사가 이와 계산을 달리해서 연금을 적게 지급한 것은 부당하다는 것이죠. 이와 같은 약관해석이 상법과 약관의 규제에 관한 법률 그리고 그동안의 법원 판례에도 부합하는 것이라는 점도 위 조정결정서에서 밝히고 있습니다.

보험회사는 애초에 저금리가 계속되면 '최저보증이율'에도 미치지 못하는 연금액이 지급될 수 있게 설계된 상품을 만들어 놓고도 소비자에게 제공하는 보험계약의 기초 서류인 약관이나 상품설명서에 이런 내용을 자세히 밝혀 놓지 않았습니다. 심지어 그 상품을 소비자에게 권유하는 보험설계사들에게조차 알려주지 않았습니다. 그래서 보험설계사들 대부분은 이 상품에 가입하면 최초 사업비를 공제한 나머지 금액 전체에 최저보증이율이 곱해져서 연금액이 지급된다고 이해했고, 그렇게 소비자들에게 설명하며 가입을 권유했습니다. 보험설계사들 역시 이용당한 것이죠. '최저보증이율'을 제시하며 소비자들을 유혹해 보험계약을 모집해놓고, 정작 보험금을 지급할 때는 보험회사 내부자료를 제시하며 '최저보증이율'에도 못 미치는 보험금을 지급하는 이런 행위를 뭐라고 불러야할까요? 아무리 좋게 봐주려고 해도 이건 '사기' 아닌가요? 보험소비자에 대한 명백한 '약탈'입니다.

사건의 본질이 이렇게 명확하다 보니 '즉시연금보험 미지급금'을 둘러싼 여러 생명보험회사들과 소비자들 사이의 소송은 1심에서 대부분 소비자가 승소했습니다. 미지급금 규모가 4200억 원으로 추정되는 대형 보험회사 역시 1심에서 패소했습니다.

서 울 중 앙 지 방 법 원

제 2 5 민 사 부

판   결

사건	2018가합572096 보험금 2019가합585402(병합) 보험금
원고	별지1 원고들 목록 기재와 같다.
피고	A 주식회사
변론종결	2021. 6. 16.
판결선고	2021. 7. 21.

결국 이 사건 보험의 상품 유형별로 연금월액의 차이가 있고 그러한 사정을 인지하면서도, 그 이유에 대하여는 보험판매자나 계약자 모두 단순 보험기간 장단의 문제로 치환하여 이해하였던 사정이 드러날 뿐이고, 실제로 보험기간이 늘어날수록 연금월액이 증액되는 사정은 보험계약자의 입장에서 여러 사유에 기인하는 것으로 이해될 수 있는 바, 그 사유(이 사건의 경우 '공시이율 적용이익에서 이 사건 적립액의 공제')를 특정하여 설명, 명시하지 아니하였다는 점이 바로 이 사건 피고의 명시, 설명의무 위반의 요체이다[한편 생존연금의 구체적인 산식에 관한 산출방법서(을 제3호증)는 보험계약의 체결 시 가입자들에게 제공되는 서류에 해당하지도

아니하는 바, 위 산출방법서에 이 사건 적립액 공제에 관한 내용이 반영되어 있다는 사정으로 피고의 이 부분 명시, 설명의무가 이행되었다고 볼 수 없는 점은 물론이다].

– 서울중앙지방법원 2021. 7. 21. 선고 2019가합585402, 2018가합
　　572096 판결

　서울중앙지방법원도 금융분쟁조정위원회와 같은 판단을 한 것이죠. 하지만 해당 보험회사는 곧바로 항소했습니다. 여기서 한 가지 꼭 짚고 넘어가야 할 부분이 있습니다. 보험회사들은 이 싸움에서 자신들이 승소할 거라고 정말 믿고 있을까요? 만약 패소하더라도 대법원까지 가면서 시간을 끌기만 해도 어떤 실익을 얻을 수 있기 때문은 아닐까요?

　이 거대 생명보험사를 통해 '만기환급형 즉시연금보험'에 가입한 소비자는 55,000명에 달합니다. 그런데 이번 판결은 해당 소비자 중 단지 57명이 공동으로 제기한 소송의 1심판결입니다. 57명은 전체 피해자 중 약 0.1%에 해당하는 인원입니다. 그렇다면 나머지 99.9%에 해당하는 54,943명은 무엇을 하고 있을까요? 소송을 하지 않으면 미지급된 연금보험금을 받을 수 없는데도 말이죠. 아마도 적지 않은 소비자는 이런 소송이 진행되고 있다는 사실조차 모르고 있을 겁니다. 또 일부 소비자는 이번 소송에서 소비자 측이 최종 승소하면 그때 보험금을 청구하려고 생각하고 있을 가능성이 큽니다. 미지급 보험금을 청구했던 사람들이 보험회사로부터 오히

려 소송을 당하는 모습을 보며 심한 부담을 느꼈을 테니까요.

그런데 소송에 참여하지 않은 소비자들은 이 소송이 대법원까지 가서 소비자 측의 최종 승소로 결론이 난다고 하더라도 미지급 보험금을 받지 못할 가능성이 큽니다. 보험금청구권의 소멸시효 때문이죠. 지금 보험회사들은 소송에서 이기는 것이 목적이 아니라 보험금청구권의 소멸시효가 완성되는 것을 노리며 소송을 이어가고 있는 것으로 의심됩니다.

미지급 보험금이 4200억 원에 달하는 이 보험회사의 소송은 시작한 지 약 3년 만에 1심판결이 나왔습니다. 이후 또 몇 년이 지나서 2심판결이 나오고 또 긴 시간이 지나 대법원판결이 나올 겁니다. 그러면 기다리고 있던 소비자들이 대법원 판결문을 제시하며 보험회사를 상대로 자신들에게도 미지급 보험금을 달라고 요구할 것입니다. 그러면 보험회사는 미지급 보험금을 지급해야 하는 것은 맞지만, 이미 보험금청구권 소멸시효가 완성되어서 자신들은 보험금을 지급할 의무가 없다고 주장할 것입니다. 결국 이 분쟁은 보험금청구권 소멸시효가 완성된 것인지를 다투는 재판으로 옮겨갈 공산이 크고 법원은 그 소송에서 보험회사의 손을 들어줄 것으로 예상됩니다. 법원이 생각하는 보험금청구권 소멸시효는 일반적인 소비자들이 생각하는 것과는 상당한 차이가 있음을 이미 '자살보험금 미지급 분쟁'에서 확인했습니다.

생명보험회사들이 재해사망특약을 처음 판매할 때 약관을 만들면서 중대한 실수를 저질렀습니다. 보험 가입 후 2년이 지난 시점이라면 피보험자가 자살한 때도 사망보험금을 지급한다는 주계약 약관의 내용이 그대로 재해사망특약 약관에도 들어간 것이죠. 다른 보험회사의 약관을 베껴서 약관을 만드는 보험회사들의 관행이 부른 참사였습니다. 재해사망특약을 처음으로 판매한 보험회사의 약관에 이런 오류가 있는 줄도 모르고 다른 회사들이 그 오류까지 베껴서 약관을 만든 것입니다. 하지만 소비자들은 약관에 이런 오류가 있다는 사실을 몰랐습니다. 나중에 이 같은 사실이 알려지자 자살에 대해 일반사망보험금만 받았던 유족들이 보험회사를 상대로 재해사망보험금 지급을 요구했습니다. 보험회사들은 약관의 오류일 뿐이기에 재해사망보험금을 지급할 의무가 없다고 맞섰습니다.

　그 후 이 사건이 사회적 이슈가 되자 금융감독원은 보험회사들에게 재해사망보험금을 지급하라고 권고합니다. 하지만 보험회사들은 이 권고를 받아들이지 않고 법원의 판단을 받아보겠다며 오히려 소비자들에 '채무부존재확인소송'을 걸었습니다. 금융감독원은 보험회사들이 승소가 목적이 아니라 시간을 끌어서 보험금청구권 소멸시효가 완성되는 것을 노리고 소송을 제기한 것으로 판단했습니다. 금융감독원의 이 판단은 정확했습니다. 1심과 2심법원들은 모두 실수로 만든 약관이라 하더라도 약관대로 보험금을 지급하는 것이 옳다며 보험회사들은 재해사망보험금을 지급할 의무가 있다고 보았습니다. 하지만 이에 덧붙여서 보험금청구권 소멸시효가 완성된 경우에 대해서는 재해사망보험금을 지급할 의무가 없다는 판결을 내립니다.

인 천 지 방 법 원
판 결

사건	2014가단73212 채무부존재확인
원고	교보생명보험 주식회사 (소송대리인 법무법인 본 담당변호사 이민수)
피고	피고 (소송대리인 한정우)
변론종결	2015. 5. 1.

보험금 청구권은 2년간 행사하지 아니하면 소멸시효가 완성되고{구 상법 제662조(2014. 3. 11. 법률 제12397호로 개정되기 전의 것)}, 그 소멸시효는 특별한 사정이 없는 한 보험사고가 발생한 때로부터 진행한다(대법원 2000. 3. 23. 선고 99다66878 판결 등 참조).

이 사건에서 망인이 2006. 7. 4. 사망한 사실은 앞서 본 것과 같으므로 그 때 이 사건 보험계약에서 정한 보험사고가 발생하였다고 할 것이고, 피고가 그로부터 2년이 경과된 이후인 2014. 8. 12. 원고에게 이 사건 특별약관에 따른 보험금을 청구한 사실은 당사자 사이에 다툼이 없거나 갑 제6호증의 기재에 의하여 변론전체의 취지를 종합하여 인정할 수 있다. 따라서 특별한 사정이 없는 한 피고의 이 사건 특약에 기한 보험금 청구권은 시효로 소멸하였다고 할 것이다.

- 인천지방법원 2015. 6. 5. 선고 2014가단73212 판결

법원의 이런 판단은 많은 논란을 초래했습니다. 소비자들은 보험회사들이 약관을 잘못 만든 덕분에 피보험자의 사망이 자살일 때에도 보험계약일에서 2년이 지난 이후의 자살이면 재해사망보험금을 받을 수 있다는 사실 자체를 몰랐습니다. 그래서 피보험자의 자살 이후 보험금을 청구했을 때 보험회사들이 재해사망보험금은 지급하지 않고 일반사망보험금만 지급했지만, 그로부터 2년이 지나도록 재해사망보험금을 청구할 생각조차 하지 못했습니다. 이럴 때에도 시간의 흐름만으로 보험금청구권 소멸시효가 완성된다면 이를 악용해서 일단 보험금 지급을 거부하고 보는 보험회사들의 행태를 막을 수가 없습니다. 보험금 청구 건의 80%에 대해서 이유를 따지지 말고 일단 거부하라는 심사 기준을 가진 보험회사가 영화 〈레인메이커〉에만 있었던 것이 아닙니다. 어쨌든 소비자들의 기대와 달리 '자살보험금 미지급 분쟁'에 대한 1심과 2심법원의 판결은 대법원에서 최종 확정됐습니다.

대 법 원
판 결

사건	2016다218713, 2016다218720 채무부존재확인·보험금지급
원고(반소피고),피상고인	교보생명보험 주식회사 (소송대리인 법무법인 본 외 7인)
피고(반소원고),상고인	피고(반소원고)
원심판결	인천지법 2016. 4. 7. 선고 2015나54837, 11335 판결

원심은, 피보험자인 망인의 사망으로 인한 피고의 원고에 대한 이 사건 특약에 기한 재해사망보험금 청구권은 소멸시효의 완성으로 소멸하였고, 원고가 이 사건 특약에 기한 재해사망보험금 지급의무가 있음에도 불구하고 그 지급을 거절하였다는 사정만으로는 원고의 소멸시효 항변이 권리남용에 해당한다고 보기 어렵다고 판단하였다.

원심판결 이유를 앞서 본 법리와 적법하게 채택된 증거들에 비추어 살펴보면, 원심의 위와 같은 판단은 정당하고, 거기에 상고이유 주장과 같이 소멸시효와 권리남용에 관한 법리를 오해한 잘못이 없다.

– 대법원 2016. 9. 30. 선고 2016다218713 판결

이런 전례를 참작하면 '즉시연금보험 미지급금'을 둘러싼 소송

에서도 청구권 소멸시효 완성을 노리는 보험회사들의 작전은 성공할 가능성이 큽니다. 그렇다면 소비자들은 어떻게 해야 할까요? 일단 보험회사들이 노리는 것은 '보험금청구권 소멸시효의 완성'인 만큼 청구권 소멸시효의 진행을 중단시켜야 합니다. 소비자가 이 건으로 금융감독원에 분쟁조정신청을 하면 '금융소비자 보호에 관한 법률' 제40조에 의해 소멸시효의 진행이 중단됩니다. 다만, 금융감독원은 소송이 장기화할 것을 우려해서 소비자가 분쟁조정을 신청하면 법원의 최종 판결이 나올 때까지 분쟁 처리를 보류할 예정이라고 합니다. 그때까지는 소멸시효의 진행을 최대한 막아주겠다는 것입니다.

금융생활에 필요한 모든 정보, 인터넷에서 「파인」 두 글자를 쳐보세요

"금융은 튼튼하게, 소비자는 행복하게"

보 도 참 고 자 료

보도	배포시부터 보도 가능	배포	2018. 9. 4. (화)
담당부서	분쟁조정1국	양진태 팀장(3145-5212), 권재순 수석조사역(3145-5216)	

제목 : 즉시연금에 가입한 소비자가 「시효 중단」을 원하실 경우 금융감독원에 분쟁조정 신청하시기 바랍니다.

금감원에 분쟁조정을 신청하면 관계 법령에 의해 소멸시효가 중단되는 효력이 있으므로, 즉시연금 계약자는 소송이 장기화될 경우에 대비해서 금감원에 분쟁조정을 신청할 필요. 다만, 금감원에서는 분쟁조정신청을

접수 받은 후 소멸시효 중단효력의 유지를 위해 최종판결시까지 분쟁처리를 보류할 예정.

– 금융감독원 보도참고자료 2018. 9. 4.

금융감독원은 금융소비자 정보 포털 파인(https://fine.fss.or.kr)을 운영하고 있는데요. 여기에서 즉시연금 미지급금 피해자들의 분쟁조정신청을 받고 있습니다. 즉시연금 가입자들은 적극적으로 이용하시기 바랍니다.

 약관 읽어주는 남자의 한마디

거대 생명보험사의 이번 항소에 대해 깊이 있게 보도하는 언론사는 거의 없었습니다. 하지만 해당 보험사가 속한 그룹의 총수가 국정농단 사건에서 뇌물죄라는 중죄를 저지르고 대법원에서 형이 확정되었음에도 초법적 논리로 가석

방(2021년 8월 13일)되어 출소하면서 심경을 발표하는 모습은 각종 미디어가 총출동해 생방송으로 보도했습니다. 재벌의 불법행위에 눈 감고 그들의 이익을 위해 아첨하는 언론의 모습이 어제 오늘의 일은 아닙니다만, 그렇다고 더러운 기분까지 익숙해지지는 않네요.

법원이 법리를 내세워 소비자가 아니라 보험회사를 보호하고, 언론이 펜과 카메라를 이용해 권력과 재벌에 아첨하고, 정치 권력이 시민의 삶에 직접적인 영향을 주는 금융상품에 대한 관리감독을 소홀히 할 때 약탈자들은 활개를 칩니다. 이럴 때 보험은 모험이 됩니다.